HORST EVERS

Bumm!

Kriminalgeschichten

Rowohlt · Berlin

Originalausgabe
Veröffentlicht im Rowohlt · Berlin Verlag, Oktober 2022
Copyright © 2022 by Rowohlt · Berlin Verlag GmbH, Berlin
Satz aus Minion 3 bei Pinkuin Satz und Datentechnik, Berlin
Druck und Bindung GGP Media GmbH, Pößneck, Germany
ISBN 978-3-7371-0135-6

Die Rowohlt Verlage haben sich zu einer nachhaltigen Buchproduktion
verpflichtet. Gemeinsam mit unseren Partnern und Lieferanten setzen
wir uns für eine klimaneutrale Buchproduktion ein, die den Erwerb von
Klimazertifikaten zur Kompensation des CO_2-Ausstoßes einschließt.
www.klimaneutralerverlag.de

*«Nicht die Taten machen einen Helden,
sondern die Lieder, die man über ihn singt.»*

Wilhelm Auspitzer

Bumm!

Der Preis

1

«Nur wenn ich die Augen schließe, kann ich alles sehen, was vor sich geht.»

«Bitte?»

Der groß gewachsene, für dieses Lokal unpassend gut gekleidete Herr schien verwirrt. Man hatte ihm die Treulose Tomate, jene berüchtigte Schankwirtschaft in Charlottenburg, aus höchst vertrauenswürdiger Quelle empfohlen. Nur hier könne er jemanden finden, der sich seines Anliegens auf verlässliche Art und Weise annehmen würde, hatte man ihm gesagt. Also hatte er sich unter Zuhilfenahme einigen Mutes in diese dunkle Kaschemme gewagt. Zwei Soleier mit einem drittelvollen Glas Überseerum bestellt. So, wie es ihm aufgetragen worden war, und im Anschluss den geheimen Erkennungssatz zu der kleinen dicken Frau mit den wilden schwarzen Haaren hinter dem Tresen gesagt. Doch stand diese nun mit geschlossenen Augen vor ihm und sprach in Rätseln. Er beschloss, es noch mal mit dem Schlüsselwort zu versuchen.

«Haben Sie gehört? Ich habe eine Nachricht für den Telegraphen.»

«Das sagten Sie bereits.» Sie öffnete die Augen. «Wenn Sie hier, in der Treulosen Tomate, den Überblick behalten wollen, mit all ihren Winkeln, versteckten Ecken und Separees, dann kommen

Sie mit gucken nicht weit. Sie müssen den Raum als Ganzes erfühlen. Und das geht mit geschlossenen Augen besser.»

«Verstehe.» Er schaute sich in der Lokalität um. Tatsächlich wirkte sie wie aus der Zeit gefallen. Sie war beileibe keines dieser modernen Künstler- oder Pressecafés, wie sie nach wie vor, auch im mittlerweile vierten Frühling des noch jungen zwanzigsten Jahrhunderts, überall aus dem Boden zu schießen schienen. Die Treulose Tomate kam daher wie eine Hafenspelunke. Mitten in der Großstadt, fernab jeder Küste. Schon am späten Mittag saßen hier Männer, denen man sofort jede Untat zutrauen würde. Neben ihnen sogar auch Frauen. Am helllichten Tage in düsteres Licht gehüllt. Häufig ohne Begleitung, rauchend, trinkend und ungeniert laut redend, als wäre dies das Normalste der Welt. Ein beängstigender, ganz und gar toller Ort. Wie ein Portal zu einer anderen Dimension, direkt im Herzen des lieben Vaterlands. Ähnlich eines dunklen Flecks, welchen es auch im Herzen von manch treuem und bravem Mann geben mochte. Davon hatte man ja schon gehört.

«Aber dürfte ich denn nun dem Telegraphen meine Nachricht überbringen?»

«Der Telegraph ist ein viel beschäftigter Mann. Sie müssen erst Ihre Bestellung verzehrt haben, bevor ich Sie zu ihm lassen darf.»

«Meine Bestellung?»

«Zwei Soleier und ein Drittel Glas Überseerum.» Sie stellte ein leeres Bierglas auf den Tresen. Das fasste wohl rund einen halben Liter.

«Darin servieren Sie Ihren Rum?»

«Darin *servieren* wir alles.» Sie sprach das Wort servieren in einem affektierten Ton aus. Als ob es nicht in ihren Mund passen würde und sie es geradezu in den Satz reinzwingen musste. «Sie müssen alles ratzeputz verzehrt haben. Erst dann darf ich Sie beim Telegraphen *reüssieren* lassen.»

«Hören Sie, ich wollte hier eigentlich gar nichts trinken oder gar essen.»

«Ich weiß. Das ist ja auch der Grund, weshalb Sie es müssen. Weil Sie es nicht wollen. Dazu kommt, dass unsere Soleier nun wahrlich nicht gerade die besten der Stadt sind. Im Gegenteil, möchte ich sagen. Die meisten unserer Gäste finden sie widerlich. Und schauen Sie sich unser Publikum an. Damit es denen vor etwas graust, muss man sich schon sehr bemühen. Doch mit dieser kleinen Geste zeigen Sie uns, dass Sie es wirklich ernst meinen. Wir Ihnen vertrauen können und Sie unseren Zeitaufwand wert, also würdig sind. Wie gesagt, der Telegraph ist ein sehr viel beschäftigter Mann.»

Sie schenkte ihm großzügig den Rum ein, fischte zwei Soleier aus dem Behälter mit der trüben Flüssigkeit, legte diese auf einen höchstens oberflächlich gereinigten Teller, schob ihn herüber und verschwand dann in dem Raum hinter dem Ausschank.

Der Freiherr zu Dolmen betrachtete nachdenklich sein Mahl. In zahllosen Kriegen hatten seine Vorväter dem Kaiser und dem Reich bereits gedient. Höchste Hingabe und Tapferkeit zeichnete alle zu Dolmens aus. Kein Feind, keine Übermacht, vor der sie je zurückgewichen wären. Um einen zu Dolmen das Fürchten zu lehren, ihn gar in die Flucht zu schlagen, wären schon ganz andere Gegner vonnöten als zwei beunruhigend riechende Soleier und ein Drittelliter Rum.

Es war ein harter, ein erbarmungsloser Kampf. Doch am Ende hatte der Freiherr über die Eier triumphiert. Zufrieden betrachtete er den leeren Teller und das trockene Glas. Wenngleich er noch mit leichten Magenwinden zu kämpfen hatte, fühlte er doch einen unschuldigen Stolz auf seine aufopfernde Tat.

Ein junger Mann kam aus dem Hinterzimmer zu ihm.

«So, der Telegraph wäre nun bereit, Sie zu empfangen.»

«Ah, vielen Dank, sehr erfreulich.» So beiläufig wie möglich wies der Freiherr auf den leeren Teller und das bezwungene Rumglas. Der fröhliche blonde Bursche staunte.

«Haben Sie das etwa gegessen?»

«Ja, natürlich. Ratzeputz. Um mich als würdig zu erweisen.»

«Um Gottes willen. Diese Eier sind doch vollkommen ungenießbar. Die isst sonst nie einer. Diese Bestellung ist nur ein Code, guter Mann. Na, Sie sind mir ja mal ein Kauz. Aber gut. Jeder, wie er es mag. Wir hier in der Treulosen Tomate richten über niemanden.»

Er wies den Freiherrn an, ihm zu folgen, und führte ihn dann durch das Hinterzimmer, worin sich tatsächlich eine Küche befand, in ein zweites Hinterzimmer, welches sich als vergleichsweise gehobenes Lokal herausstellte, durch einen Flur, von dem mindestens zehn Türen abgingen, aus denen er die hinterste wählte, die sie in eine Art Klub oder Salon führte, an den sich eine weitere Küche mit Zapfhahn anschloss, über die sie schließlich in eine zweite Schankwirtschaft gelangten. Mit dem Namen Die Faule Pflaume. Dies konnte der Freiherr nun von außen lesen, da sie, nachdem sie auch das zweite düstere Lokal durchquert hatten, auf den Bürgersteig hinaustraten.

Sie waren einmal durch den gesamten Block gegangen. Zwischen Schulstraße und Grünstraße. Von dort führte der Junge ihn noch sechs Häuser weiter, zum vierten Aufgang eines Wohnhauses, wo er den Freiherrn bis zu einer offen stehenden Wohnungstür im dritten Stock brachte.

«Treten Sie nur ein, keine Scheu», forderte er zu Dolmen auf und verabschiedete sich.

Die Wohnung bestand aus nur einem einzigen Zimmer, es gab weder Küche noch Bad. Aber ein Fenster und einen Ofen, auf dem man gewiss auch das eine oder andere zubereiten konnte. Zudem gab es eine Liege, einen Tisch, zwei Stühle – und die kleine, dicke, schwarzhaarige Frau, die mit einer dampfenden Kanne Tee und zwei Bechern auf ihn zu warten schien.

Der Freiherr war längst viel zu sehr außer Fassung, um noch irgendeine Form wahren zu können.

«Was denn jetzt? Sie sind der Telegraph?»

«Sehe ich aus wie der Telegraph?»

«Ich weiß nicht, wie der Telegraph aussieht.»

«Auch wieder richtig. Nein, ich bin nicht der Telegraph. Der hatte dann doch keine Zeit mehr. Er hat mich aber mit allen Vollmachten ausgestattet.»

«War der Telegraph heute jemals in der Nähe?»

«Ist das wichtig?»

«Warum haben Sie mich gezwungen, diese Eier zu essen? Was für ein kranker Scherz ist denn das?»

«Ich gebe zu, ich fand es auch amüsant. Aber das war nicht allein der Grund. Ich habe nicht oft mit Freiherren zu tun. Ich wollte sehen, ob Sie sich zu schade sind. Dass Sie diese Eier gegessen haben, macht Sie sympathisch. Sie mögen zwar ein feiner Pinkel sein, aber Sie haben einen gewissen Anstand in sich, mit dem Sie auch in anderen Kreisen bestehen können. Davor hat der Telegraph Respekt.»

«Dann wird er sich meines Anliegens annehmen?»

«Wenn wir uns einig werden. Was ist Ihr Wunsch?»

«Durch nicht näher zu benennende Umstände ist meine Familie in den Besitz einiger Kunstwerke von erheblichem Wert gekommen. Nun allerdings könnten mir daraus größere Probleme erwachsen. Daher müsste so bald als möglich die zweifelhafte Herkunft dieser Stücke in eine ganz und gar legale umgewandelt werden.»

«Was sind das für Kunstwerke?»

«Bilder und Skulpturen vor allem.»

«Vor allem?»

«Es gibt auch ein paar antike Waffen und Schmuck, aber das hat keine Dringlichkeit. Eines der Bilder ist ein Original-Caravaggio.

Dazu ein Rembrandt, ein Bosch und mehrere Gemälde von Tischbein dem Älteren.»

«Wie viele Bilder insgesamt?»

«Vierzehn und fünf Skulpturen.»

«Gut. Alles in allem klingt es nach einem sehr komplizierten und aufwendigen Auftrag.»

«Können Sie ihn durchführen?»

«Womöglich, aber der Preis wird erheblich sein.»

«Erfreulicherweise verfüge ich über ausreichende Mittel.»

«Ich spreche nicht von Geld. Also natürlich werden Sie auch eine exorbitante Summe aufbringen müssen. Solch ein Auftrag erfordert sehr viele Experten mit sehr besonderen Talenten. Deren Aufwandsentschädigungen werden sich gewiss zu einem mittelgroßen Vermögen summieren. Das ist aber nicht der eigentliche Preis, den Sie zu zahlen haben …»

Drrrrrrrrrrrrrrrinnnnggggggg!!!

«Was meinen Sie?»

«Der Telegraph arbeitet nicht für Geld. Er ist auch kein Krimineller, falls Sie das dachten. Er ist mehr ein Vermittler. Er bringt verschiedene Menschen mit unterschiedlichen Problemen zusammen.»

«Ich bin mir nicht sicher, ob ich das möchte.»

«Sie werden keine Wahl haben. Der Telegraph sucht Menschen, die die Talente und die Möglichkeit haben, Ihre Probleme zu lösen. Doch diese Menschen werden wiederum eigene Probleme haben, die von anderen Personen gelöst werden könnten, und irgendwann kommen wir dann in dieser Reihe zu Klienten, deren Probleme Sie, Herr Freiherr zu Dolmen, ganz hervorragend lösen können. Das wird der eigentliche Preis sein …»

Drrrrrrrrrrrrrrrinnnngggggggg!!!

Die Wohnungsklingel riss Bastian aus seinem Schreibfluss. Das erste Läuten hatte er noch einigermaßen ignorieren können. Doch nun war seine mentale Firewall durchbrochen. Er war raus. Definitiv. Dann konnte er jetzt auch genauso gut zur Tür gehen. Er hatte allerdings keine Lust dazu. Warum auch?

Drrrrrrrrrrrrrrrinnnngggggggg!!!

Meine Güte, wie hartnäckig. Er würde einfach warten. Sitzen bleiben. Nichts machen und warten, bis die Störung vorbei war.

Drrrrrrrrrrrrrrrinnnngggggggg!!!

Das konnte doch wohl nicht wahr sein.

Drrrrrrrrrrrrrrrinnnngggggggg!!!

Nun klopfte es auch noch.

«Hallo?» Eine Frauenstimme. Ziemlich jung. «Sebastian? Bist du da? Ich bin Mascha. Von nebenan.»

Das war seltsam. Nebenan wohnte keine Mascha. Andererseits klang die Stimme gut. Also im Sinne von interessant. Nun denn, dachte Sebastian, warum nicht?

Na, das hat sich aber gelohnt, rauschte es ihm unzensiert durch den Kopf, nachdem er die Tür geöffnet hatte. Ein Gedanke, für den er sich sofort schämte. Eine junge Frau mit lockigen roten Haaren und funkelnden grünen Augen blickte ihn an. Selbst die graue Jogginghose und der weinrote, ärmellose Hoodie wirkten an ihr gut geschnitten. Man sah an der schnurgeraden, völlig geerdeten Haltung, wie ausgeprägt ihr Körpergefühl sein musste. Und wie athletisch dieser Körper vermutlich war. Ob es wohl mittlerweile Menschen gibt, die sich auch Trainingshosen oder Kapuzenpullis maßschneidern lassen?, überlegte Sebastian. So stinkreiche Rapper vielleicht, die ihrem Stil treu bleiben wollen und trotzdem möchten, dass jeder sieht, wie viel Kohle sie haben. Eine Rapperin könnte sie schon sein, dachte er sinnlos weiter. Genauso wie alles andere auch.

Als sie zur Begrüßung kurz die FFP-2-Maske zur Seite schob, bemerkte er einen kleinen Brillanten in ihrer Nase. Der formvollendet schönen Nase.

«Hi, ich bin Mascha. Keine Angst, ich habe heute Morgen einen Test gemacht. Wenn du willst, kann ich dir den negativen Bescheid zeigen.»

«Nee, is okay. Ich hatte es schon.»

«Echt? Oh, super. Obwohl … entschuldige. War es heftig?»

«Nee, gar nicht. Total milder Verlauf. Ohne den positiven Test hätte ich wahrscheinlich nichts gemerkt.»

Mascha nahm die Maske nun ganz ab. Unzählige Sommersprossen tanzten durch ihre gut gelaunten Grübchen.

«Wie schick. Wieso haste denn den Test gemacht?»

«War so 'n Routinetest. Wegen Dreharbeiten.»

«Dreharbeiten. Wie cool.»

«Na ja. Halb cool. Ich jobbe bei einem Caterer. Wir versorgen auch Filmteams.»

«Dann hast du schon so richtig berühmten Leuten ein Butterbrot geschmiert?»

«Ja, schon. Sozusagen.»

«Ey, wie geil. Wer war denn der oder die Berühmteste, dem du je die Stulle gebuttert hast?»

«Ich weiß nicht, ob man das so ausdrücken sollte.»

«Klar. Ich wollte nur nicht langweilig sein. Es sollte witzig klingen.»

«Hat es auch.»

«Okay, ich bin ein bisschen aufgeregt. Paul meinte, ich sollte mich einfach an dich wenden, wenn ich irgendwelche Fragen habe oder so.»

«Paul?»

«Paul. Dein Nachbar. Ich wohne für zwei Wochen in seiner Wohnung. Hat er dir nichts gesagt?»

«Nein.»

«Wollte er eigentlich.»

«So richtig gut kennen wir uns genau genommen gar nicht.»

«Paul meinte, ihr wärt befreundet.»

«Na ja, befreundet ...»

Verlegen kratzte Sebastian sich am Hinterkopf. Irgendwie fühlte er sich auch geschmeichelt, dass Paul ihn als Freund ansah. Obwohl sie doch gar nicht so viel miteinander zu tun hatten. Wobei sein Nachbar schon okay war. Völlig. Kein Ding. Bisschen crazy mit seinem Wissenschaftsding. Tat oft geheimnisvoll. Aber sonst, alles in Ordnung. Also wenn Mascha ihm nun die Freundschaft mit Paul anbot, konnte er sie eigentlich ruhig annehmen.

«Ja, gut. Kann man wahrscheinlich schon so sehen. Ich hab da irgendwie noch nie wirklich drüber nachgedacht. Ist ja auch nicht so, dass man eine Freundschaft irgendwo offiziell eintragen lassen muss. Auf dem Amt oder so. Wahrscheinlich entstehen Freundschaften in der Regel genau so.»

«Wie?»

«Na, indem man jemandem Dritten gegenüber sagt: Das ist mein Freund.»

«Paul meinte schon, du wärst ein komischer Kauz, aber dafür oft witzig und im Großen und Ganzen total okay.»

«Das hat Paul über mich gesagt?»

«Ja.»

«Komischer Kauz?»

«Wörtlich so.»

«Da kann man mal sehen, wie schnell Freundschaften auch wieder enden können.»

«Was?»

«Ich degradiere Paul hiermit auf den Status eines gemeinsamen Bekannten. Also für unsere Kommunikation.»

«Verstehe. Paul meinte jedenfalls, ich könnte mich ohne Weiteres an dich wenden, falls ich irgendetwas brauche.»

«Das meinte dieser Paul?»

«Hat er so gesagt.»

«Wenn du was genau brauchst?»

«Na, irgendwas. Weil ich doch ganz neu in Berlin bin. Einen Rat, 'nen Stadtplan, einen Dosenöffner, etwas Milch, Sex. Was man eben so braucht.»

«Sex?»

«Ja, Paul meinte, du wärst wahnsinnig gut im Bett. So wäre es ihm zumindest von mehreren Seiten zugetragen worden. Er könne dich mir nur wärmstens empfehlen.»

«Ach so. Ja, gut. Der Paul muss das ja wissen. Immerhin ist er ja mein allerbester und liebster Freund. Wie ich gerade erfahre. Er kennt mich quasi besser, als ich mich selbst kenne.»

Mascha lachte. Bastian lachte mit, wusste aber nicht wirklich, warum. Trotzdem fühlte es sich gut an, zusammen zu lachen.

«Nee, im Ernst.» Mascha ließ ihre Stimme leichtfüßig durch die gemeinsame Fröhlichkeit tänzeln. «Ich wollte dich fragen, ob du Hunger hast.»

«Wieso?»

«Ich mache Nudeln. Mit einer genialen veganen Sauce bolognese, die ich in der Markthalle entdeckt habe. Das reicht für zwei. Und vielleicht kannst du mir ja beim Essen ein bisschen was über die Stadt und die Ecke hier erzählen. Fände ich cool.»

«Fänd ich auch cool.»

«In einer Viertelstunde. Und es wäre gut, wenn du einen Korkenzieher mitbringen würdest. Und den Wein.»

Nachdem die Tür geschlossen war, begann es in Bastians Kopf zu rattern: Reicht eine Viertelstunde zum Duschen? Habe ich noch Wein im Haus? Sollte ich mich umziehen? Wie würde das wirken? Wie lange würde es dauern, zum Weinladen zwei Häuser weiter zu laufen? Wäre es sinnvoll, nach dem Duschen wieder die gleichen Sachen anzuziehen? Damit sie nicht «wer weiß was» denkt? Was wäre «wer weiß was»? Ist da nicht noch jede Menge von dem Wein, den mir der Pizzaservice ständig schenkt? Kann man das bringen, den mitzubringen? Wie spät ist es jetzt? Jetzt nach dem Duschen habe ich irgendwie das Gefühl, dass die Sachen, die ich vorher anhatte, riechen. Vorher haben die nicht gerochen. Seltsam. Ich habe ja sogar drei Flaschen vom Pizzaservice. Wie schnell sich so was ansammelt. Ich hätte mir eine Unterhose anziehen sollen, bevor ich nach dem Wein gucke. Die schlecht gelaunte Frau vom Balkon des Hauses gegenüber guckt ziemlich komisch. Ich ziehe jetzt einfach frische Sachen an. Ist doch keine Schande, sich zu waschen. Ich hätte eine Unterhose anziehen sollen, bevor ich die Jeans anziehe. Zumindest bevor ich den Reißverschluss zumache. Hat man die Schreie nebenan gehört? Egal, ich hab schon Verspätung. Unterhose, Jeans, Hemd. Korkenzieher. Wein. Geht doch. Und los.

2

Mit nassen Haaren öffnete Mascha die Tür. Sie hatte sich auch umgezogen. Nun war es eine weinrote Jogginghose und ein weißer Kapuzenpulli. Langärmlig. Dafür war sie barfuß.

«Sorry. Ich war so verschwitzt, da dachte ich, ich nutze die Zeit, wo die Nudeln kochen, für eine ganz schnelle Dusche.

Auch wenn das vielleicht weird wirkt. Aber ich dachte, wenn ich die alten Sachen wieder anziehe, merkst du wahrscheinlich gar nicht, dass ich geduscht habe, und machst dir auch keine komischen Gedanken, aber dann hatte ich nach dem Duschen das Gefühl, dass die alten Sachen jetzt irgendwie riechen, und fand schließlich: Ist doch egal. Ich meine, es ist ja nun auch keine Schande, sich mal zu waschen, bevor man einen Gast zum Essen hat.»

Sebastian hatte etwas Mühe, ihren schwungvollen Redefluss zu verarbeiten. Dennoch gelang ihm ein vergleichsweise souveränes «Schon okay».

«Du hast dich auch umgezogen.»

«Ja, ich hab auch geduscht. Aber das musste ich sowieso dringend, und ich hatte ja noch die Viertelstunde zu überbrücken, also das war jetzt nicht ...»

«Natürlich nicht. Lustig.»

«Was ist lustig?»

«Der Wein. Das ist ganz genau die Sorte, die uns in Dresden immer unsere Lieblingspizzeria bei großen Lieferbestellungen geschenkt hat.»

«Eure Lieblingspizzeria?»

«Ja, bei denen war echt immer alles super. Außer dem Wein.»

«Du bist aus Dresden?»

«Nein, wir sind da nur häufig hingereist, wenn wir Pizza bestellen wollten.»

«Verstehe.»

«Sorry. Wenn ich unsicher bin, mache ich gerne schlechte Witze.»

«Die helfen gegen Unsicherheit?»

«Sie lenken davon ab. Außerdem bin ich aber auch sehr gut im Schlechte-Witze-Machen. Das kann ich ohne große

Anstrengung. So lange ich will. Und das soll man ja, wenn man unsicher ist. Sich erst mal ganz auf das konzentrieren, was man richtig gut kann.»

«Ich kann gut unsicher sein.»

«Cool.»

«Tut mir leid wegen des Weins.»

«Muss es echt nicht. Der hilft mir gegen Heimweh.»

«Er gibt dir ein Gefühl von Zuhause?»

«Das werden erst die Kopfschmerzen tun, die er mir machen wird.»

«Ich mag deinen Humor.»

«War kein Witz. Ich finde echt, dass Heimat auch eine vertraute Form von Kopfschmerz sein kann.»

«Das ist ziemlich tiefsinnig.»

«Wenn du Dinge, die ich sage, für tiefsinnig hältst, sagt mir das nur, dass du sie nicht verstanden hast.»

«Das finde ich noch tiefsinniger.»

«Wir reden aneinander vorbei.»

«Du sächselst gar nicht.»

«Und du sagst ‹des Weins›.»

«Ich sage was?»

«Des Weins. Du bist einer von diesen Genitivverstehern.»

«Törnt dich das ab?»

«Nicht so sehr, wie jemand, der ‹abtörnen› sagt.»

«Kann ich trotzdem reinkommen?»

«Ich dachte, du fragst nie.»

«Offen gestanden, hatte ich zwischenzeitlich vergessen, dass ich immer noch vor der Tür stehe.»

«Passiert dir das öfter?»

«Tatsächlich ja. Kürzlich musste ich in die Innenstadt, weil ich von dort unbedingt etwas brauchte. Da angekommen, hatte ich aber plötzlich vollkommen vergessen, was es war.

Also habe ich mich beinahe vier Stunden in der City rumge-trieben und versucht zu erinnern, warum ich da war. Dann habe ich aus Verzweiflung Druckerpatronen gekauft und rede mir seitdem ein, ich wäre deshalb los.»

«Aber tief in deinem Innern weißt du, dass das nicht der Grund deiner Reise war?»

«Die Druckerpatronen habe ich nur gekauft, um nicht für verrückt gehalten zu werden.»

«Von wem?»

«Von mir. Um nicht von mir selbst für verrückt gehalten zu werden. Meine Meinung über mich ist mir sehr wich-tig.»

«Kommst du mit dieser Masche normalerweise gut bei Frauen an?»

«Meistens schon.»

«Okay. Bei mir nicht.»

«Ich ...»

«Das war ein Witz. Meine Güte, ich hab doch gesagt, ich mache schlechte Witze.»

«Ich weiß. Und trotzdem hatte ich plötzlich diese furcht-bare Angst, ich könnte für nichts und wieder nichts geduscht haben.»

Mascha lachte. «Komm jetzt rein.»

In der Küche roch es bereits richtig gut nach der Soße.

«In fünf Sekunden», grinste sie, «werden wir nur noch nach dieser Küche stinken. Hast du an den Korkenzieher ge-dacht?»

«Klar.»

Bastian griff nach der Flasche, um sie zu öffnen. Es war ein Schraubverschluss. Er schenkte sich einen kleinen Schluck ein, nippte daran und verzog dann direkt das Gesicht.

«So schlimm?»

«Ich sag mal, du wirst im Heimatgefühl schwelgen.»

«Aber zum Dummwerden reicht's?»

«Das sollte klappen. Sonst hätte ich aber auch noch zwei weitere Flaschen davon.»

«Wir wollen es uns ja auch nicht zu einfach machen.»

«Auf gar keinen Fall.»

Sie setzten sich und begannen zu essen. Bastian hatte das Gefühl, vor Aufregung praktisch nichts schmecken zu können.

«Und? Wer war denn jetzt der Berühmteste?»

«Was?»

«Der oder die Berühmteste, der du je die Stulle gebuttert hast?»

«Diese Formulierung ist echt ...»

«Lenk nicht ab.»

«Wahrscheinlich Tom Hanks.»

«Wahrscheinlich im Sinne von: Wahrscheinlich war es Tom Hanks, oder Tom Hanks war wahrscheinlich der Berühmteste.»

«Nee, nee, ganz sicher Tom Hanks.»

«Wer ist das?»

«Du kennst Tom Hanks nicht?»

«War vermutlich vor meiner Zeit.»

«Wie war? Der ist noch.»

«Wo hat er denn mitgespielt?»

«‹Forrest Gump›.»

«Oh ja, kenn ich. Der soll toll sein. Hast du ihn gesehen?»

«Klar. Ist Filmgeschichte.»

«Worum geht es da?»

«Na ja, Tom Hanks spielt Forrest Gump, und der ist bei ganz vielen historischen Ereignissen dabei und löst die teilweise auch aus.»

«Das ist alles?»

Bastian versuchte verzweifelt, sich an weitere Einzelheiten zu erinnern. Mascha hatte derweil mit ihrem Smartphone gegoogelt.

«Ist das das, wo er sagt: ‹Das Leben ist wie eine Schachtel Pralinen›? Auf dieser Parkbank?»

«Ja, genau.»

«Geil, das kenn ich als Meme. Ist voll berühmt.»

«Ja, genau. Und dem Darsteller von diesem berühmten Meme habe ich mal die Stulle gebuttert.»

Das war ihm jetzt deutlich genervter rausgerutscht, als er beabsichtigt hatte.

«Ich kenne Tom Hanks.»

«Was?»

«Ich weiß natürlich, wer Tom Hanks ist. ‹Private Ryan›, ‹Green Mile›, ‹Cast Away›, hab ich alles gesehen.»

«Und was sollte das dann?»

«Ich wollte nur mal gucken, wie du reagierst, wenn ich mich als oberflächliche Tussi rausstelle.»

«Das war ein Test?»

«Quasi.»

«Und habe ich bestanden?»

«Du warst genervt. Das ist schon mal gut, damit weiß ich, dass dir außer meinem Körper nicht alles andere egal ist.»

«Die Pasta ist übrigens auch nicht besonders gut.»

«Was?»

«Na ja, ich wollte dir nur sagen, dass die Pasta leicht verkocht und die Soße unterwürzt daherkommt. Falls das auch ein Test ist.»

«Das war kein Test.»

«Oh. Dann war das jetzt blöd von mir?»

«Ja. Aber ich mag blöde Männer manchmal ganz gern.»

«Wieso das denn?»

«Weil ich nicht mein ganzes Leben nur mit Frauen verbringen möchte. Außerdem hast du ja recht.»

«Ich finde dich echt ziemlich toll.»

«Das war jetzt etwas zu forsch.»

«Tut mir leid.»

«Muss es nicht. Es kommt einfach nur rund eine Stunde zu früh.»

«Soll ich das dann gegen 20.30 Uhr noch mal sagen?»

«Das wäre mir sehr recht.»

«Und bis dahin?»

«Erzählst du mir, was du eigentlich machst.»

«Ich schreibe.»

«Was schreibst du?»

«Geschichten. Romane. Dies und das.»

«Kenne ich was davon?»

«Sicher nicht.»

«Weil noch nie etwas veröffentlicht wurde?»

«Nein. Nein. Ich habe sogar schon ziemlich viel veröffentlicht. Aber ich habe nicht viele Leser, und die meisten davon kenne ich persönlich.»

«Und was hast du in letzter Zeit so geschrieben?»

«Einen historischen Kriminalroman. Spielt 1904 in Berlin. Hauptfigur ist der noch ganz junge Ernst Gennat, eine reale Berliner Polizeilegende. Der hat zu dem Zeitpunkt aber gerade erst als Kriminalassistent bei der Berliner Polizei angefangen.»

«Muss man den kennen?»

«Er ist praktisch der Erfinder der modernen Beweismittelaufnahme und Spurensicherung. Alles, was du heute im Tatort oder bei CSI Miami siehst, basiert irgendwie auf seiner Pionierarbeit. In seinem ersten Fall muss er einen Serienmörder schnappen, der mit einem legendären antiken französischen Militärdegen preußische Veteranen aus dem Deutsch-Französischen Krieg 1870/71 ermordet.»

«Verstehe. Und was passiert dann?»

«Der Mörder fotografiert seine Opfer und lässt die Bilder in der gerade erst gegründeten ersten echten Boulevardzeitung der Welt veröffentlichen.»

«Klingt interessant.»

«Na ja, der erste Teil hat sich so gut wie gar nicht verkauft. Obwohl es im Netz durchaus eine Fangemeinde zu geben scheint. Deshalb schreibe ich nun auch einen zweiten Teil, mit einer geheimnisvollen neuen Figur. Dem Telegraphen.»

«Ein Superbösewicht?»

«Das lässt sich nicht so genau sagen. Der Telegraph ist ein Phantom. Niemand weiß, wer sich hinter diesem Namen verbirgt und was seine Absichten sind. Im zweiten Band tritt er nie persönlich in Erscheinung, sondern kommuniziert nur über eine nicht minder geheimnisvolle Frau.»

«Wie heißt die? Ultrakurzwelle?»

Bastian stutzte kurz. Dann begriff er den Scherz und beschloss, den Einsatz zu erhöhen.

«Haha, sehr lustig. Nein, also das ist jetzt fast ein bisschen unheimlich. Aber die heißt tatsächlich Mascha.»

Mascha riss die Augen auf. «Wie jetzt, echt?»

«Jetzt echt.»

«Nee, komm, das sagst du doch nur so. Um mich hier zu beeindrucken, oder?»

«Doch. Wirklich. Wenn du willst, kannst du nebenan in mein Manuskript gucken. Aber das ist noch nicht mal alles. Sie sieht auch noch fast genauso aus wie du. Inklusive der roten Lockenpracht und der Sommersprossen.»

«Nicht im Ernst!»

«Doch. Ich schwöre. Deshalb war ich, ehrlich gesagt, anfangs auch so ein bisschen komisch.»

«Warst du? Ich dachte, ich wäre komisch gewesen.»

«Nee, gar nicht. Ich fand dich von Anfang an ziemlich toll.»

«Ja.»

«Wie ja?»

«Ja, jetzt war der richtige Zeitpunkt.»

Sie hob ihr Glas. «Auf ex!»

Die beiden stießen an, und er stürzte den gesamten Inhalt in einem Zug herunter. Als das getan war, stellte er fest, dass sie nur genippt hatte.

«Hupps. Das war ein Scherz mit dem auf ex.»

«Ach so. 'tschuldigung. Mein Fehler. Lass noch mal versuchen.»

Er schenkte sich nach, sie stießen an, diesmal rief er: «Auf ex!»

Woraufhin nur sie das ganze Glas mit einem Schluck leerte.

«Oh verdammt. Nun habe ich es verbockt. Lass noch mal probieren.»

Beim dritten Versuch tranken beide ihr gesamtes Glas in einem Zug aus. Kurz darauf holte Bastian die zweite Flasche.

3

Gennat konnte einfach nicht aufhören, die Bedienung der Treulosen Tomate anzustarren. Noch nie hatte er einen Menschen mit so vielen rotgelockten Haaren gesehen. Also keine Perücke, sondern eine richtige rote Mähne.

«Also wenn Sie mich noch länger so angaffen, kostet dit aber langsam mal extra.»

Ihm war gar nicht aufgefallen, dass sie wohl schon seit geraumer Zeit zurückschaute. Nicht mal, wie dicht die mittelgroße, ausgesprochen schlanke und athletische junge Frau plötzlich vor ihm stand. «Der fesche Herr Kommissar hat sich doch wohl nicht am Ende ein wenig in mich verguckt?»

Gennat spürte, wie seine Wangen zu brennen begannen. Wahrscheinlich waren sie deutlich sichtbar rot.

«Genau genommen bin ich nur Kriminalassistent. Kein Kommissar, also noch nicht. Woher wissen Sie, dass ich von der Polizei bin?»

«Ick hab Ihr Bild inner Zeitung jesehen. Sie sind 'ne Berühmtheit.»

«Sie lesen Zeitung?»

«Ick schau mir nur die Bilder an. Was darf's denn sein, Herr Kommissar?»

«Ich bin nur …»

«Sie können hier allet sein, wat Se wollen. Also?»

«Haben Sie Stachelbeertorte?»

«Da ick nich ins Jefängnis möchte, werde ick Ihnen hier sicher nichts von unseren Speisen servieren. Aber wir haben einen wirklich guten Überseerum.»

«Nicht um die Uhrzeit. Wie ist Ihr Kaffee?»

«Freundlich, solange man ihn nicht anrührt. Ick spendier Sie ein Bier.»

«Das darf ich nicht annehmen.»

«Ihre Ermittlungen erfordern es.»

«Tun sie das?»

«Ja, ick werde Ihnen sonst keene Fragen beantworten.»

«Wie kommen Sie darauf, dass ich Fragen an Sie habe?»

«Weil Sie der klügste Polizist Berlins sind.»

«Glauben Sie, dass Sie mit diesen Schmeicheleien Erfolg bei mir haben werden?»

«So wie Sie mich vorhin anjekiekt haben, hatte ick ooch schon ohne diese Schmeicheleien Erfolg bei Ihnen.»

«Sie sind ganz schön frech.»

«Entschuldigung, ich mache immer, wenn ich unsicher bin, schlechte Witze.»

«Die helfen gegen Unsicherheit?»

«Sie lenken davon ab. Ick bin sehr jut im Schlechte-Witze-Machen. Dit kann ich ohne jroße Anstrengung. So lange ick will. Und dit soll man ja, wenn man unsicher ist. Sich erst mal ganz auf dit konzentrieren, wat man richtig jut kann.»

«Das ist recht tiefsinnig.»

«Wenn Sie Dinge, die ick sage, für tiefsinnig halten, schließe ick daraus, dass Sie sie nicht verstanden haben.»

«Das erscheint mir noch tiefsinniger.»

Drrrrrrrrrrrrrrrinnnnggggggg!!!
Bastian versuchte die Spur zu halten. Bei seiner Geschichte zu bleiben.

«Wir zwee beede reden aneinander vorbei.»

«So wie Sie berlinern, sind Sie wohl nicht aus Berlin.»

«Ertappt. Nu, gebürtisch bin isch eischentlisch aus Dräsdn.»

«Ihr Sächseln hört man, wenn's keine Absicht ist, aber gar nicht.»

«Oh, ick versichere Sie, wenn's keine Absicht ist, hören Sie von mir überhaupt jar nischt …»

Drrrrrrrrrrrrrrrinnnnggggggg!!!
Es hatte keinen Zweck.
Drrrrrrrrrrrrrrrinnnnggggggg!!!
So ein hartnäckiges Klingeln? Das ließ in ihm eine plötzliche Hoffnung keimen.

Drrrrrrrrrrrrrrrinnnngggggggg!!!

Er sprang auf und stürzte zur Tür. Nachdem er sie geöffnet hatte, erblickte er aber nur einen uniformierten Polizisten.

«Schönen guten Tag, Herr Starck. Sie haben uns angerufen?»

Bastian hatte erhebliche Probleme, die Worte des Polizisten in angemessener Zeit zu verarbeiten.

«Ich habe was?»

«Uns angerufen.»

«Wen?»

«Na, die Polizei. Wegen Ihres Nachbarn.»

Kurz war sich Bastian sicher, einen falschen Polizisten vor sich zu haben. Wegen des korrekten Genitivs. Damit hatte er sich eindeutig verraten. Andererseits war alles andere an ihm schon sehr überzeugend.

«Ich hab schon ein paarmal beim Herrn Landmann geklingelt jetze. Macht keiner auf. Wie erwartet. Schlosser ist schon verständigt. Müsste jeden Moment hier sein. Wir gucken uns das jetzt mal an.»

«Was gucken wir uns an?»

«Na, die Wohnung vom Herrn Landmann. Deshalb haben Sie uns doch angerufen. Weil Sie sich Sorgen machen. Weil Sie seit gut einer Woche nichts mehr vom Herrn Landmann gesehen oder gehört haben. Und er auch nicht draußen auf dem Balkon zum Rauchen war. Und eben wegen des komischen Geruchs, wie Sie meinten. Also ich rieche zwar nichts, aber ich bin auch ein wenig verschnupft. Aber keine Angst. Is kein Corona. Das würd ich merken.»

«Ich habe Sie nicht angerufen.»

Der Polizist schaute Bastian mitleidig an. «Hier ist doch Willibald-Alexis 32. Sie sind Sebastian Starck, und da ist die Wohnung von Herrn Landmann. Alles korrekt. Sie müssen keine Angst haben wegen Einsatz und Schlüsseldienst. Selbst wenn jetzt in der Wohnung nichts sein sollte und der Herr Landmann nur verreist ist, entstehen Ihnen keine Kosten. Das ist schon in Ordnung, dass Sie sich um Ihren Nachbarn Sorgen machen. Es ist ja das erste Mal, dass Sie so was melden.»

Sebastian begriff nichts von dem, was gerade geschah. Er versuchte Informationen zu sammeln.

«Wer hat denn mit mir gesprochen?»

«Na icke. Hauptwachtmeister Ugur. Erkennen Sie denn meine Stimme nicht? Also ich erkenne Ihre. Und ich habe Ihnen doch schon gesagt, weil's umme Ecke ist, komme ich selbst schnell vorbei. Wollte mir doch sowieso mal die Beine vertreten. Aber egal, wenn Sie mir immer noch nicht glauben, dass Sie angerufen haben, ich habe hier sogar die Nummer, von der aus Sie telefoniert haben.»

Umständlich fingerte er ein handgeschriebenes Anrufprotokoll aus seiner Diensthemdtasche. Zutiefst verunsichert warf Bastian einen Blick darauf.

«Das ist definitiv nicht meine Telefonnummer.»

Doch der Polizist war mit seiner Aufmerksamkeit längst bei den von unten näher kommenden Schritten im Treppenhaus.

«Schlüsseldienst Klein?»

«Ganz genau.»

«Super. Sie sind ja von der schnellen Truppe. Is hier im dritten Stock, die Wohnung Landmann.»

«Ich war zufällig gerade beim Bäcker vorne. Is ja so ziemlich der letzte in der Innenstadt, der die Schweineohren noch selber macht.»

«Allerdings. Und wissen Sie, dass der nur überleben kann, weil sich unser ganzes Revier seit Jahren von dem ernährt?»

«Die Polizei, dein Freund und Helfer.»

«Gern geschehen.»

Bastian versuchte sich zu fangen und das Geplänkel der beiden Teilchenliebhaber mit ihren Bäckereibäuchen zu unterbrechen.

«Hören Sie, ich habe niemanden angerufen, das ist nicht meine Telefonnummer, und mein Nachbar ist verreist. Ich glaube, da will mich nur jemand veräppeln, und ich habe sogar auch schon eine Ahnung, wer.»

Der Polizist warf ihm einen prüfenden Blick zu. «Dann meinen Sie, wir müssen die Wohnung gar nicht öffnen?»

«Nein, auf keinen Fall.»

Nun wurde der Schlosser unruhig. «Und was ist dann mit meiner Anfahrt?»

«Sie waren doch unten in der Bäckerei.»

«Anfahrt ist Anfahrt.»

Der Polizist nickte. «Ich hab hier jetzt auch schon die Genehmigung für die Türöffnung. Das alles wieder zurückabwickeln macht nur Ärger. Wir machen jetzt die Tür auf.»

Mit einem zufriedenen Handwerkergeräusch holte der Schlüsselmeister ein seltsames Werkzeug aus der Seitentasche seiner Arbeitshose und beugte sich zum Schloss runter. Bastian jedoch wollte sich nicht geschlagen geben.

«Hören Sie, das geht doch nicht. Das war ein Telefonstreich, wir können doch nicht einfach …»

«Is offen!» Mit einem gelangweilten Stöhnen schob der Schlosser die Tür einen winzigen Spalt auf und lud den Polizisten mit großer Peter-Alexander-Geste ein, sie nun ganz zu öffnen. Bastian schüttelte nur noch den Kopf. Dann allerdings drang der Geruch zu ihm vor. Ein wirklich schlimm faulig-stechender Geruch, der die Miene von Hauptwachtmeister Ugur schlagartig verdunkelte.

«Also was haben Sie uns denn da jetzt eingebrockt?»

4

Mitschnitt der dritten Verhörsequenz des Hauptverdächtigen Sebastian Starck im Fall des gewaltsam zu Tode gekommenen Paul Landmann. Im Verhörraum anwesend sind Kriminalkommissarin Sina Yildrim und Kriminalhauptkommissarin Meike Fuchs.

KK Yildrim: Herr Starck, Sie geben also zu, den Abend acht Tage vor Auffinden der Leiche in der Wohnung des Opfers Paul Landmann verbracht zu haben?

Starck: Das habe ich doch nun sicher schon zwanzigmal gesagt. Ja, ich war in der Wohnung, aber Paul war nicht dort.

KK Yildrim: Stattdessen aber eine junge Frau aus Dresden.

Starck: Genau.

KHK Fuchs: Die mysteriöse Mascha.

Starck: Ich habe sie an dem Abend zum ersten Mal gesehen. Sie stand plötzlich vor der Tür.

KHK Fuchs: Und dann haben Sie in Paul Landmanns Wohnung mit ihr gegessen und geredet und so?

Starck: Ja. Das heißt, das glaube ich. Ich erinnere mich erst wieder, wie ich am nächsten Morgen mit sehr schwerem Kopf in meinem Bett erwacht bin. Also am nächsten Nachmittag genau genommen. Am sehr späten Nachmittag.

KK Yildrim: Nackt?

Starck: Na ja, eine Unterhose hatte ich schon noch an. Was eigentlich normal ist. So schlafe ich. Nur in Unterhose. Seltsam war nur, dass meine sonstige Kleidung nirgends auffindbar war.

KK Yildrim: Was Sie dann aber irgendwann achselzuckend hingenommen haben?

Starck: Natürlich nicht. Ich habe nebenan geklingelt, geklopft, gerufen. Im Halbstundentakt war ich an der Tür. Aber keiner war da. Also bin ich irgendwann davon ausgegangen, dass Mascha wohl wieder abgereist ist.

KK Yildrim: Und das fanden Sie nicht komisch?

Starck: Selbstverständlich fand ich das komisch. Sogar völlig irre. Aber was sollte ich denn machen? Ich beschloss einfach zu warten, bis Paul zurück ist, und ihn dann zu fragen, ob er irgendwas weiß.

KHK Fuchs: Den Paul Landmann, der aber tatsächlich seit jener Nacht tot in seinem Schlafzimmer lag. Verblutet. Übel zugerichtet und letztlich getötet mit Ihrem Korkenzieher. Den Sie erst an jenem Abend mitgebracht haben wollen. Um damit Weinflaschen mit Schraubverschluss zu öffnen. In einer Wohnung, die übersät ist mit Ihren Fingerabdrücken. In welcher sich eine Leiche befindet, die Sie nie gesehen haben wollen. Obwohl auch die übersät ist mit Ihren Fingerabdrücken. So wie auch das Hauptmordwerkzeug, dieser Korkenzieher, natürlich randvoll ist mit Ihren Fingerabdrücken.

Starck: Das ergibt alles überhaupt keinen Sinn.

KK Yildrim: Da zumindest sind wir uns jetzt mal einig. Warum haben Sie nicht versucht, Paul Landmann zu erreichen? Sie hätten ihn auf seiner vermeintlichen Reise doch mal anrufen können und nach dieser Mascha fragen.

Starck: Ich habe ihm Mails geschickt. Keine Antwort. Ich hatte auch gar nicht seine Telefonnummer.

KHK Fuchs: Sie hätten gestaunt.

Starck: Warum?

KHK Fuchs: Weil es in Ihrer Schreibtischschublade geklingelt hätte.

Starck: Bitte?

KHK Fuchs: Dort lag nämlich Paul Landmanns Handy, mit dem Sie übrigens auch eine Woche nach seinem Tod bei der Polizeiwache angerufen haben, damit die mal nach Paul Landmann gucken. Das Handy, das, halten Sie sich fest, auch pickepacke voll ist mit Ihren Fingerabdrücken.

Starck: Ich habe nicht auf der Wache angerufen. Sie müssen das doch kontrollieren können. Solche Anrufe zeichnen Sie doch auf.

KHK Fuchs: Aber leider haben Sie sich ja ein Taschentuch oder etwas Ähnliches vor den Mund gehalten.

Starck: Habe ich nicht, weil ich doch auch gar nicht angerufen habe.

KK Yildrim: Herr Starck, bitte. Sie sind doch ein logisch denkender Mensch. Das müssen Sie ja sein. Sonst könnten Sie schließlich gar nicht Ihre Romane schreiben. Was halten Sie denn, von außen betrachtet, von dem Bild, das sich hier ergibt? Ihr Nachbar ist seit über einer Woche tot. Wir haben die Leiche, wir haben die Mordwaffe. Beides, wie auch der gesamte Tatort, ist voll von Ihrer DNA. Sie waren als Letzter in der Wohnung des Opfers. In Ihrer eigenen Wohnung hingegen befindet sich das Handy des Toten, mit dem auch die Polizeiwache angerufen wurde, sowie eine im Schrank versteckte Tüte mit blutverschmierter Kleidung, die Sie, laut eigener Auskunft, in der Mordnacht getragen haben. Getränkt mit dem Blut des Opfers.

Starck: Ich weiß nicht, wie diese Tüte in meinen Schrank gekommen ist.

KK Yildrim: Wirklich nicht?

Starck: Welcher Mörder wäre denn so bescheuert, solche Beweismittel in seiner Wohnung aufzubewahren?

KK Yildrim: Vielleicht ein Mörder, der den Mord, den er begangen hat, nicht wahrhaben will. Dessen Gehirn jede

Erinnerung an alles, was in jener Nacht geschehen ist, auslöschen möchte.

Starck: Sie haben mich, nachdem Paul Landmanns Wohnung geöffnet wurde, direkt mit auf die Wache genommen. Ohne meine Wohnung zu durchsuchen oder zu versiegeln. Da war einen ganzen Tag und eine ganze Nacht Zeit für jemanden, diese Dinge in meiner Wohnung zu platzieren.

KK Yildrim: Die Wohnung war verschlossen.

Starck: Mit einem Schloss wie an Paul Landmanns Wohnung. Das der Schlosser in zwei Sekunden ohne Spuren geöffnet hat.

KHK Fuchs: Sie wollen sagen, der Schlosser hat die Tüte und das Handy in Ihrer Wohnung versteckt?

Starck: Hören Sie doch auf, sich über mich lustig zu machen. Nicht nur Schlosser können so etwas.

KHK Fuchs: Sondern zum Beispiel auch diese Mascha?

Starck: Oder jemand, den sie beauftragt hat. Was weiß denn ich?

KHK Fuchs: Sie arbeitet also nicht alleine. Ist es womöglich eine größere Organisation, die hinter ihr und diesem Mord steht? Der Telegraph vielleicht? Eine gigantische Verschwörung, in die Sie irgendwie reingeraten sind?

Starck: Welches Motiv sollte ich denn haben, meinen Nachbarn zu ermorden?

KHK Fuchs: Herr Starck, wir haben Ihr Manuskript gelesen. Mascha ist die Hauptfigur Ihrer Geschichte. Ich glaube Ihnen, wenn Sie denken, Sie hätten sie sich nicht ausgedacht. Weil sie ohnehin immer bei Ihnen ist. In Ihrer Geschichte.

Starck: So ist das nicht.

KK Yildrim: Ich habe bereits mit einer Psychologin gesprochen. Sie ist fasziniert von Ihrem Fall. Von der Möglichkeit, dass sich ein Schriftsteller so sehr in eine seiner Protagonistinnen verliebt, dass er sogar bereit ist, einen Mord für sie zu begehen.

Starck: Nein. Nein. Sie sehen das völlig falsch. Es war andersherum. Erst nachdem ich Mascha getroffen habe, habe ich sie zur Hauptperson meines Romans gemacht.

KK Yildrim: Warum?

Starck: Weil ich vielleicht wirklich in sie verliebt war.

KHK Fuchs: Und wieso dann der Mord?

Starck: Das weiß ich nicht.

KHK Fuchs: Und wer weiß es dann?

Starck: Keine Ahnung. Eventuell Mascha.

KHK Fuchs: Glauben Sie, Mascha hat den Mord begangen?

Starck: Möglich. Ich weiß nicht. Kann sein.

KHK Fuchs: Und später die Beweise bei Ihnen versteckt?

Starck: Wahrscheinlich. Ja. Also, wenn ich ehrlich bin, glaube ich mittlerweile, dass sie das getan hat.

KK Yildrim: Ich fasse dann mal zusammen. Sie denken also, die Hauptfigur Ihres Romans hat den Mord begangen und in der Folge sämtliche Spuren und Beweise so manipuliert, dass alles in Ihre Richtung weist.

Starck: Was?

KK Yildrim: Ich glaube, wir können die polizeilichen Ermittlungen an dieser Stelle beenden und das Ganze weiter an das Gericht und die Psychologen geben, oder?

KHK Fuchs: Okay. Ich schließe hiermit das Verhör mit dem Hauptverdächtigen im Mordfall Paul Landmann, Herrn Sebastian Starck, ab.

5

Kriminaldirektor Gennat schaute Mascha nachdenklich an. Gerade mal acht Jahre waren seit ihrer ersten Begegnung vergangen, doch es kam ihm vor, als würden sie sich schon ein ganzes Leben lang kennen. So viel Blut, so viel Verbrechen, so viel Elend und so viele Morde hatten dafür gesorgt, dass sich ihre Wege in den letzten Jahren häufig kreuzten. Doch noch nie hatte er sie so verängstigt gesehen.

«Wissen Sie, dass ich lange Zeit dachte, Sie selbst wären der Telegraph?»

«Der Telegraph war nie nur eine Person. Er war eine Idee, ein Phantom, das für eine bessere Stadt, eine andere Zukunft stand.»

«Was ist geschehen?»

«Sie können sich das vielleicht wie eine Firma vorstellen. Gegründet mit einer Vision von einer gerechteren Welt. Mit der Hoffnung, die Dinge verändern zu können. Doch dann werden Entscheidungen getroffen, um zu überleben, zu wachsen, mächtiger zu werden. Das Gute erringt nur, wer dafür bereit ist, auch mal Böses zu tun. Dieser Satz ist wirklich in einer unserer Sitzungen gefallen.»

«Sie wussten doch immer, dass der Telegraph sich selbst gegenüber stets sehr großzügig in moralischen Fragen war.»

«Das war etwas anderes. Doch dann sind neue Menschen zum Telegraphen gestoßen. Plötzlich wurden Entscheidungen getroffen, die nichts mehr mit der ursprünglichen Idee zu tun hatten. Es war, als wollten sie die Stadt nicht mehr nur verbessern, sie wollten sie besitzen. Und möglichst nicht nur eine Stadt.»

«Wer braucht denn, wenn er Berlin hat, noch eine andere Stadt?»

«Meine Meinung. Wem Berlin nicht reicht, der hat die Kontrolle über seine Wünsche verloren. So jemand ist wirklich gefährlich.»

«Was genau meinen Sie?»

«Ich fürchte, der Telegraph will einen neuen Krieg. Den größten, brutalsten Krieg, den es jemals gegeben hat. Denn nur solch ein Krieg kann endlich alles hinwegfegen. Das Kaiserreich, das Junkertum, das ganze überkommene, verrottete alte System. Dieser Krieg würde endlich eine neue Ordnung bringen, in der sie dann die Herren wären. Oder zumindest zu den Herren gehören würden.»

«Nach dem, was ich höre, ist es eher nicht wahrscheinlich, dass es ein sonderlich langer oder grausamer Krieg würde. Von unseren Militärs hört man, das Deutsche Reich verfüge mittlerweile über moderne Waffen, die den Franzosen schnell die Lust an der Schlacht austreiben würden.»

«Glauben Sie wirklich, dass die Franzosen keine neuen Waffen haben?»

«An sich halte ich mich aus der Politik raus. Ich kläre Kriminalfälle auf. Und Verbrechen hat nach meinen Erfahrungen keine Nationalität.»

«Aus diesem Krieg, wenn er denn kommen sollte, wird sich keiner raushalten können. Aber das ist nicht mal das Schlimmste.»

Gennat lehnte sich vor. «Jetzt bin ich aber mal gespannt.»

«Das Schlimmste ist, ich fürchte, der Telegraph ist tatsächlich nicht mehr nur eine Idee. Ich fürchte, mittlerweile ist er eine konkrete Person. Und die schreckt vor gar nichts mehr zurück.»

«Auch nicht davor, Sie zu beseitigen, Mascha?»

«Das wäre ohne Frage noch eine unserer geringeren Sorgen.»

«Sehe ich nicht so, meine Liebe. Sie würden mir sehr abgehen. Aber könnte es dann sein, dass wir am Ende auf einer Seite kämpfen werden?»

Mascha lächelte. Sie schaute Gennat tief in die Augen, und plötzlich begannen die ihren zu strahlen.

«Haben wir das denn nicht eigentlich schon immer?»

Dong! Dong! Dong!

Von außen rumste es an die Zellentür. Obwohl sie nicht dazu verpflichtet waren, klopften sie bei ihm immer zumindest kurz an, bevor sie eintraten. Er konnte gerade noch den Computer zuklappen, als auch schon ein vertrauter Kopf in seine Kemenate lugte.

«Herr Starck, Ihr Gast ist nun hier.»

Schließer Gersberg schien heute recht aufgeräumter Stimmung zu sein.

«Gast?», murmelte Bastian ironisch zurück.

«Na ja, der Reporter eben.»

In Haus D der Justizvollzugsanstalt Tegel ging es wirklich entspannt zu. Die ersten Jahre in Moabit waren verglichen damit noch eine ganz andere Geschichte gewesen. Doch hier saßen ja praktisch nur reuige Mörder ein, die auf eine vorzeitige Entlassung hoffen durften. Da gab es kaum Stress. Hätte auch niemand Interesse dran gehabt. Selbst die Schließer waren ziemlich locker drauf. Allen voran Gersberg. Er ließ sich von Bastians Verleger ständig Autogramme und signierte Bücher mitbringen. Zudem liebte er es, mit Bastian zu fachsimpeln, und hatte ihm sogar schon ein paar absolut brauchbare Ideen für seine Romane geliefert. In Bastians Internet-Fan-Community war Gersberg wohl ein richtiger Star. Klar, immerhin hatte er als Einziger praktisch täglich mit dem mittlerweile weltberühmten Kriminalautor zu tun.

Bastian durfte sogar Interviews geben. In seiner eigenen Zelle, wenn auch selbstverständlich bei offener Tür. Ein ziemliches Privileg, welches ihm hier aber erstaunlicherweise niemand neidete. «Hemingway» nannten ihn die anderen Häftlinge. Obwohl sie natürlich wussten, dass er Krimis schrieb und der Spitzname somit genau genommen Unsinn war. Aber das störte weder sie noch ihn.

Der Journalist war ein schlanker, mittelgroßer Mann von ungefähr vierzig Jahren und Haaren. Also ungefähr so viele waren auf dem ansonsten kahl rasierten Kopf zu einem sehr dünnen Zopf gebunden, welcher ihm bei schwungvollen Bewegungen immer mal wieder in die Stirn wehte. Dazu trug er helle Chinohosen, ein schwarzes Hemd und ein grenzwertig gemustertes Tweedjackett. Man hatte den Eindruck, er gebe sich große Mühe, dass man seinen Beruf schon an seiner Kleidung erraten könnte.

Nach einer kurzen Begrüßung und dem üblichen Höflichkeitsgeplänkel – «freue mich sehr, dass es mit dem Interview geklappt hat», «Riesenfan, schon immer», «in der Redaktion sind alle neidisch», «würden Sie mir später mein Buch signieren?» – nahm er Platz, startete sein Aufnahmegerät und eröffnete mit einer klassischen Vorstellungsfrage.

«Herr Starck, seit acht Jahren befinden Sie sich nun schon in Haft, für einen Mord, an den Sie, laut eigener Aussage, nicht die geringste Erinnerung haben. In dieser Zeit haben Sie nicht weniger als sechzehn Romane geschrieben. Darunter die mittlerweile weltweit extrem erfolgreichen zwölf Bände über den jungen Hauptkommissar Gennat, mit der mysteriösen Mascha Grollow und dem Telegraphen als heimlichen Hauptfiguren. Millionen kennen diese Geschichte nun auch aus der HBO-Blockbuster-Serie. Wenn Sie in gut zwei Monaten aus der Haft entlassen werden, werden Sie dies als sehr, sehr wohlhabender und erfolgreicher Mann tun. Nun schreiben Sie gerade am dreizehnten Buch, welches jedoch definitiv der letzte Band sein soll. Stimmt das?»

Bastian wartete kurz ab, ob der Redefluss des Mannes nun auch wirklich versiegt war. Dann gab er routiniert Auskunft.

«Ja, das ist korrekt. Ich habe schon vor langer Zeit beschlossen, dass ich diese Reihe noch im Gefängnis beenden möchte. Die Entlassung soll einen kompletten Neuanfang markieren. In meinem Leben. In meinem Denken. In meinem Schreiben.»

«Dann stirbt Mascha Grollow also im nächsten Band?»

«Das kann ich Ihnen unmöglich verraten.»

«Die Geschichte wird aber ein echtes Ende bekommen?»

«Ein echtes, endgültiges, unwiderrufliches und, wie ich finde, auch sehr stimmiges Ende. Was aber nicht zwingend den Tod von Hauptpersonen bedeuten muss.»

«Sie lassen sich also doch noch ein Hintertürchen?»

«Keine Hintertüren und versteckten Abzweigungen. Es war für mich immer klar, dass der Bogen dieser Geschichte bis zum Ausbruch des Ersten Weltkrieges reicht. Dort endet für mich alle Hoffnung auf ein Ende ohne Schrecken.»

Man hörte, wie Gersberg sich räusperte. Ohne Frage saß er unweit der geöffneten Tür und versuchte jedes einzelne Wort mitzuhören. Natürlich. Dazu war er quasi verpflichtet. In doppelter Hinsicht. Sowohl gegenüber der Gefängnisleitung als auch den Fan-Foren im Netz.

Während der Journalist nun eine Mappe aus seiner Tasche holte, stellte er die nächste Frage.

«Glauben Sie, dass diese Reihe auch so dermaßen erfolgreich geworden wäre, wenn Sie nicht diese plötzliche riesige mediale Aufmerksamkeit durch den höchst mysteriösen und äußerst grausamen Mord an Paul Landmann bekommen hätten?»

Bastian war nicht wenig verblüfft über eine so unverblümte Frage, blieb aber gelassen.

«Da bin ich Realist. Wahrscheinlich hätte ich kaum Aufmerksamkeit für meine Geschichten bekommen ohne all das.»

«Würden Sie insofern sagen, das Ganze hat sich für Sie dann doch gelohnt?»

«Wir reden hier von einem brutalen Mord. Ich würde alles dafür geben, wenn ich den rückgängig machen könnte.»

«Auch um den Preis Ihrer Karriere?»

«Bitte?»

Sie haben doch selbst gesagt, wahrscheinlich hätte ohne die gewaltige PR durch den Mordprozess kaum jemand je Notiz von Ihren Romanen genommen.»

«So habe ich das nicht gesagt.»

«Nichtsdestotrotz spricht vieles für diese Vermutung.»

«Denken Sie, ich hätte diesen Mord begangen, um meine Romane zu promoten?»

«Natürlich nicht, aber zweifelsohne hat sich für Sie doch alles nun sehr positiv entwickelt.»

«Ich sitze seit über acht Jahren im Gefängnis.»

«Wie viele Jahre leben andere Schriftsteller in äußerst prekären Verhältnissen, oft regelrechtem Elend, bis zu ihrem Durchbruch? Ich könnte Ihnen unzählige nennen, die sofort und mit Freude für zehn Jahre in den bundesdeutschen Strafvollzug gehen würden, wenn man ihnen dafür einen Erfolg wie den Ihren garantieren könnte.»

«Niemand hat mir diesen Erfolg garantiert.»

«Selbstverständlich, das war auch mehr ein Gedankenspiel. Angenommen, es war doch jemand anderes, der oder die diesen Mord begangen hat, wären Sie ihm oder ihr nicht auch irgendwie zu Dankbarkeit verpflichtet?»

«Das ist absurd.»

«Nicht unbedingt. Sie hätten sich persönlich nicht schuldig gemacht und dennoch großen Vorteil aus diesem Verbrechen gezogen.»

«Sie haben gewiss noch nie im Gefängnis gesessen, oder?»

«Ich bin hier nicht das Thema. Stimmt es wirklich, dass Sie bis heute keinerlei Erinnerung an den Mord haben?»

Während der Journalist ihm diese Frage stellte, öffnete er gleichzeitig die Mappe, die er während der ganzen Zeit in seinem Schoß hielt. Es kam ein DIN-A4-Blatt mit einem getippten Text zum Vorschein.

LASSEN SIE SICH BITTE NICHTS ANMERKEN. SCHLIESSLICH WIRD JA JEDES WORT MIT-GEHÖRT.

Bastians erster Impuls war zu schreien. Allerdings ließ ihn seine in acht Jahren Knast erlernte stete Vorsicht zögern. Einigermaßen beherrscht wich er der Frage aus.

«Ich dachte, dies sollte ein Interview zu meiner Arbeit am dreizehnten Band sein.»

«Durchaus. Und dennoch interessiert es unsere Leser gleichfalls, ob Sie nicht irgendwann auch Ihr eigenes Verbrechen zum Thema eines Ihrer Bücher machen wollen.»

Der Reporter blätterte um.

ICH MÖCHTE IHNEN NUR AUF DIESEM WEG EIN PAAR INFORMATIONEN ZUKOMMEN LASSEN.

«Wie sollte das gehen, wenn ich mich an so gut wie nichts erinnere.»

«Vielleicht kommt die Erinnerung ja zurück, wenn Sie wieder in Freiheit sind.»

Es folgte das nächste Blatt.

EINIGE DIESER INFORMATIONEN WERDEN SIE WOMÖGLICH SEHR AUFWÜHLEN. BITTE BLEI-BEN SIE TROTZDEM ÄUSSERLICH RUHIG. IN IHREM INTERESSE.

Der Journalist hakte nach.

«Doch selbst, wenn Sie sich nicht erinnern, werden Sie ja sicher Theorien haben.»

«Als ich den Mord gestanden habe, habe ich bereits eingeräumt, dass ich, wahrscheinlich im Wahn der Drogenpilze, die ich in einer Pastasoße zu mir genommen hatte, glaubte, meine Romanfigur wäre zum Leben erwacht. Wie und warum ich Paul Landmann dann ermordet habe, weiß ich nicht. Doch das wurde von mir, weiß Gott, schon alles in verschiedenen Interviews hinlänglich geschildert. Dem ist nichts hinzuzufügen.»

«Dann interessiert Sie selbst wirklich gar nicht mehr, was in jener Nacht geschehen ist? Und warum?»

Er schob das nächste Blatt zur Seite, und das, was Bastian nun sah, ließ ihm kurz den Atem stocken. Ein Foto von Mascha. Von *der* Mascha aus Dresden. Sie trug sogar die gleichen Sachen wie damals, als sie vor seiner Tür stand. Der Journalist gönnte ihm die kurze Wirkungspause, ehe er zur nächsten Frage ansetzte.

«Haben Sie nie mit dem Gedanken gespielt, diese geheimnisvolle Frau zu finden, nach der Sie Ihre Romanheldin benannt und geformt haben?»

Er schob das nächste Blatt vor.

MACHEN SIE JETZT KEINEN FEHLER. SIE KÖNNTEN IHRE BEWÄHRUNG GEFÄHRDEN.

Bastian atmete tief ein, um sich zu beruhigen. «Ich glaube heute nicht mehr, dass es diese Frau je gegeben hat.»

«Das verstehe ich gut. Aber gestatten Sie mir noch mal das Gedankenspiel. Falls es diese Frau doch geben sollte, was wäre es Ihnen wert, mit ihr zu sprechen?»

«Nun, falls es sie doch geben sollte, natürlich alles.»

«Alles?»

«Alles.»

«Auch drei Millionen Euro?»

«Selbstverständlich.»

«Was allerdings hypothetisch ist, da Sie mittlerweile davon überzeugt sind, sich diese Mascha nur ausgedacht zu haben.»

«Sie sagen es.»

Der Journalist schob das Foto nach hinten. Es erschien ein neuer Text.

IN DEM INTERVIEW, WELCHES ICH IHNEN ZUR AUTORISIERUNG SCHICKE, WIRD UNAUFFÄLLIG EINE KONTOVERBINDUNG STEHEN. STREICHEN SIE DIESE AUS DEM ARTIKEL, DOCH NOTIEREN SIE SIE SICH. SOBALD SIE NACH IHRER FREILASSUNG DREI MILLIONEN EURO AUF DIESES KONTO ÜBERWIESEN HABEN, WIRD SICH MASCHA MIT IHNEN IN VERBINDUNG SETZEN.

Er klappte die Mappe zu und nutzte dann seine restliche Zeit, um noch ein leidlich normales, unspektakuläres Autoreninterview zu führen. Obwohl die Gedanken in Bastians Kopf wild Karussell fuhren, war er routiniert genug, dieses Spiel vermeintlich unaufgeregt mitspielen zu können. Nachdem der Reporter sich verabschiedet hatte, kam Gersberg in Bastians Zelle geschlurft.

«Na dit war mir ja mal 'ne Nummer, wa?»

Bastian tat unbeteiligt.

«Ach Gott, er wollte halt gerne eine Sensation. Irgendeinen gewaltigen Aufhänger für sein Interview. Etwas Außergewöhnliches, was ihn zum Medienstar macht. Hätte ich wahrscheinlich auch versucht.»

«Verstehe», nickte Gersberg, «is 'ne kranke Welt geworden da draußen. Glauben Sie mir, Sie haben nicht viel verpasst in den acht Jahren. Also nicht wirklich.»

«Da wäre ich mir leider nicht so sicher.»

«Doch, doch. Womöglich sehnen Sie sich schon bald nach der Ordnung hier zurück. Wären Sie nicht der Erste. Also nich falsch verstehen. Ich meine nur, Sie werden ja jetzt auch unanständig prominent sein. Wahrscheinlich haben Sie keine ruhige Minute mehr.»

«Ich bin nicht auf der Suche nach Ruhe.»

«Aber trotzdem, haben Sie mal über Personenschutz nachgedacht?»

«Bitte?»

«Sie sind doch jetzt reich. Sie könnten sich problemlos jemanden leisten, der auf Sie aufpasst und Ihnen Ärger vom Hals hält.»

«Das ist ein interessanter Gedanke. Haben Sie da schon jemanden im Auge?»

«Wo Sie es sagen. Zufällig kenne ich da eine äußerst vertrauenswürdige Kraft, die im Staatsdienst jahrelange Erfahrung mit Kriminellen vorzuweisen hat und auch Schusswaffen zu bedienen weiß. Wie man hört, könnte sich diese Person vorstellen, jetzt in die Privatwirtschaft zu wechseln.»

Bastian zog schmunzelnd die linke Augenbraue hoch. «Na, das klingt ja fast zu schön, um wahr zu sein.»

Gersberg freute sich über diese Reaktion. «Nich wahr? Und das Dollste wissen Sie noch gar nich. Der Mann soll außerdem ein riesengroßer Fan von Ihnen sein.»

Nun lachte Bastian. «Ach, jetzt hören Sie aber auf. Das scheint mir ja nun wirklich eine Idealbesetzung zu sein.»

6

Als Gennat zu sich kam, spürte er, wie ihm Wasser in die Augen lief. Vermutlich hatte man ihn mit einem Eimer kalten Wassers wieder zu Sinnen gebracht. Er blickte in ein gleißendes Licht. Seine Hände waren hinter seinem Rücken an die Lehne des kalten Metallstuhls, auf dem er saß, gebunden. Die Füße konnte er auch nicht bewegen. Wahrscheinlich hatte man sie ihm genauso an die unbequeme Sitzgelegenheit gefesselt. Neben sich erblickte er Mascha, die ebenfalls an einen Stuhl gebunden war und nach Luft schnappte. Aus der Ferne, von hinter dem Licht, näherten sich langsam schwere Schritte. Dem Klang nach waren sie in einem großen Raum, womöglich einer Halle. Das Geräusch der Schritte verstummte, eine Männerstimme sprach sie an.

«Kriminaldirektor Gennat und das Fräulein Mascha. Ich muss Sie um Entschuldigung bitten für die Umstände, unter denen wir uns kennenlernen.»

«Wer sind Sie?», keuchte Gennat.

«Wissen Sie denn nicht längst, wer ich bin?»

«Sie sind nicht der Telegraph», brüllte Mascha ihn an. «Sie waren es nie und werden es auch nie sein. Sie sind ein Hochstapler. Der Telegraph war zu keiner Zeit ein einzelner Mensch und sollte es auch niemals werden. Sie sind nicht nur unwürdig, Sie sind ein Identitätsdieb!»

Der Mann lachte gekünstelt. «Hoho, feurig, wie man sie kennt, das Fräulein Mascha. Doch in einem Punkt haben Sie recht. Ich war nie der Telegraph. Ich werde erst zu ihm, indem ich den alten Telegraphen töte.»

Ein Schuss donnerte durch die Halle. Gennat hielt die Luft an, begriff langsam, dass er nicht getroffen war, und schaute nach rechts. Leblos hing Mascha in ihrem Stuhl, ihr weißer Kapuzenmantel färbte sich rot.

«Was haben Sie getan?», schrie Gennat.

«Was wohl? Ich habe den Telegraphen erschossen. Oder sollte ich sagen die Telegraphin?»

«Das ist doch Unsinn. Sie wissen ebenso gut wie ich, dass Mascha nie der Telegraph war.»

«Und diese Kenntnis haben Sie woher? Weil Sie ihr Freund waren?»

«Wieso halten Sie uns für Freunde?»

«Ich sehe die Dinge eben, wie sie sind.»

Gennat stutzte kurz. Womöglich hatte dieses Scheusal recht. Mascha und er waren Freunde gewesen. Sie wussten es nur nicht. War ja auch nicht so, dass man eine Freundschaft irgendwo offiziell eintragen lassen musste. Auf dem Amt oder dergleichen. Wahrscheinlich entstanden Freundschaften in der Regel genau so. Indem man jemandem Dritten gegenüber sagte: Das ist meine Freundin, und sich so selbst darüber klar wurde.

«Wie wollen Sie beweisen, dass sie der Telegraph war?»

«Nicht ich werde das beweisen, sondern ein allseits hoch angesehener Kriminaldirektor. Derselbe, der den Telegraphen auch in Ausübung seines Dienstes erschießen musste.»

«Warum sollte ich eine derartige Lüge verbreiten?»

«Weil Sie gar keine andere Wahl haben werden.»

«Wieso?»

«Das, mein lieber Herr Gennat, werde ich Ihnen jetzt mal in aller Ruhe erklären …»

«Sebastian!»

Er erkannte ihre Stimme sofort wieder. Betont langsam klappte er seinen Laptop zu und beobachtete sie, wie sie in die offene Ruine bei Tangermünde trat.

«Einen interessanten Treffpunkt hast du da ausgewählt. Gut einsehbar von vielen Seiten. Wie gemacht für ein Attentat.»

Bastian lächelte. «Ein Mithäftling hat mir davon erzählt. Die Ruine spielt eine Rolle in einem meiner Romane.»

«Ich weiß.»

«Du bist also wirklich gekommen.»

«Na ja, ich dachte, für drei Millionen Euro kann man das wohl schon mal machen.»

«Bist du wirklich wegen des Geldes hier?»

«Des Geldes. Immer noch der Genitivversteher. Ja, es geht immer ums Geld. Schau, ich habe uns etwas mitgebracht.»

Sie zog eine Flasche Rotwein und zwei Gläser aus ihrer Umhängetasche. Es war tatsächlich dieselbe billige Sorte, wie ihn sein Pizzaservice und ihrer in Dresden immer bei Mindestbestellungen von dreißig Euro verschenkten. Zudem trug sie auch wieder einen weißen Kapuzenpulli und eine weinrote Hose. Ganz so als wollte sie absichtlich einfach dort weitermachen, wo sie vor über acht Jahren aufgehört hatten.

«Ich dachte mir, wir nehmen unsere Hausmarke. Auch weil sie einen Schraubverschluss hat. Es hätte sich komisch angefühlt, einen Korkenzieher mitzubringen.»

Er konnte es nicht glauben. Sie versuchte ernsthaft, mit Witzen die Situation aufzulockern. Doch dazu würde er es sicher nicht kommen lassen.

«Warum hast du es getan?»

«Was getan?»

«Was wohl? Paul ermordet und mir den Mord später in die Schuhe geschoben?»

«Ich habe Paul nicht ermordet.»

«Wer war es dann?»

«Das darf ich nicht sagen.»

«Warum bist du hier?»

«Um dir das zu sagen, was ich dir sagen darf.»

«Und das wäre?»

«Es tut mir leid.»

«Was?»

«Es tut mir leid, dass ich dir den Mord anhängen musste.»

«Aha. Das ist alles?»

«Was willst du noch wissen?»

«Was wohl. Zum Beispiel, wer du bist, verdammt.»

«Ich bin wirklich aus Dresden, heiße aber nicht im engeren Sinne Mascha. Also nicht nur. Doch das ist sicher nicht das, was du meinst. Eigentlich möchtest du fragen, welche Funktion ich habe.»

«Du hast eine Funktion?»

Mascha öffnete den Wein und füllte die beiden Gläser. Sie hielt Bastian eines hin.

«Du glaubst doch wohl nicht im Ernst, dass ich noch jemals etwas trinke, was du mir anbietest?»

Sie zuckte die Schultern und nahm selbst einen großen Schluck.

«Ah, sofort ist es wieder da. Dieses Gefühl von Zuhause. Wie machen die das bloß?» Kurz schloss sie die Augen und schien sich an etwas zu erinnern, dann jedoch gab sie sich offensichtlich einen Ruck.

«Also, du bist doch so ein Filmfreak. Daher kennst du sicher auch ‹Pulp Fiction›?»

«Selbstverständlich.»

«Erinnerst du dich an die Rolle von Harvey Keitel?»

«Der Cleaner. Der, der immer die Tatorte aufräumt und sämtliche Spuren verschwinden lässt. Bist du etwa eine Cleanerin?»

«Eine moderne Form davon. Könnte man sagen.»

«Du hast den Tatort aber nicht gerade aufgeräumt.»

«Eben. Ich bin mehr ein Dirter, eine Verschmutzerin. Ich erschaffe Tatorte. Um zu verwirren. Nichts lenkt besser den

Verdacht vom wahren Täter als ein neuer Tatort und ein anderer Täter.»

«Was hast du getan?»

«Ich musste in Aktion treten, weil Paul Landmann ums Leben gekommen ist. Wie das geschehen ist, spielt jetzt keine Rolle. Paul Landmann war tot, und ich wurde auf den Plan gerufen. In wessen Auftrag ich handele, darf ich dir nicht verraten, in deinem Interesse.»

«Warum ich?»

«Warum nicht? Als ich bei dir geklingelt habe, hatte ich noch keinen wirklichen Plan. Ich wollte einfach nur meine Optionen checken. So wie du dann aber auf mich reagiert hast, warst du eine extrem gute Option. Zudem hast du mir freiwillig alles erzählt, was ich wissen musste. Und dass du sogar ein verwirrter Schriftsteller warst, hat die Sache perfekt gemacht.»

«Dann hast du mich also einfach reingelegt und geopfert, um deinen Auftrag zu erfüllen und einen Haufen Geld zu verdienen?»

«Nicht ganz. Habe ich schon erwähnt, dass ich extrem gut in meinem Job bin? Dazu gehört auch, dass ich keine unschuldigen Opfer zurücklasse. Ich hatte alles vorbereitet. Bis die Leiche gefunden wurde, war ja noch eine Woche Zeit. Gott sei Dank hast du nie versucht, in Paul Landmanns Wohnung einzubrechen. Rund ein Jahr nach deiner Verurteilung wären plötzlich Beweise aufgetaucht, die deine Unschuld zweifelsfrei sichergestellt hätten. Mir hat diese Zeit locker gereicht, um die tatsächlichen Hintergründe absolut wasserdicht zu verschleiern. Der Staat hätte dir eine ordentliche Entschädigung zahlen müssen, ich hätte dafür gesorgt, dass du noch weitere, erhebliche, unauffällige und nicht zurückverfolgbare Zuwendungen erhältst. Das Jahr Gefängnis wäre der mit großem Abstand bestbezahlte Job deines ganzen Lebens gewesen. Plus Märtyrerstatus, plus Stoff für ein autobiografisches Buch. Du warst ja Schriftsteller.»

«Was ist schiefgegangen?»

«Nichts ist schiefgegangen. Es ist einfach nur noch viel besser gelaufen als gedacht. Nach einem halben Jahr warst du bereits ein absoluter Starautor. Also dachte ich, ich warte mal ab, wie sich das entwickelt. Und es entwickelte sich märchenhaft. Nichts, was ich für dich hätte tun können, wäre auch nur annähernd so groß gewesen wie das, was dir passiert ist. Womöglich hätte ich dir das alles kaputt gemacht, wenn ich deine Unschuld bewiesen, dich aus dem Gefängnis rausgeholt hätte.»

«Du hättest fragen können, was mir lieber gewesen wäre.»

«Jede Kontaktaufnahme hätte dir die Unschuld genommen. Das Risiko war zu hoch, dass du dir etwas wünschst, was schlecht für dich ist.»

«Das ist so unfassbar anmaßend.»

«Vielleicht, aber die Schuld nehme ich auf mich.»

«Wieso zeigst du dich dann jetzt plötzlich?»

«Du bist frei. Ich hielt es für angemessen, dir wieder die völlige Kontrolle über dein Leben zurückzugeben. Einschließlich der Wahrheit.»

«Soso, und warum dann die drei Millionen?»

«Na ja, irgendwie dachte ich, die stehen mir zu, als Provision sozusagen.»

«Okay, das reicht jetzt.» Bastian fuhr sich mit der linken Hand über seinen mittlerweile kahlen Kopf. Nichts passierte. Er wiederholte die Bewegung. Immer noch nichts. Er ging ein drittes Mal, diesmal ganz langsam, mit der Hand über sein Haupt.

«Was machst du da? Gibst du etwa Gersberg ein Zeichen?»

«Du weißt von Gersberg?»

«Was meinst du denn? Hatte ich nicht erwähnt, dass ich sehr gut bin in meinem Beruf? Hast du ihm etwa befohlen, mich auf dein Zeichen hin zu erschießen?»

«Quatsch. Ich bin hier nicht der Killer. Und Gersberg ist der netteste Mensch der Welt. Der war außerdem jahrelang im Staatsdienst. Quasi Beamter. Der erschießt doch keine Menschen. Der soll dich betäuben, damit wir dich der Polizei übergeben können.»

«Mich mit einem Gewehr betäuben?»

«Womit sonst?»

«Verdammt, die junge Frau, die ich als Rückendeckung dabeihabe, ist noch ein ziemlicher Rohdiamant. Mit der Betonung auf roh. Hoffentlich hat sie die Waffe nicht verwechselt und überzogene Maßnahmen getroffen. Sie ist extrem impulsiv.»

«Was soll das heißen?»

«Hoffentlich nichts Schlimmes. Aber falls doch, möchte ich, bevor ich mich endgültig verabschiede, diesmal jetzt schon sagen, dass es mir wirklich sehr leidtut. Doch sofern du nicht noch einen Fehler machst, kannst du dich darauf verlassen, dass ich dir in zwei bis drei Jahren helfe. Also zumindest werde ich es versuchen.»

Dann fuhr sie sich mit der linken Hand durch die Haare, und das Einzige, was Sebastian noch spürte, war, wie ein kleiner Pfeil in seinen Oberschenkel geschossen wurde.

7

Frau Dr. Stollmann wirkte unendlich traurig. Fast hatte man das Gefühl, sie wäre hier die Patientin und Bastian der Psychologe. Einer, der sie wieder funktionstüchtig für die verrückte Welt machen wollte.

«Ich verstehe es nicht. Ich muss zugeben, ich verstehe Ihre Tat überhaupt gar nicht. Wissen Sie, das ist auch für mich eine Katastrophe. Gleich drei Gutachten habe ich über Sie verfasst. Ihnen völlige Ungefährlichkeit für sich und die Gesellschaft attestiert. Perfekte Prognosen. Das konnte ich, da Sie absolut ungefährlich waren. Und dann töten Sie nach nicht mal einer Woche in Freiheit Ihren Personenschützer. Den völlig harmlosen, unglaublich lieben Herrn Gersberg, der Sie überdies auch noch verehrt hat. Seine sichere Stelle für Sie gekündigt hat. Sie sind reich, berühmt, und nach wie vor deutet meiner Ansicht nach nichts bei Ihnen auf eine multiple Persönlichkeitsstörung hin. Warum also nur? Warum?»

Die Frau tat Bastian leid. Sie hatte ihm seinerzeit wirklich geholfen. Und selbst jetzt, wo sie augenscheinlich unfassbar wütend auf ihn war, versuchte sie nach wie vor, ihn zu verstehen. Er wollte ihr entgegenkommen.

«Sie meinen, außer meinen Taten deutet nichts auf eine psychische Störung hin?»

«Allerdings, Ihre Taten deuten tatsächlich auf ein Monster hin, das da in Ihnen schlummert.»

«Werden Sie mir helfen, es diesmal zu besiegen?»

«Sebastian, mir liegt an Ihnen, natürlich werde ich Ihnen helfen. Immerhin behaupten Sie diesmal nicht, Ihre Romanfigur, diese Mascha Grollow, hätte Gersberg getötet.»

«Sie war es ganz sicher nicht.»

«Das klingt zumindest nach einem Fortschritt.»

«Wann bekomme ich meinen Laptop zurück?»

«Ihren Laptop?»

«Zum Schreiben. Der Verlag wartet sehr dringend auf das Ende des dreizehnten Bandes.»

«Wollten Sie den denn nicht in Ihrer ersten Haft beenden?»

«Ja, aber dann hatte ich plötzlich den unwiderstehlichen Drang, erst noch etwas zu Ende zu bringen.»

«Den Mord an Gersberg?»

«Nein, etwas anderes.»

«Und das ist jetzt erledigt?»

«Kann man so sagen. Also es hat sich erledigt.»

«Verstehe, ich denke, wir werden sehr viel zu besprechen haben in den nächsten Jahren. Für den Computer sehe ich im Moment keine Chance. Man wird Sie zudem in das neue hybride Hochsicherheitsgefängnis in Erkner verlegen. Aber ich könnte Ihnen zumindest einen Stift und Papier besorgen.»

«Vielen Dank, das wäre ganz großartig.»

Seit über zwei Stunden saß Gennat nun schon mitten in der Nacht auf der kleinen Bank am jetzt natürlich vollkommen menschenleeren Bahnhof von Tangermünde. Er hatte fast die Hoffnung aufgegeben, als plötzlich wie aus dem Nichts jemand erschien und neben ihm Platz nahm.

«Ich war mir nicht sicher, ob Sie noch kommen würden.»

Die Frau pfiff leise amüsiert.

«Glauben Sie mir, Sie waren sich sicher. Und das wissen Sie auch.»

«Warum haben Sie Ihren Tod vorgetäuscht?»

«Aus Freundschaft zu Ihnen.»

«Aus Freundschaft? Sie haben mich traumatisiert, als ich hilflos mitansehen musste, wie Sie, neben mir sitzend, hingerichtet wurden. Das nenne ich mal einen besonderen Freundschaftsbeweis.»

«Ich musste dafür sorgen, dass die Jagd nach dem Mann, der behauptete, der Telegraph zu sein, für Sie zu einer persönlichen Angelegenheit wurde. Für die Sie alles einsetzen und riskieren würden. Denn nur so konnten Sie ihn zur Strecke bringen. Außerdem wollte ich den vermeintlichen Telegraphen verwirren und dafür sorgen, dass sich erhebliche Teile der Organisation von ihm abwenden, da er mich getötet hat.»

«Eine Tat, von der ich behaupten sollte, sie verübt zu haben.»

«Natürlich, der einzige Mann in Berlin, von dem jeder, der es wissen musste, wusste, dass er mich niemals töten würde. Wo also vollkommen klar war, dass, wenn er dies behauptete, der Telegraph ihn dahingehend erpresst haben musste. Was in der logischen Folge der Beweis war, dass nur der selbsternannte Telegraph mein wirklicher Mörder sein konnte.»

«Ein ziemlich komplizierter Plan.»

«Unsere Organisation, diese ganze Stadt sind immer kompliziert. Die einfachen Dinge funktionieren hier praktisch nie. Aber wenn es unübersichtlich wird, ist Berlin zu Erstaunlichem in der Lage.»

«Sie hätten mich einweihen können.»

«Das hätte Ihnen die Unschuld genommen. Das Risiko war zu hoch, dass Sie sich dann etwas wünschen, was schlecht für Sie und die Stadt gewesen wäre. Tut mir leid.»

«Trotzdem, der große Krieg hat begonnen. Ist damit denn nicht doch alles umsonst gewesen?»

Sie seufzte. «Die Grausamkeit, die auf uns wartet, übertrifft alles Vorstellbare. Aber vielleicht geht es nicht anders. Möglicherweise ist eine allumfassende Katastrophe der Preis, den die Hoffnung fordert.»

«Was werden Sie jetzt tun? Nach allem, was geschehen ist, können Sie in Berlin unmöglich einfach so wieder von den Toten auferstehen.»

«Das ist richtig. Ich habe mir bereits eine neue Betätigungssphäre gesucht.»

«Sie werden mir fehlen.»

«Ich weiß. Und zwar noch mehr, als Sie sich bislang vorstellen können. Sie werden ein Langweiler werden. Bestimmt macht man Sie irgendwann zum Polizeipräsidenten, und dann verbringen Sie Ihre Tage mit Vorträgen und dem Vernichten von Stachelbeertorte.»

«Klingt nach einem erfüllten Leben. Wann brechen Sie auf?»

«Sofort.»

Gennat lachte.

«Oje, ich muss Ihnen leider mitteilen, dass um diese Zeit von diesem Bahnhof kein Zug mehr fahren wird.»

«Ach, mein lieber Gennat, ich fürchte, ich habe versagt. Trotz all meiner Bemühungen denken Sie immer noch wie ein preußischer Staatsbeamter.»

Sie erhob sich, und aus der Ferne näherten sich geräuschvoll zwei einsame Lichter auf dem Gleis. Während der Lärm anschwoll, betrachteten beide einander. Noch immer war ihre Haltung schnurgerade. Völlig geerdet wie bei ihrer ersten Begegnung. Er erinnerte sich, wie peinlich ihm damals sein erster Gedanke gewesen war: Na, das hat sich aber gelohnt. Nun dachte er ihn erneut. Der Zug kam zum Stehen. Sie öffnete eine Tür und stieg ein. Noch einmal drehte sie sich um, und er sagte:

«Ein eigener Zug. Sie verstehen es wirklich, einen Mann zu beeindrucken.»

Mascha grinste. «Ja, das tue ich wohl. Dabei war das immer so ziemlich das Letzte, was ich wollte.»

Dann fuhr der Zug ab, und keiner von beiden winkte.

Die Erfindung der Boulevardpresse –
Ernst Gennats erster Fall

1

«Auf! Sie kommen mit mir! Sofort!»

Wie vom Blitz getroffen fuhr der Kriminalassistent Ernst Gennat hoch. Gerade erst hatte er sich mit einer Tasse Muckefuck und zwei feinen Stücken Stachelbeertorte für seine kurze Mittagspause eingerichtet.

«Zu Befehl, Herr Kriminalkommissar, dürfte ich noch …» Er deutete auf sein Mahl. «Ich habe mir den Kaffee gerade erst eingeschenkt.»

«Sind Sie toll, Mann? Sofort, hab ick jesagt!»

Der einen Meter neunzig große, kräftig gebaute Kriminalkommissar Pampel schaute den gut einen Kopf kleineren, leicht fülligen Untergebenen mit eisernem Blick an. Nur sein zuckender Schnauzbart war noch in Bewegung.

«Ich meine nur, wär doch schade drum. Sie kriegen auch ein Stück ab.»

Kurz entschlossen griff Pampel nach dem hingehaltenen Kuchen, riss zwei kräftige Bissen in seinen Schlund und spülte mit der Hälfte des kochend heißen Kaffees aus Gennats Becher nach. Mit noch vollem Mund beschwerte er sich.

«Mann, dit is doch viel zu heiß. So schmeckt dit wie Holzknüppeldresche.» Dann hastete er los. Gennat warf sich in seine Jacke, packte das zweite Stück Stachelbeertorte und rannte dem Vorgesetzten nach. Pampel brüllte ihm im Treppenhaus alles Wichtige zu.

«Der Fotomörder. Schon wieder. Diesmal in der Genthiner Straße 27. Zweiter Stock. Hat wohl den nächsten Veteranen abjemurkst.»

Genthiner Straße, das erklärte die Eile. Die Schöneberger Gendarmerie war berüchtigt dafür, frische Tatorte für den Mordbereitschaftsdienst herzurichten. Also schon mal ein bisschen Ordnung zu schaffen und die Leiche ein wenig manierlicher aussehen zu lassen. Eben alles etwas ansehnlicher zu gestalten. Offiziell, um dem Toten seine Würde zu erhalten, wenn die Herren Kriminalisten und die Leute von der Presse kamen. Allerdings stand wohl auch der Gedanke dahinter, dass in Preußen selbst die abscheulichsten Verbrechen einer gewissen Ordnung nicht entbehren sollten.

Für Pampel und seine Kameraden vom Mordbereitschaftsdienst war diese Praxis jedoch ein Fluch. War er nicht rechtzeitig am Tatort, konnten sämtliche Hinweise bereits beseitigt sein. Die Schöneberger Gendarmerie hatte erst vor ein paar Monaten die Tatwaffe in einem Mordfall, ein Fleischermesser, picobello gereinigt. Damit die Herren Kriminalisten es, ohne ihre Dienststelle zu verschmutzen, direkt in der Asservatenkammer ablegen konnten. Pampels Dankbarkeit fiel seinerzeit für die Schöneberger Kollegen enttäuschend aus. Zudem sehr laut und ungehalten. Seitdem war das Verhältnis zur dortigen Polizeiwache angespannt.

«Haben wir denn wieder ein Foto bekommen?», erkundigte sich Gennat, während er mit schnellen kleinen Schritten versuchte, dem langbeinigen, stets zwei Stufen zugleich nehmenden Pampel zu folgen.

«Nein, Gennat! Das ist ja der Skandal. Die junge Hilfe der Hausdame vom Polizeipräsidenten hat uns den Toten gemeldet.»

«Das Fräulein Schwirrat? Wie gerät das denn in solch kriminelles Milieu?»

«Gar nicht, Gennat. Sie wollte ihrem Dienstherrn nur den Mittagsimbiss bringen und fragt so nebenbei, was es denn mit diesem neuen Mord in der Zeitung auf sich hätte.»

«Bitte was?»

«Bitte Sie, Gennat. Mein Gott, seien Sie doch nich so begriffsstutzig. Sie sind doch nicht in Plumpsdorf, Ecke Ostmark geboren, oder?» Er lachte kurz und bitter. An sich klang es mehr wie ein Raucherhusten. Ein zackiger Gruß aus der Lunge. «Der Mordbereitschaftsdienst erfährt von den Verbrechen mittlerweile aus der Presse. Von den Straßenzeitungsverkäufern! Und das nicht mal direkt, sondern über das Fräulein der Hausdame des Polizeipräsidenten. Wissen Sie, was das bedeutet?»

«Das ist nicht gut, nicht wahr?»

«Mann, Gennat! Begreifen Sie nicht das Ungeheuerliche? Die kolossale Blamage für die Polizei? Wir stehen da wie die Franzosen im Felde. Wie unfähige Trottel!»

«Aber wie …?»

Weiter kam Gennat nicht mehr, denn da war Pampel bereits aufs Trottoir am Alexanderplatz gestürmt. Von einer Sekunde auf die andere verschluckte sie der wild pumpende Organismus Berlins. Das Rattern der Straßenbahn und Rumpeln der Kutschen vermengten sich mit Hunderten Stimmen zu einem mächtigen Geräuschemeer, aus dem aber dennoch die Stimmen der Zeitungsverkäufer herausstachen: «Extrablatt! Berliner Zeitung am Mittag! Brutaler Mord in der Genthiner Straße! Die neueste Tat des Franzosenrächers! Mit Originalzeichnungen von der Leiche! Unglaubliche Bilder! Extrablatt!»

Pampel riss einem der Jungen die Zeitung aus der Hand und gebot Gennat mit einem wilden Blick, dem Verkäufer die fünf Pfennig zu geben.

«Dit haut doch die dickste Sau vom Schlitten! Schaunse hier, Gennat. Die Zeichnung. Da ist allet druff. Sogar die Tatwaffe. Dit ist unser Fotomörder. Keene Frage. Da müssen wa praktisch jar nicht mehr in die Genthiner Straße. Wie schön. Dit is die Zukunft, Gennat. Da müssen wa nich mehr wie die Jungtürken durch die Stadt peesen, sondern können hier schön wie Graf Koks vonne Jasanstalt auf unsern dicken Hintern warten, bis die Boulevardpresse uns über alle Missetaten in der Stadt informiert.»

Wütend stopfte er die Zeitung in seine Manteltasche und stapfte los Richtung Tramhaltestelle. Der kurze Blick auf die Bilder hatte Gennat gereicht. Es war ohne Frage die vierte Tat des Fotomörders. Die Presse freilich nannte ihn Franzosenrächer, da alle Morde mit dem Degen eines französischen Offiziers an Veteranen des Deutsch-Französischen Krieges von 1870/71 verübt worden waren.

Der erste Mord war erst gut drei Wochen her. Gunter Knapp, ein Major a. D., den man in seiner Wohnung in der Yorckstraße erstochen hatte. In der Woche drauf Feldwebel Bürg aus der Mulackstraße, letzte Woche Leutnant Wilms in der Fasanenstraße und nun wohl der Unteroffizier Trabant in der Genthiner. Alles alte Herren, längst aus dem Dienst ausgeschieden, und zumindest die ersten drei waren alle beim großen Sieg über die Franzosen 1870/71 dabei gewesen. Gennat hatte keine Zweifel, dass dies auch beim vierten Opfer der Fall sein würde. Denn die Tatwaffe, so viel war auf der Zeichnung bereits zu erkennen, war erneut ebendieser französische Militärdegen.

Ein Waffenexperte und Historiker hatte ihn sogar mittlerweile ganz genau bestimmen können. Es war der Degen des französischen Leutnants Robert. Dieser war in der kurzen Zeit von 1807 bis 1813, als Napoleon nach dem Tilsiter Frieden für seine neuen Hoheitsgebiete das Königreich Westphalen gründen ließ, sein Statthalter und Kommandeur in Tangermünde gewesen, einer kleinen, hübschen Stadt in der Altmark. Mit Roberts Schwert, quasi seiner napoleonischen Dienstwaffe, wurde nun also jede Woche ein ehemaliger Soldat aus dem Deutsch-Französischen Krieg ermordet. Und das war nicht einmal das Absonderlichste an diesem Fall. Denn darüber hinaus war es dem oder den Schuldigen offensichtlich sehr wichtig, dass seine Morde nicht unbemerkt blieben. Daher fotografierte er jedes seiner Opfer mitsamt der Tatwaffe, ordentlich ausgeleuchtet und unter besonderer Berücksichtigung der tödlichen Wunden, machte einige recht professionelle Abzüge davon und schickte sie dann der Berliner Polizei.

Zumindest war dies bei den ersten drei Morden so gewesen. Hier, beim vierten Mord, hatte der Mörder die Bilder wohl direkt an die Presse geschickt, genauer gesagt an das Verlagshaus der Gebrüder Ullstein in der Kochstraße 23. Das kam nicht völlig unerwartet. Da die Berliner Polizei bislang von einer Veröffentlichung der Abzüge, ja sogar jeglicher Erwähnung ihrer Existenz, abgesehen hatte, war den Fotos des dritten Mordes ein Brief beigelegt gewesen. In diesem verlangte der Fotograf die unbedingte, sofortige Veröffentlichung seiner Werke wie auch der Bilder der ersten beiden Taten. Sollte die Berliner Polizei der Bevölkerung diese Aufnahmen vorenthalten, würde man anderweitig dafür sorgen, dass die Menschen erführen, was in dieser Stadt vor sich ging. So stand es wortwörtlich in dem Schreiben. Und da sich Polizeipräsident von Borries weigerte, einer solchen Erpressung nachzugeben, waren die Bilder der ersten drei Taten kurz darauf bei der Berliner Zeitung gelandet. Einen Tag später war der Mörder berühmt. Die ganze Stadt sprach nun vom «Franzosenrächer». Womit wohl auch jede Hoffnung, diesen Fall ohne Beunruhigung der Bevölkerung oder Entflammung der ohnehin nicht geringen Franzosenfeindlichkeit in Berlin lösen zu können, passé war.

2

«Meine Herren, was ist denn das für ein scheußlicher Schlamassel?»

Der Zwicker hüpfte Direktor Töpitz auf der Nase, während er mit der rechten Faust auf den großen Eichentisch des Besprechungsraumes im Polizeipräsidium schlug.

«Der Kaiser hat sich bereits nach den Mordfällen erkundigt. Der Kaiser! Meine Herren! Als wenn der nicht mit weitaus Wichtigerem zu tun hätte. Was für eine Verrücktheit! Es heißt, jeden Moment könnte er den Polizeipräsidenten von Borries und mich zum Rapport bestellen. Was, meine Herrschaften, soll ich ihm dann berichten? Dass wir auch nach vier Morden noch weit davon entfernt sind, auch nur einen Verdächtigen präsentieren zu können? Ja, dass wir vom letzten Mord sogar nur aus der Presse erfahren haben? Was für eine Blamage! Wissen Sie, wie man uns auf der Straße nennt? Die Schlendriandarmerie!»

«Mit Verlaub, Herr Direktor», sagte Kriminalinspektor Mandelboom und beugte sich vor, «aber die Menschen nennen uns die Schlendarmerie. Die Zeit für so viele Silben wie in Schlendriandarmerie hat der normale Berliner beim Reden in der Regel nicht.»

Betont sachlich schaute er Töpitz an. Dessen kugelrunder Kopf wurde noch etwas röter.

«Wollen Sie mich verhohnepipeln, Herr Inspektor?»

«Mitnichten, Herr Direktor, ich möchte nur verhindern, dass Sie dem Kaiser beim Rapport ungenaue Informationen übermitteln. Sie wissen, wie interessiert unsere Majestät an solcherlei Begrifflichkeiten ist.»

«Sie haben recht.» Langsam ließ sich Töpitz wieder auf seinen Stuhl sinken. «Und wahrscheinlich kennt er den Ausdruck auch schon. Da wird man sich nicht übel amüsieren im Schloss. Auf unsere Kosten. Was für eine bösartige Komödie.»

«Sie können ja unserem Kaiser berichten», warf sich nun Major Döbel in Positur, «dass wir gerne bereit sind, den frechen Franzosen mal wieder eine Abreibung zu verpassen. Unsere Armee wäre so einer kleinen Abwechslung ganz sicher nicht abgeneigt.»

Er lachte, und einige in der Runde stimmten mit ein. Töpitz und Mandelboom jedoch nicht. Obwohl Hans Döbel schon vor Jahren aus dem Militär ausgeschieden und in den Polizeidienst eingetreten war, ließ er sich auch hier weiterhin mit seinem letzten militärischen Rang als Major Döbel anreden. Und dies würde er, wie er intern schon mehrfach angekündigt hatte, auch als Direktor und später als Polizeipräsident so beibehalten. Was er, seiner Meinung nach, eigentlich schon längst hätte werden sollen. Nicht wenige vermuteten, dass Töpitz womöglich nur noch im aktiven Polizeidienst verblieben war, um Hans Döbel auf dem Weg zum obersten Dienstherrn seiner Behörde zu bremsen.

«Tatsächlich haben wir nicht den geringsten Beweis, dass ein oder mehrere Franzosen für diese Morde verantwortlich sind», gab Mandelboom zu bedenken.

«Haben wir nicht?», blaffte ihn Döbel an. «Da muss ich mich jetzt aber doch sehr wundern. Verdiente Helden des großen, ruhmreichen Krieges von 70/71 werden hinterrücks im Wochentakt gemeuchelt. Mit dem Degen eines französischen Kommandanten der napoleonischen Fremdherrschaft. Und dies nicht etwa heimlich. Nein, die abscheulichen Taten werden stolz fotografiert und der libertären deutschen Presse zugespielt. Damit alle Welt es sieht, wie unser Kaiser, unser tapferes Militär in aller Öffentlichkeit gedemütigt werden. Wie viele Beweise brauchen Sie denn noch, Sie Narr?»

«Es tut mir leid. Aber das alles sind keineswegs Beweise, sondern maximal Indizien. Wenn überhaupt.»

«Indizien? Indizien ist eine Region im Kannmichmal-Gebirge. Wir haben hier einen glasklaren Fall von Terrorismus. Französischem Staatsterrorismus. Auf deutschem Boden. Das ist es, was Sie dem Kaiser rapportieren sollten. Und er wird dann schon wissen, was zu tun ist.»

«Schluss jetzt.» Töpitz war erneut aufgesprungen, versuchte sich aber gleich wieder zu mäßigen und sprach mit diszipliniert sachlicher Stimme.

«Wenn unser geliebter Kaiser in seiner großen Weitsicht beschließen sollte, Frankreich ein weiteres Mal den Krieg zu erklären, dann wird er dafür gewiss sehr gute und ehrenvolle Gründe haben. Ich denke, darin sind wir uns alle hier einig. Dass jedoch die Berliner Polizei unfähig ist, eine Reihe von ruchlosen Morden in unserer eigenen Stadt aufzuklären, ist ganz sicher kein akzeptabler Grund für einen Krieg. Das wird nicht passieren. Nicht, solange ich hier Polizeidirektor bin. Die Fälle werden aufgeklärt. Und zwar, indem wir die Täter ermitteln. Eindeutig. Das ist ein Befehl!»

«Die Täter sitzen in Paris. Also die wahren Täter.» Major Döbel schaute Töpitz herausfordernd an. Der blieb für seine Verhältnisse ungerührt.

«Und das wissen Sie so genau von wem?»

«Von allen. Alle sagen das. Die Menschen auf der Straße. Hören Sie da mal hin. Sie denken vielleicht, der einfache Berliner wäre dumm. Aber ich sage Ihnen, in seiner Masse hat das gemeine Volk ein feines Gespür für Recht und Ordnung.» Mit erhobenem Zeigefinger blickte Döbel schweigend durch die gesamte Runde.

Erst Mandelboom durchbrach die Stille. «Nun, ich fürchte, die Weisheit der Straße wird vor Gericht kaum als Beweis anerkannt werden.»

«Wohl gesprochen, Herr Inspektor.» Töpitz sank auf seinen Stuhl zurück. «Also, fassen wir mal zusammen, was wir wirklich wissen. Ein oder mehrere Täter brechen in die Wohnungen von verdienten Veteranen ein und töten sie dort auf bestialische

Weise mit einem französischen Offiziersdegen vom Anfang des 19. Jahrhunderts.»

«Entschuldigung, ich fürchte, nicht mal das ist vollkommen korrekt.»

Ein recht kleiner, dicker Mann ohne Uniform ganz am Ende des langen Tisches hatte sich erhoben und sprach mit lauter, aber unsicherer Stimme. Es war nicht zu übersehen, dass er am ganzen Leibe zitterte.

«Grundgütiger, wer sind denn jetzt Sie?»

«Gennat. Ernst Gennat. Kriminalassistent im Mordbereitschaftsdienst.»

«Kriminalassistent, soso. Und wer hat Ihnen die Erlaubnis gegeben, hier zu sprechen?»

«Kriminalkommissar Pampel, Herr Direktor Töpitz. Den vertrete ich nämlich, und der sagte mir, wann immer ich etwas Wesentliches oder Wichtiges in dieser Runde zu sagen hätte, sollte ich das frei und ohne Angst tun. Das hat er mir sogar befohlen, Herr Direktor.»

«Ach, der Kriminalkommissar Pampel hat Ihnen befohlen, mich zu unterbrechen, wenn Ihnen danach ist?»

«So hat er das nicht gesagt, er meinte nur …»

«Wo ist der überhaupt?»

«Wer?»

«Na, der Kriminalkommissar Pampel. Das ist ja immerhin der ermittelnde Beamte in dem vermaledeiten Fall, über den wir hier die ganze Zeit reden.»

«Herr Pampel lässt sich entschuldigen. Ist unabkömmlich einer wichtigen Befragung wegen.»

«Sind Sie toll? Wir haben hier eine interne Dienstbesprechung mit allen hochrangigen Beamten, und ausgerechnet der Kommissar, der in besagtem Fall ermittelt, lässt sich entschuldigen? Ja, sind denn hier alle reif fürs Meisenheim?»

Töpitz' Lautstärke war beeindruckend. Doch Gennat widerstand dem Impuls, sich einschüchtern zu lassen. Stattdessen straffte er, auch zu seiner eigenen Überraschung, seinen Rücken und sprach klar, nun ohne jedes Zittern in der Stimme.

«Herr Direktor, ich versichere Ihnen, ich bin vollkommen mit diesem Fall vertraut und kann Ihnen vollumfänglich Auskunft erteilen.»

Döbel lachte. «Nicht schlecht, Herr Kriminalassistent. Dann erzählen Sie uns doch mal, wo wir die Franzosen finden, die in die Wohnungen der Veteranen eingebrochen sind, um sie dann abzumurksen.»

«Eben nicht.»

«Eben nicht, was?»

Demonstrativ wandte sich Gennat wieder weg von Döbel, zu Kriminaldirektor Töpitz.

«Die Türen wurden nicht aufgebrochen. Es gibt keinerlei Spuren an Schloss oder Rahmen. Die Täter sind freiwillig eingelassen worden. Auch gibt es nicht die geringsten Anzeichen eines Kampfes. Keine Beschädigungen, keine Spuren einer größeren Auseinandersetzung. Das Opfer muss den Täter gekannt oder ihm vertraut haben.»

«Wäre es nicht möglich, dass der Täter bereits den Tatort geputzt sowie aufgeräumt hat?»

«Theoretisch natürlich. Aber anhand des Staubes auf und neben den Gegenständen in der Wohnung konnten wir rekonstruieren, dass diese über längere Zeit nicht bewegt oder umgestoßen worden sind. Auch gab es keine größeren gereinigten und damit völlig staubfeinen Flächen, wie sie entstehen müssten, wenn man zum Beispiel Scherben aufgefegt hat.»

«Na, da haben Sie aber ganz genau hingesehen.»

«Allerdings, Herr Direktor. Kommissar Pampel und ich sind uns einig, dass eine exakte Beweis- und Spurenaufnahme am Tatort die Aufklärungswahrscheinlichkeit der meisten Delikte eminent erhöhen würde. Wenn wir feste routinemäßige Richtlinien für die Tatortsicherung und erkennungsdienstliche Behandlung festlegen würden …»

«Schön, schön, schön», unterbrach ihn Kriminaldirektor Töpitz, «so weit sind wir noch nicht. Klären Sie mal erst diesen Fall auf. Warum schickt uns der Täter diese Fotos?»

«Das ist natürlich eine wichtige Frage. Ohne Zweifel will er, dass die Öffentlichkeit von seinen Taten erfährt. Dies erklärt auch, warum er nun, beim vierten Mord, die Bilder an die Zeitung geschickt hat. Wir haben diese Aufnahmen ja nie veröffentlicht. Das hat ihm missfallen. Daher hatte er uns in dem Brief, mit dem er die Fotos der dritten Tat geschickt hat, ja bereits gedroht, er werde die Bilder selbst der Bevölkerung Berlins zeigen, wenn wir es nicht tun.»

«Was dann auch geschehen ist.»

«Bedauerlicherweise ja, Herr Direktor.»

«Und diese Halunken von der famosen neuen Berliner Straßenzeitung wissen natürlich nichts Besseres, als diese abscheulichen Bilder sofort originalgetreu abzeichnen zu lassen und groß vorne auf ihr Blatt zu drucken.»

«Ich glaube, Sie halten das für ihre journalistische Pflicht», warf Mandelboom ein.

«Mumpitz. Sie wollen mit solcherlei Räuberpistolen ihr Schmierenblatt verkaufen. Da liegt der Hase im Pfeffer!»

«Zumindest das gelingt ihnen aber sehr gut», amüsierte sich Döbel.

«Hören Sie, Herr … Kriminalassistent.» Töpitz' Ton bekam nun wieder seine gefürchtete Schärfe. «An Ihrer Stelle würde ich mal sehr dringend mit diesen Zeitungsfritzen reden. Stante pede. Schade, dass der Herr Kriminalkommissar Pampel es nicht für nötig erachtet, hier zu erscheinen. Aber da es nun so ist, obliegt es

69

Ihnen, ihm meinen Befehl auszurichten.» In generalstabsmäßiger Entschlossenheit ließ Töpitz seine rechte Faust auf die Tischplatte krachen, um seine Übersicht und Tatkraft durch einen Knall zu unterstreichen. Ein hartes «Bumm!» schlug durch den Raum.

Kurz zögerte Gennat ob dieser Machtdemonstration. Dann aber entschloss er sich, dem Direktor doch noch einen Vorschlag zu machen.

«Nun ja, Sie könnten ihn anrufen, Herr Direktor. Um ihm so diesen Befehl persönlich zu erteilen.»

«Ah ja, könnte ich das? Und wo kann ich unseren Flaneur denn bitte schön erreichen, Sie Schlauberger?»

«Oh, Sie müssten ihn genau jetzt in der Redaktion der Berliner Zeitung am Mittag erwischen.»

3

Franz Pampel war bestimmt schon seit drei Jahren nicht mehr im Verlagsgebäude der Gebrüder Ullstein in der Kochstraße gewesen. Seitdem hatte sich hier einiges verändert. Allem voran die Lautstärke. Die neuartige BZ am Mittag, die erste Berliner Boulevardzeitung, war vor nur acht Wochen zum ersten Mal erschienen. Sie hatte in Berlin eingeschlagen wie eine Bombe.

Eigentlich hatten die Gebrüder Ullstein sie in erster Linie für die Börsennachrichten auf den Markt oder in diesem Falle besser gesagt auf die Straße gebracht. Bis zu einer halben Stunde vor dem Erscheinen um 13.00 Uhr konnten noch die aktuellen Kurse eingearbeitet werden. Doch auch andere Nachrichten erreichten so beinahe in Echtzeit die Berliner Straßen. Genauso allerdings wie Gerüchte und Übertreibungen. Alles, was passierte, geschah nun für alle Menschen in Berlin sofort und gleichzeitig. Das gefühlte Tempo der Stadt war atemberaubend geworden. Pampel wünschte sich manchmal, jemand würde auch ein Pedal erfinden, mit dem man ab und an die Zeit etwas abbremsen könnte. Doch daran arbeitete in Berlin zu Beginn des zwanzigsten Jahrhunderts offensichtlich niemand.

Eine freundliche Dame führte den Kriminalkommissar direkt in den Büroverschlag von Chefredakteur Wilhelm Auspitzer. Ein kräftig gebauter, rotgesichtiger, mittelgroßer Mann Mitte vierzig, dem man ansah, dass er die Annehmlichkeiten des Lebens zu schätzen wusste. Geradezu begeistert nahm er den Polizisten in Empfang.

«Herr Kriminalkommissar Pampel, wie schön, Sie mal hier in unseren heiligen Hallen begrüßen zu dürfen.»

«Sie kennen mich?»

Auspitzer lachte scheppernd. «Natürlich, Pampel. Sie können davon ausgehen, dass wir jeden Mann von Rang und Bedeutung in dieser Stadt kennen. Und natürlich auch die wesentlichen Damen.» Ein weiterer Lachkatarakt durchrüttelte seinen kegelförmigen Körper. «Und die, die wir nicht kennen, sind auch nicht wichtig, sonst würden wir sie ja kennen.» Er gab seinem Gast kurz Zeit, sich an diesem Bonmot zu erfreuen. Zum Leidwesen beider genoss Pampel es bei Weitem nicht so sehr wie Auspitzer selbst. Dieser ließ sich jedoch davon nicht aus seiner Begrüßungsroutine bringen.

«Nehmen Sie Platz. Kaffee? Ich sage Ihnen, das Fräulein Salkow hier macht Ihnen einen Kaffee, vor dem sogar die Nacht sich fürchtet.»

«Jerne, Herr Auspitzer, ich möchte Ihre Zeit nicht mehr als unbedingt notwendig beanspruchen. Daher komm ick direkt zum Thema. Sie haben originaljetreue Zeichnungen der Fotos vom ermordeten Unteroffizier Trabant einfach vorne auf Ihre Zeitung jedruckt, ohne uns vorab zu unterrichten?»

«Na, ich dachte natürlich, dass Sie längst davon gewusst hätten.»

«Wieso dachten Sie dit?»

«Na, weil Sie die Berliner Polizei sind. Die, wie heißt es jetzt, Mordkommission. Die hat man doch extra für so etwas vor zwei Jahren eingerichtet.»

«Nun, offen jestanden gibt es zwar jetzt die Mordkommission, aber der sind noch immer keene Beamten fest zujeteilt. Mit solchen Fällen befasst sich nach wie vor meist der Mordbereitschaftsdienst.»

«Aha, interessant. Warten Sie, ich mache mir Notizen.»

«Bitte was?»

«Nun, für einen Artikel. Das interessiert die Menschen doch, wie die Polizei in dieser Stadt funktioniert. Und Sie haben wirklich erst durch unsere Zeitung überhaupt von diesem Mord erfahren?»

«Unterstehen Sie sich, so wat zu schreiben. Wat fällt Ihnen ein?»

«Ich mache hier nur meine Arbeit. Die Menschen informieren. Es ist meine Pflicht, ihnen alles mitzuteilen, was ich erfahre.»

«Es ist Ihre Pflicht, Kaiser und Vaterland zu schützen.»

«Und das tue ich, indem ich dem deutschen Volk berichte, was in der Welt und der Stadt passiert.»

«Aber nicht dadurch, dass Sie die Menschen durch obszöne Bilder schockieren, statt sie einfach sachlich über etwaige Gräueltaten in der Stadt zu unterrichten.»

«Das genau ist doch der Unterschied. Die Polizei und andere offizielle Stellen *unterrichten* die Menschen. Wir *informieren* die Menschen. Ohne jede Wertung oder didaktischen Impetus.»

«Sie wollen behaupten, dass Sie nicht werten?»

«Nur in den Kommentaren.» Auspitzer hielt kurz inne, schmunzelte und fasste dann offensichtlich einen Entschluss, noch etwas mehr zu sagen. «Gut, vielleicht können wir auch ein wenig die

Stimmung beeinflussen oder sogar mal ein bisschen was kreieren.»

Pampel fuhr auf. «Aha, und wat jenau ist dit dann, was Sie da ‹kreieren›?» Auspitzer ließ sich davon nicht beeindrucken.

«Dies und das. Oft Kleinigkeiten. Ich könnte zum Beispiel aus Ihrem Namen ein Schimpfwort machen.»

«Dit würde Ihnen so passen, Sie Backpfeifenjesicht. Jetzt kommen Sie mir mal nicht blöde.»

«Genau so. Ein paar Artikel, wo ich Sie einfach als besonders aufbrausend und grobschlächtig im Ton schildere. Das müsste ich mir wahrscheinlich nicht mal groß ausdenken. Ihr wüstes Verhalten könnte ich unterhaltsam immer wieder mit einer Namensnennung verbinden, und dann sollen Sie sehen: Schwuppdiwupp wäre in der Berliner Schnauze Pampel ein Synonym für einen ungehobelten, polternden Menschen. Ein Kinderspiel, zumal Ihr Name sich ja auch klanglich sehr für eine solche Verwendung anbietet.»

Pampels Schnauzbart zuckte jetzt wild auf und ab. Es fiel ihm schwer, sich unter Kontrolle zu halten.

«Wehe Ihnen, Sie ehrloser Windbeutel, wenn Sie auch nur …»

«Nanana, Herr Pampel, keine Drohungen im Dienst. Alles, was Sie mir sagen, sagen Sie damit der ganzen Welt. Das müssen Sie langsam mal kapieren. Es ist meine Pflicht, die Menschen zu informieren, wenn Sie …»

Weiter kam er nicht. Denn nun war der Kriminalkommissar aufgesprungen, hatte ihn am Kragen gepackt und aus dem Sessel gezogen.

«Und es ist die verdammte Pflicht meiner Fäuste, Ihnen Manieren beizubiegen, wenn Sie …»

«So, der Kaffee für die Herren.»

Mit offenem Mund blieb das Fräulein Salkow im Türrahmen stehen und betrachtete die beiden Kampfhähne. Die schauten sie nicht minder überrascht an. Woraufhin sich das Fräulein kurz räusperte und betont sachlich fragte:

«Soll ich den Kaffee vielleicht lieber erst nach Ihrer Schlägerei servieren? Ich könnte Ihnen dann auch noch ein paar kalte Umschläge und Pflaster bringen, wenn Sie mögen.»

Verlegen ließen die beiden Männer voneinander ab. Pampel drehte sich zu ihr, richtete das Sakko und beruhigte, so gut es ging, seinen Atem.

«Bitte entschuldigen Sie, verehrtes Fräulein, dass Sie das mitansehen mussten. Ich habe mich in der Hitze des Wortgefechts ein wenig zu sehr hinreißen lassen.»

«Ach, machen Sie sich keine Gedanken. Ich bin mit vier Brüdern aufgewachsen», kam prompt ihre Antwort, während sie das Tablett hereinbrachte und den Kaffee servierte. «Außerdem sind Sie weiß Gott nicht der Erste, der dem Herrn Auspitzer hier schon an den Kragen wollte. Möglicherweise hat er da auch so eine Art.»

Mit einem fast schon frech zu nennenden Lächeln in Pampels Richtung verließ sie den Raum und schloss die Tür hinter sich.

«Na, der scheinen Sie ja zu gefallen. Weiß der Himmel warum.» Auspitzer hatte sichtlich Freude am Anblick des gedanklich nun offenkundig leicht derangierten Pampel. «Ist übrigens derzeit ohne Herrenbegleitung, das Fräulein Salkow. Soweit ich weiß. Wenn Sie Interesse haben, ich könnte da sicher eine manierliche Begegnung arrangieren.»

Pampel nahm wieder Platz.

«Ick habe den Eindruck, das Fräulein Salkow kann sehr gut für sich selbst arrangieren.»

«Da haben Sie vermutlich recht. Wir hatten einen unglücklichen Start. Ohne Frage. Das muss so nicht sein. Ich glaube, wenn wir beide zusammenarbeiten würden, könnten wir viel erreichen.»

«Ich soll mit Ihnen zusammenarbeiten? Das ist ja wohl der Gipfel der Impertinenz.»

«Keineswegs. Offensichtlich wissen wir beide immer wieder Dinge, die für den anderen sehr hilfreich sein können. Wenn wir jetzt einfach stets unser Wissen teilen, könnten wir für die Stadt gewiss einiges Gutes bewirken.»

«Ick soll Ihnen also Informationen aus dem inneren Bereich der Arbeit der Polizei stecken?»

«Nur dort, wo Sie es verantworten können natürlich. Sie könnten auch Ihr Denken ändern. Mal überlegen, wo der Polizei oder Ihnen ein größerer öffentlicher Druck von Nutzen wäre. Und stellen Sie sich mal vor, wie Ihr Leben wäre, wenn ich aus Ihnen einen erbarmungslosen, unerhört intelligenten, nicht zu täuschenden Superkommissar machen würde. Wo die Kriminellen sich praktisch gar keine Untaten mehr getrauen. Was das nebenbei für Ihr persönliches Fortkommen und Ihre Stellung bedeuten könnte. Wäre das nicht reizvoll? Bedenken Sie: Nicht die Taten machen einen Helden, sondern die Lieder, die man über ihn singt.»

Pampel schaute Auspitzer lange mit festem Blick an. Wie um zu prüfen, ob der sein Angebot wirklich ernst meinte. Er nahm einen großen Schluck vom Kaffee, um dann sehr langsam, nachdenklich und für seine Verhältnisse auch leise zu antworten.

«Herr Auspitzer, ich muss Sie davon in Kenntnis setzen, dass jedes weitere Wort von Ihnen in dieser Causa zu einer sofortigen Verhaftung führen könnte.»

Enttäuscht sank der Chefredakteur in sich zusammen.

«Nun denn, man kann das Pferd nur zur Tränke führen. Saufen muss es schon selbst.»

Pampel überhörte den Satz und wurde nun wieder ausgesprochen dienstlich. Er zückte seinen Block und begann die Befragung.

«Herr Auspitzer, wie jenau sind Sie denn in den Besitz der Fotos gekommen?»

«Mit der Post. Die Bilder waren einfach im Hausbriefkasten.

Einschließlich eines kurzen Begleitbriefes, in welchem uns Name und Adresse des Opfers mitgeteilt wurden. Der Ort, wo die Fotos aufgenommen wurden. Also die Wohnung. Zudem eine Drohung, dass wir es sehr bereuen würden, wenn wir diese Bilder oder eben Zeichnungen der Fotos nicht sofort drucken und darauf hinweisen würden, dass es die vierte Tat des Rächers sei.»

«Des Rächers?»

«So stand es in dem Brief.»

«In Ihrem Artikel nennen Sie den Täter den Franzosenrächer. Dabei gibt es bislang keinerlei Beweise, dass Frankreich oder auch nur ein Franzose etwas mit den Taten zu tun hat.»

«Aber alle Toten sind Helden des großen Krieges gegen Frankreich. Und außerdem gefällt den Berlinern der Name. Wie mir unsere Reporter melden, nehmen sie ihn recht begeistert auf.»

«So wie sie auch den Begriff Schlendarmerie mögen?»

«Der ist nicht von uns. Obwohl er sehr gut ist. Ausgesprochen einprägsam. Aber niemals würden wir so etwas drucken. Für eine solche Beleidigung könnten Sie uns schließlich ins Zuchthaus sperren. Und vollkommen zu Recht, wie ich finde.»

Auspitzer grinste Pampel an. Dem fiel, zu seinem Bedauern, zu so viel Dreistigkeit keine angemessene Beschimpfung ein.

«Machen Sie mich Ihnen lieber nicht zum Feind, Sie Flitzpiepe.»

«Nichts läge mir ferner, Herr Pampel.» So wie Auspitzer seinen Namen nun ganz besonders exaltiert betonte, ahnte der Kommissar schon, welche Bedeutung er ihm in seinen nächsten Artikeln wohl verleihen würde. Er beschloss, dass es ihm egal sein musste.

«Ick werde den Brief, die Fotos, die Zeichnungen und den Umschlag konfiszieren.»

«Nun denn, viel Glück bei der Ermittlung. Ich werde veranlassen, dass das Fräulein Salkow Ihnen die Dinge aushändigt.»

«Außerdem weise ick Sie an, keine Fotos oder Zeichnungen

von Mordopfern mehr zu drucken. Also zumindest nicht, bevor wir sie Ihnen freigegeben haben.»

«Ich glaube kaum, dass Sie dazu die Befugnis haben.»

«Vielleicht doch. In jedem Falle kann ick Ihnen versichern, dit, falls Sie nochmals solche Bilder drucken, ohne uns vorher zu informieren, ich Sie und jeden Reporter, der in diese Angelegenheit verwickelt ist, auf die Wache bringen lasse. Für ausführliche Verhöre.»

«Dadurch kommen Sie doch zu keiner Verurteilung.»

«Vielleicht nicht. Aber ganz sicher verpassen Sie und die Herren Ihren Redaktionsschluss. Und am nächsten Tag mache ich das wieder. Und wieder und wieder und wieder. So lange, bis Ihre ständigen Probleme mit der Polizei den Gebrüdern Ullstein lästig werden.»

Zufrieden mit seiner zwar kaum umzusetzenden, aber doch eindrucksvollen Drohung sprang Pampel auf und verließ schnurstracks mit einem knackigen «Und noch einen schönen Gruß an die bemitleidenswerte Frau Gemahlin!» das Büro.

Immerhin war ihm wenigstens das noch eingefallen, dachte er, während er sich schon darauf freute, dem Fräulein Salkow noch ein maximal nettes Kompliment für den wirklich ausgezeichneten Kaffee zu machen.

4

Gennat ging noch einmal seine Notizen durch, während er im Aschinger auf den Kriminalkommissar wartete.

Polizeipräsident von Borries persönlich hatte auf Bitten von Töpitz vermittelt, dass er dem Oberstleutnant a. D. von Paul seine Aufwartung machen durfte. Dieser hatte im Stab des Generalleutnants Senden in der dritten Landwehr-Division im großen Krieg 1870/71 gedient. Damals noch als Major. Alle bisherigen Opfer kamen aus dieser dritten Landwehr-Division. Das war Gennat bereits nach dem dritten Mord aufgefallen. Daher hatte er auch schon einen Schmied in der Reichenberger Straße ausfindig gemacht, der als einfacher Soldat, beziehungsweise eben als Militärschmied, in besagter Einheit am Krieg teilgenommen hatte.

Wenn er nun seine Aufzeichnungen aus diesen Gesprächen miteinander verglich, kam es ihm vor, als wären die beiden Männer in unterschiedlichen Kriegen gewesen.

Von Paul hatte ihn mit leuchtenden Augen empfangen. Der alte Krieger genoss es sichtlich, einem jungen Kameraden, Gennat hatte natürlich seine eigene Militärzeit bei seiner Vorstellung nicht unerwähnt gelassen, vom großen Sieg der Deutschen über die frechen Franzosen zu berichten. Amüsante Kriegsschnurren, burschikose Scherze und rührende, tiefsinnige Gedanken perlten nur so aus ihm heraus.

«Und dann, im kalten Morgengrauen vor der Schlacht, befahl General Senden, dass jeder aufrechte deutsche Soldat eine Eichel in seiner Hosentasche mit sich zu führen hatte. Warum? Damit er sie, falls es Gott gefalle, dass er für sein Vaterland auf diesem Boden sein Leben gebe, noch mit dem letzten Atemzuge in die Erde drücken konnte. Auf dass eines Tages hier ein stolzer, mächtiger deutscher Wald von unseren tapferen Taten künden werde. Gedüngt von unsrer Helden Blut.»

Zwischendrin ergriffen ihn aber auch plötzlicher Ernst und aufrichtige Trauer. «Viele, zu viele gute Männer haben wir damals an oft nur einem einzigen Tag verloren. Auf beiden Seiten. Denn auch die Franzosen verstanden, ehrenvoll zu kämpfen. Also zumindest die anständigen Soldaten. Daneben gab es leider auch diese Freischärler oder einfachen zivilen Kriminellen, die sich bei den Franzmännern in die Kämpfe mischten. Die hatten mit Anstand und Ehre freilich nichts am Hut. Mit denen ließ sich kein manierlicher Krieg führen. Das war nicht immer einfach.»

Zwischendrin nickte der hochbetagte von Paul auch immer mal wieder weg. In diesen Momenten hatte Gennat Gelegenheit, die Einrichtung zu bewundern. Diese wirkte wie ein schlecht gepflegtes Museum für Porzellanfiguren, Kriegsgerät und Orden. Ihm fiel auf, wie ähnlich doch letzten Endes die vielen hier ausgestellten, vermutlich preußischen Dolche und Militärdegen der Tatwaffe, dem Degen des französischen Leutnants Robert, waren. Und wie gut sie, rein optisch, mit den verspielten Porzellanfiguren harmonierten. Als würden sie gemeinsam die ganze Bandbreite einer speziellen Weltanschauung und Ordnung widerspiegeln.

Auch über die aktuellen Mordopfer hatten Sie gesprochen. Von Paul gab an, selbstverständlich alle zu kennen, jedoch an keinen genauere Erinnerungen zu haben. Außer an den Major Knapp, der damals noch Fähnrich gewesen war. «Hervorragender Soldat und anständiger Mensch, so wie die anderen drei sicher auch.»

Nach seiner Befragung wäre Gennat gerne schnell gegangen. Doch da der Oberstleutnant erneut eingeschlafen war und er es weder gewagt hatte, ihn zu wecken, noch einfach so zu gehen, musste der Kriminalassistent noch eine halbe Stunde warten, bis ihn der schlaftrunkene von Paul endlich verabschieden konnte. Er nutzte es, um noch ein wenig mehr in die porzellanene Welt aus Enten, Soldaten, Hofdamen und Werkzeugen des Tötungsgeschäfts einzutauchen. Leicht angestaubt, voll unreflektiertem Stolz posierte sie, sich ihrer eigenen Zerbrechlichkeit offenkundig nicht bewusst. Eine gewisse Anmut war ihr in der Tat nicht abzusprechen.

Der Schmied Dunge in der Reichenberger Straße war deutlich jünger und agiler als der Oberstleutnant. Da er gerade mal Anfang fünfzig war, musste er also mit nicht einmal zwanzig Jahren in diesen Krieg geschickt worden sein.

Er hatte Gennat berichtet, dass er der Reiterstaffel als Schmied zugeteilt gewesen war. Nach seiner Lehre hatte er geglaubt, dort schnell gutes Geld verdienen zu können. Und das zumindest war ja auch so gewesen. Ohne den Krieg hätte er sich keine eigene Schmiede einrichten können. Von den eigentlichen Kampfeinsätzen habe er so gut wie nichts mitbekommen. Außer dass es schlimm war. Oft richtig schlimm. Bei den weichherzigeren Soldaten sei manche Träne geflossen. Auch er selbst war erschrocken, wie schmutzig dieser Krieg sich präsentierte. Das hatte man ihm bei der Anwerbung anders geschildert. Nicht wenige der jungen deutschen Kämpfer wären schon bald völlig verroht gewesen. Manchmal zogen einzelne Gruppen einfach los, um in bestimmten Dörfern «Routinekontrollen» durchzuführen oder Freischärlernester auszuheben.

«Diese bewaffneten zivilen französischen Partisanen waren schlimm», hatte der Schmied erklärt. «Man nannte sie *Franctireurs*. Sie hielten sich an keine Regeln und kein Kriegsrecht. Wir alle hatten zu Recht große Angst vor ihnen. Diese Angst hat in einigen Soldaten nichts Gutes hervorgebracht. In Bazeilles bei Sedan hat einmal ein ganzes Dorf gebrannt. Alle Einwohner wurden getötet. Wir mussten später dort aufräumen und nach Brauchbarem für unsere Kriegsausrüstung suchen. Da haben wir die Leichen gesehen. Auch Frauen und Kinder. Das waren sicher keine Partisanen.»

Der riesige Dunge stand mit seinem wohl einen Meter breiten Kreuz und feuchten Augen vor Gennat.

«Dieser Krieg war die Hölle, Herr Kriminalkommissar, die echte leibhaftige Hölle. So wahr ich hier stehe.»

«Genau genommen bin ich nur Kriminalassistent.»

«Ist mir egal, wenn ich deswegen Ärger kriege. Wegen Zersetzung der Volksmoral oder so was. Ich sage es trotzdem. Weil es die Wahrheit ist. Ich sage es jedem jungen Mann, der hierherkommt, um Schmied zu werden. Ich bringe ihm gerne alles bei. Aber wenn er das Gelernte nutzen will, um damit in den Krieg zu ziehen, prügel ich ihn so lange windelweich, bis er alles wieder vergessen hat. Damit geht es ihm dann immer noch besser als im Krieg.»

Von den vier Opfern erinnerte sich Dunge nur an einen. Den Fähnrich Knapp. Der war bei den Berittenen und deshalb auch immer mal in der Schmiede.

«Sehr unangenehmer Bursche. So eine Klappe. War meistens mit seinen Kumpanen beisammen. Finstere Gesellen. Die waren nicht nur zum Feind grausam. Oder zu den Zivilisten. Die haben sich alles rausgenommen. Da gab es plötzliche Gefangennahmen, Geiselnahmen, Strafaktionen noch und noch. Vor denen fürchtete sich jeder. Auch die Kameraden. Wobei, Kameraden würde ich da vielleicht nicht mal sagen. Nicht alle haben gutgeheißen, was die getan haben. Da gab es richtig Streit häufig. Und dann kam es durchaus vor, dass Unglücke passierten. Nach einer Routinepatrouille kehrte plötzlich mal einer nicht mehr zurück. Angeblich wegen eines Heckenschützen. Aber das hat keiner geglaubt. Nee, das waren wahrlich düstere Gestalten, der Fähnrich Knapp und seine Spießgesellen. Muss wahrscheinlich richtig Spaß gemacht haben, dem Halunken die Kehle aufzuschlitzen. Aber ich war es nicht, falls Sie das jetzt denken. Das schwör ich Ihnen. Ich würde niemals einen mit 'nem Degen aufschlitzen. Wenn ich einen weghaben wollte, dann würd ich den totschlagen. Mit meinen ehrlichen Fäusten. Aber auch das würd ich nie tun. Also nicht absichtlich. Das hab ich nämlich meiner Inge versprochen. Die ist die Beste.»

Gennat hatte nicht den geringsten Zweifel am hundertprozentigen Wahrheitsgehalt dieser Aussage.

Als Pampel endlich erschien, war dieser so gut gelaunt, wie ihn sein Kriminalassistent noch nie gesehen hatte.

«Wat denn, schon wieder Stachelbeertorte? Wollen Se nich ooch mal wat jesundet essen? 'ne schöne Knackwurst oder 'n saftiget Eisbein? Die haben hier auch 'ne feine Schlachterplatte, die is so frisch, dit Se die Wurst noch grunzen hören können.»

«Alles nichts gegen die Stachelbeertorte. Nehmen Sie auch mal ein Stück.»

«Nee, mir reicht 'ne Molle.»

«Hatten Sie Glück bei der Zeitung?»

«Wie man's nimmt. Aber noch wichtiger: Ick war gerade ooch noch bei 'nem Antiquitätenhändler. Een Tipp von 'nem Informanten.»

«Von welchem?»

«So weit sind wir noch nicht, Gennat. In die Kreise führ ick Sie ein, wenn Sie mehr Eisbein essen.»

«Das kann dauern. Aber wenn's ein Tipp vom Informanten war, heißt das, der gute Mann ist auch Hehler?»

«Kann schon sein. Wobei man das gar nicht glauben sollte. Issn piekfeiner Laden in der Friedrichstraße. Nur beste Kundschaft. Hohe Militärs, Damen von Welt, Börsenheinis, Jeheimräte. So Leute.»

«Das muss nichts heißen.»

«Wohl wahr. Auf alle Fälle erzählt mir der Doktor Dassler, der Inhaber, dieser französische Offiziersdegen, unsere Tatwaffe, ist nicht irgendein Mordwerkzeug. Er hatte da einige wilde Geschichten drüber uff Lager. Degen der Gerechtigkeit hat man den mal jenannt. Wahrscheinlich allet Legenden, muss uns nicht interessieren, aber schon doll. Die Waffe war sicher nicht zufällig jewählt. Was sagt uns das?»

«Der Täter will uns damit was sagen.»

«Ganz genau, Gennat. Der Antiquar war früher selber Soldat,

was in seinem Metier sicher nicht von Nachteil ist. Viele historische Waffen in seinem Geschäft.»

«Oh ja, da ist es sicher gut, wenn man vom Fach ist. Auch für die Kundschaft, die für solche Waffen ja wohl vornehmlich aus aktiven und demissionierten Militärs bestehen dürfte.»

«Wahrscheinlich. Er verfolgt natürlich unseren Fall, hat auch selbst im Krieg 70/71 jekämpft, allerdings nicht in dieser dritten Landwehrdivision, sondern im dritten Korps der elften Infanterie, die erst später in den Krieg jeschickt wurde. Von der dritten Landwehrdivision weiß er nicht viel, außer dass sie in dem Ruf stand, besonders erbarmungslos und roh gewesen zu sein.»

«Das deckt sich mit den Aussagen, die ich vom Schmied bekommen habe. Einmal wurden wohl nahezu anlasslos sämtliche Einwohner eines Dorfes hingerichtet.»

«Also vielleicht sind die Morde tatsächlich ein Racheakt der Franzosen. Oder nur von einem Einzelnen. Een Überlebender oder Verwandter? Vielleicht ooch een oder mehrere Soldaten, die die Folgen der deutschen Gräueltaten entdecken mussten?»

«Mit Verlaub, Herr Kriminalkommissar, Sie sollten in der Öffentlichkeit lieber nicht solche Worte benutzen. Das kann Ihnen schnell als Vaterlandsverrat oder Zersetzung ausgelegt werden. Als Beamter der deutschen Polizei ...»

«Zuallererst bin ick Kriminalkommissar. Was immer der Aufklärung dient, spreche ick aus. Und außerdem ist es hier so laut, dass ick ooch sagen könnte, der Kaiser ist eine Frau.»

Plötzlich wurde es ringsherum still. Alle starrten Pampel an. Gennat hatte das Gefühl, etwas tun zu müssen. Weitaus lauter als notwendig sagte er: «Ach so, der Kellner ist eine Frau, sagen Sie. Da haben Sie natürlich recht. War mir noch gar nicht aufgefallen.»

Langsam setzte das Gemurmel an den anderen Tischen wieder ein.

«Erfreuliche Geistesgegenwart Gennat. Respekt. Da schulde ick Sie was. Erlauben Sie mir, Sie einzuladen?»

«Mit dem größten Vergnügen, Herr Kriminalkommissar. Es wäre mir eine Ehre, auf Ihre Rechnung noch ein weiteres Stück Torte zu vertilgen. Die Morde könnten aber genauso gut auch gar nichts mit den Franzosen zu tun haben. Obwohl das Motiv im Krieg zu suchen ist.»

«Verstehe. Sie meinen alte Rechnungen unter Kameraden. Würden deutsche Soldaten so etwas tun? Ihresgleichen meucheln?»

«Wenn der Hass groß genug und über Jahre gegärt wäre? Das scheint mir denkbar. Zudem ist Soldaten das Handwerk des Tötens nur allzu vertraut. Wir sollten das in Betracht ziehen. Doch Sie wollten noch von Ihrem Besuch bei der Zeitung erzählen.»

«Dieser Auspitzer ist ein ziemlicher Lackaffe. Ein Habsburger. Aber am Ende bin ick ihm doch beigekommen. Er hat mir sämtliche Beweismittel ausjehändigt.»

Zufrieden zog Pampel den Umschlag aus seiner Mantelinnentasche.

«Halten Sie ihn für verdächtig?»

«Auspitzer? Unbedingt! Allerdings nicht im Falle unserer Morde. Dafür hätte der gar nicht das Format. Zudem, warum sollte er so was tun?»

«Um seine Auflage zu steigern. Seit es die Zeichnungen auf das Titelbild geschafft haben, reißen die Leute den Verkäufern die Blätter praktisch aus der Hand. So eine Mordserie ist für ihn pures Gold. Es ist in dieser Stadt schon für weitaus weniger getötet worden.»

«Nein, so sind diese Pressefritzen nicht», winkte Pampel ab. «Skrupellos vielleicht. In ihrem Bereich. Aber sie haben ihre Grenzen. Sie verbreiten nur das Unglück, eventuell vermehren sie es sogar. Doch sie stellen es nicht her. Und denn hat der Mörder ja auch die Bilder der ersten drei Taten an uns geschickt und nicht veröffentlicht. Dit hätte ein Reporter doch niemals jetan.»

Gennat öffnete derweil den Umschlag, den er von seinem Chef bekommen hatte, und betrachtete die Originalfotos. «Das ist bemerkenswert.» Hektisch begann er, in seiner Tasche zu wühlen.

Pampel schien dies zu amüsieren. «Wat ist denn, Kollege? Sie sehen ja aus, als hätten Sie 'ne Leiche jesehen.» Sein Kichern währte jedoch nur kurz, denn ihm wurde bald klar, dass Gennats Entsetzen aufrichtig war.

«Sehen Sie doch nur, Herr Kriminalkommissar.» Er legte zwei Bilder nebeneinander. «Was fällt Ihnen auf?»

«Zwee Bilder von zwee Ermordeten, wat soll sein?»

«Links ist ein Bild von Major Knapp, welches ich dabeihatte, um es Oberstleutnant von Paul zu zeigen, und rechts das Bild von heute. Vom toten Unteroffizier Trabant.»

«Ja und, Mann? Ich sehe nicht, welchen gravierenden neuen Aspekt sie da auf den beiden Bildern entdecken.»

«Nicht auf den Bildern. An den Bildern. Die Fotos der ersten drei Morde wurden alle mit einer klassischen Kodak-Nr.-1-Kamera gemacht. Man sieht dies an den Abzügen. Wir haben das in der kriminaltechnischen Untersuchung eindeutig festgestellt. Die Abzüge der vierten Tat jedoch deuten auf einen moderneren Agfa-Film hin. Ich kann es noch nicht zweifelsfrei sagen, aber ich verwette meine nächsten drei Mahlzeiten darauf, dass die von einer anderen Kamera gemacht wurden.»

«Ein Trittbrettfahrer.»

«Das ist eine von vielen Möglichkeiten. Aber wie käme der an den Degen?»

«Auch der könnte eine raffinierte Fälschung sein. Wir haben die Fotos noch nicht gründlich untersuchen können. Wenn das hier wirklich bereits ein Nachahmungstäter ist ...»

«… suchen wir ab jetzt nach zwei unterschiedlichen Mördern.»

«Mindestens.»

5

«Oh, wie schön, die feinen Herrschaften jeruhen auch schon, dem Revier ihre Aufwartung zu machen!»

Die Laune von Reviervorsteher Brand war noch ein wenig schlechter als gewöhnlich. Nachdem Kriminalkommissar Pampel recht ausgiebig bis tief in die Nacht mit dem Fräulein Salkow diverse Tanzlokale besucht und Gennat wohl bis noch tiefer in selbiger Nacht seine Theorien zur aktuellen Mordserie auf logische Fehler zu überprüfen versucht hatte, waren beide mit recht dicken Augen vor dem Revier aufeinandergetroffen und beschlossen, ihre erste ausführliche Besprechung des Tages im Café Josty abzuhalten. Dadurch war es schon fast Mittag geworden, als sie die Dienststelle endlich betraten.

«Sie haben Besuch. Schon seit bestimmt drei Stunden sitzt der hier und wartet auf Sie. Wir sind hier keene Wärmestube.»

«Wer wartet auf uns?»

«Ein Herr Kunboldt, Feldwebel der Reserve. Hält sich für dit nächste Opfer des Franzosenrächers.»

«Wie nennen den Mörder nicht so.»

«Die janze Stadt nennt den so. Stand so sogar schon inne Zeitung.»

«Nicht sogar. Die janze Stadt nennt den so, *weil* dit so inne Zeitung jestanden hat. Aber wir sagen Fotomörder.»

«Na, denn sagen Se dit mal der Presse. Außerdem hab ick hier noch was für Sie, Gennat. Sie haben bei der Obersten Heeresleitung eine Auflistung von sämtlichen Soldaten und des Personals der dritten Landwehrdivision in 1870 angefordert?»

«Allerdings, Herr Brand.»

«Is anjekommen.» Er reichte dem Hilfskommissar den schmalen Pappordner. «Aber Vorsicht, is streng jeheim!»

«Warum?»

«Weil allet, wat vonne Oberste kommt, streng jeheim is, Sie Zivilist.»

«Ich habe gedient.»

«Offensichtlich nich lange jenug. Und für Sie hab ick auch wat, Herr Kriminalkommissar.» Er suchte mit zunehmend ärgerlichem Blick seinen Arbeitsbereich ab. «Hat der Bursche anjenommen. Wo hat der verdammte Bengel denn dit jetze wieder …»

«Bringen Sie es mir, wenn Sie es gefunden haben, in den Verhörraum zwei.» Ungeduldig schritt Pampel weiter.

«Ick bin nich Ihr Botenjunge, Herr Kriminalkommissar.»

«Zu Ihrem Glück. Wenn Sie mein Botenjunge wären, hätte ick Sie längst rausjeschmissen.»

Wie ein Häufchen Elend saß Johann Kunboldt im langen Gang vor den Verhörzimmern.

«Sind Sie die ermittelnden Kommissare beim Franzosenrächer?»

«Jestatten, Kriminalkommissar Pampel und Kriminalassistent Gennat. Wir sind befasst mit dem Fall des Fotomörders.»

«Oh, bei mir geht es aber um den Franzosenrächer.»

«Den machen wir auch.»

«Ah, das ist gut. Mein Name ist Johann Kunboldt, Schneidermeister, wohnhaft in …»

«Sind diese persönlichen Angaben nicht alle schon aufgenommen worden?»

«Von Ihrem Kollegen, natürlich.»

«Dann brauchen wir das nicht noch mal. Sie sind Feldwebel der Reserve?»

«Genau. Darum geht's. Ich habe mit den anderen Opfern gedient.»

«Mit allen?»

«Ja, wir waren die besten Freunde damals.»

«Interessant. Lassen Sie uns das Gespräch in einem unserer Diensträume weiterführen. Mögen Sie einen Kaffee?»

«Sie haben hier Kaffee?»

«Na ja. Muckefuck. Is aber auch heiß und geht schneller. Gennat, holen Sie uns mal drei schöne Tassen.»

Nachdem sichergestellt war, dass der Verhörraum zwei frei war und Gennat einen Satz leidlich sauberer Tassen organisiert hatte, nahmen die drei Herren am großen rechteckigen Tisch in dem kargen Raum Platz.

«Dann erzählen Se doch mal.»

«Damals in der dritten Landwehrdivision haben wir uns alle kennengelernt.»

«Und was haben Sie da so gemacht, in der dritten Landwehrdivision?»

«Na, Krieg geführt, natürlich. Was denken Sie denn? Das war keine einfache Zeit. Die verdammten Partisanen haben uns ordentlich die Hölle heiß gemacht. Denen war nicht leicht beizukommen.»

«Und was waren denn so die Methoden, mit denen Sie die Partisanen bekämpft haben?»

«Getötet haben wir sie. Was denn sonst?»

«Auch Zivilisten?»

«Wer war schon Zivilist zu jener Zeit.»

«Frauen und Kinder zum Beispiel.»

«Haben Sie 'ne Ahnung.»

«Na, dann erzählen Sie mir doch mal, was Sie mit denen gemacht haben.»

«Was wollen Sie denn von mir? Ich war einfacher Soldat damals. Was denken Sie denn? Ich habe getan, was mir gesagt wurde.»

«Und wat wurde Ihnen jesagt?»

«Das weiß ich nicht mehr so genau. Was soll denn diese Fragerei?»

«Ich frage mich, wofür der Franzosenrächer sich eigentlich rächt.»

«Na dafür, dass er den Krieg verloren hat.»

«Sie wollen uns also nicht sagen, was Sie damals getan haben?»

«Das ist Kriegsgeheimnis. Das darf ich gar nicht.»

«Oh, dürfen dürften Sie schon.»

«Wenn das gegen die Regeln oder gegen die Genfer Konvention gewesen wär, hätte uns der Major von Paul das ja wohl untersagt. Hat er aber nich.»

«Major von Paul wusste von Ihren Aktionen?»

«Is ja nich so, dass nich auch Kameradenschweine mal Meldung gemacht hätten. Is aber nie was nachgekommen. War also wohl alles rechtens.»

«Und wieso wollen Sie uns nichts davon erzählen?»

«Weil das nix zur Sache tut. Das is lange her.»

«Aber trotzdem wollen Se jetzt von uns beschützt werden.»

«Da hat uns ja wohl einer auf'm Kieker. Das is doch kein Zufall, dass alle Opfer aus unserer Gruppe sind.»

«Wie groß war denn Ihre Gruppe?»

«Wie man's nimmt. So ungefähr zwanzig vielleicht.»

«Das wissen Sie nicht genauer?»

«Na ja, wir waren jetzt nich gerade 'nen eingetragener Verein. Und ab und zu is auch mal einer zugekommen oder umgekommen. Je nachdem. War ja bekanntlich Krieg.»

«Ach!» Zornig sprang Pampel auf und begann auf und ab zu gehen.

«Was hat er denn?» Fragend blickte Kunboldt zu Gennat.

Der winkte ab. «Der Kriminalkommissar kriegt einfach manchmal so ein Sausen in den Ohren, wenn er zu viel dummes Zeug hört. Aber egal, Herr Kunboldt, tun Sie mir doch bitte den Gefallen und sehen sich diese Listen an.» Er reichte dem Schneidermeister die Unterlagen der Obersten Heeresleitung. «Das sind sämtliche Angehörige der dritten Landwehrdivison. Markieren Sie mal diejenigen, die zu Ihrer Gruppe gehörten. Und zwar alle, auch die, die nur kurz oder ein bisschen dabei waren.»

«Das sind ja Hunderte von Namen.»

«Wir haben Zeit. Und wenn Sie schon dabei sind, machen Sie doch ein anderes Zeichen hinter die … wie nannten Sie die? Die Kameradenschweine. Also die, die Ihnen nicht so wohlgesonnen waren.»

Er reichte Kunboldt einen Bleistift. Dieser begann umständlich sich selbst die Namen vorzulesen. Immer mal wieder kicherte er, schüttelte den Kopf oder machte Zeichen hinter die Namen. Gennat beobachtete ihn dabei, während Pampel zunehmend grollend unermüdlich auf und ab schritt. Nach mehreren Minuten hielt er es nicht mehr aus, stürzte ans Fenster, riss es auf und brüllte Berlin einen markerschütternden Schrei entgegen.

Die Stadt blieb ungerührt. Gelassen fuhr sie mit ihrem routinierten, andauernden Gelärme fort. Doch aus dem Geräuschteppich ragten, wie seit Neuestem üblich, die besonders lauten Stimmen von Verkäufern der offensichtlich frisch gedruckten Berliner Zeitung am Mittag heraus: «Extrablatt! Extrablatt! Der Franzosenrächer hat wieder zugeschlagen. Originalbilder des toten Oberstleutnants von Paul in seiner Wohnung!»

Eine Sekunde lang starrten sich die drei Männer im Verhörraum zwei an. Dann geschah alles gleichzeitig.

Pampel rannte zur Tür, die aber von der anderen Seite geöffnet wurde, auf welcher nun Reviermeister Brand stand.

«Ick hab den Umschlag jefunden.»

«Ist der von der Zeitung?», brüllte Pampel.

«Ja, hat heute früh ein Bote … woher wissen Sie …?»

«Sie Hornochse.»

«Dit muss ick mir nich jefallen lassen.»

«Doch!»

Gennat fauchte unterdessen Kunboldt an. «Sind Sie endlich fertig?»

«Gleich, nur noch fünf … so der noch … fertig.»

Der Kriminalassistent griff hektisch nach den Listen, stopfte sie wieder in die Mappe und schickte sich an, dem fortstürmenden Pampel zu folgen. Der Feldwebel a. D. rief: «Und was wird denn jetzt aus mir?»

«Bleiben Sie, wo Sie sind. Der Reviermeister macht Ihnen gerne noch einen schönen Muckefuck.»

«Ick bin hier nich der Mundschenk!»

Dann waren die beiden Ermittler durch die Reviertür draußen.

6

Am neuen Tatort in der Prinzregentenstraße wurden sie schon von Wilhelm Auspitzer erwartet.

«Da sind Sie ja endlich. Haben Sie meine Post nicht erhalten?»

«Halten Sie bloß die Klappe! Wat machen Sie denn hier?»

«Meinen Beruf. Ich würde Sie gerne zu dem neuen Mord befragen. Direkt am Tatort sozusagen.»

«Dit können Sie sich abschminken.»

«Pampelte der Kommissar in seiner üblichen Manier unseren Reporter an.» In süßem Singsang zitierte Auspitzer schon einmal aus dem Artikel, den er zu schreiben gedachte. Doch für solcherlei Geplänkel war der Kriminalkommissar gerade wirklich nicht in Stimmung.

«Sie tanzen hier auf äußerst dünnem Eis, Herr Auspitzer.»

«Denken Sie dran, Sie könnten in meinem Artikel auch ganz anders wirken. Sie müssten sich nur besser benehmen. Ich bin sicher, unsere Leser fänden das fesch formidabel, wenn Sie dem Reporter ein paar freundliche Auskünfte geben könnten.»

Pampel winkte einen uniformierten Kollegen heran.

«Wachtmeister, nehmen Sie bitte diesen Mann hier fest und setzen ihn vorläufig in die grüne Minna, bis ich ihn befragen kann. Er verhält sich ausgesprochen verdächtig.»

Während der Polizist Auspitzer mit einem Kollegen zum Fahrzeug führte, protestierte dieser in fassungsloser Wut.

«Hören Sie, Pampel, das werden Sie sehr bereuen. Sehr! Das versichere ich Ihnen. Unter anderem werde ich das dem Fräulein Salkow sagen. Und noch einiges mehr!»

Gennat bemerkte sofort die Veränderungen in der Wohnung des Oberstleutnants von Paul. Und dabei war der erstochene Veteran in seinem Sessel nicht mal das Augenfälligste. Tatsächlich wirkte der sogar nur einen winzigen Tick weniger lebendig als während weiter Strecken ihres Gesprächs. Aber natürlich den entscheidenden Tick. Das musste Gennat einräumen. Dafür harmonierte er in seiner Erstarrung nun mehr mit der restlichen Einrichtung.

Erneut gab es keinerlei Spuren eines gewaltsamen Eindringens oder Kampfes. Allerdings fehlten viele Waffen und Porzellanfiguren.

Oberstleutnant von Paul hatte seiner Haushälterin extra für den Rest des Tages und bis zum nächsten Abend freigegeben.

Womöglich in Erwartung eines Gastes, den sie nicht sehen sollte oder mit dem er nicht gestört werden wollte. Auch diese ältere Dame, die schon seit vielen Jahren im Dienst des Oberstleutnants stand, war erst durch die Zeitung vom Tode ihres Arbeitgebers informiert worden. Sie hatte bereits einen Zusammenbruch hinter sich. Und war dem zweiten nahe. Ihre Vernehmung blieb ohne Ergebnis.

Gennat versuchte sich zu erinnern, welche Waffen und Figuren fehlten. Aber letztendlich war dies nicht von überragender Bedeutung. Allein dass einiges gestohlen worden war und anderes eben nicht, erzählte ihm schon viel. Der oder die Diebe waren offenkundig vom Fach oder hatten entsprechende Beratung. Nun wurde ihm auch klar, woher ihm einer der Namen, die Kunboldt auf der Liste angestrichen hatte, bekannt vorgekommen war. Unverzüglich wandte er sich an Pampel.

«Entschuldigen Sie, Herr Kriminalkommissar, wie sagten Sie gleich, war noch der Name des Antiquars, mit dem Sie gesprochen haben?»

«Moment, dit war … Dassler, Doktor Dassler, dit Jeschäft in der Friedrichstraße. Warum? Denken Sie, er kann uns Auskunft über die verschwundenen Gegenstände in dieser Wohnung geben?»

«Womöglich auch das. Noch wesentlicher erscheint mir aber, dass einer der Namen, die unser ängstlicher Feldwebel auf den Listen der dritten Landwehrdivision markiert hat, der Gefreite Ludwig Dassler ist.» Er reichte Pampel das entsprechende Papier. Der hielt es so ins Licht, dass er die Buchstaben entziffern konnte.

«Potzblitz, Sie haben recht, Gennat.»

«Hatte der Doktor nicht gesagt, er wäre in einer anderen Division gewesen?»

«Allerdings hat er das.»

«Vielleicht der Bruder?»

«Hm», Pampel nestelte eine Visitenkarte aus seiner Westentasche, «das glaube ich kaum. Es sei denn, die zwei Brüder heißen beide mit Vornamen Ludwig.»

Pampel raste wie gewohnt mit mehr als fünfundzwanzig km/h durch die Stadt, sodass die weißen Mäuse, die Kollegen von der Verkehrspolizei, ihm mehrmals in letzter Sekunde ausweichen mussten. Beim Feierabendbier oder auch beim nachmittäglich genossenen Feierabendvorfreudebier träumte er manchmal von einem Horn an dem Einsatzfahrzeug. Am besten noch mit einem Lichteffekt. Damit jeder Bürger Berlins sofort schon von Weitem hörte, dass er Platz für Pampel zu machen hatte.

Kaum eine halbe Stunde später standen die Kriminalisten vor dem Geschäft des Antiquitätenhändlers Ludwig Dassler in der Friedrichstraße. Es war geschlossen. Aber durch die Schaufensterscheibe konnten sie erkennen, dass der Inhaber hinten im Laden beschäftigt war. Pampel schlug mit seiner mächtigen flachen Hand an die Ladentür. Man hatte das Gefühl, das ganze Haus würde vibrieren. Der Doktor kam zügig nach vorne gerannt und öffnete einen Spalt.

«Oh, der Herr Kriminalkommissar. Heute in Begleitung. Kann ich Ihnen helfen?»

«Da bin ick juten Mutes, Herr Doktor. Vielleicht hammse schon vom Mord am Oberstleutnant von Paul jehört», antwortete Pampel grimmig.

«Allerdings. Die Zeitungsburschen haben es ja über die Mittagsstunde die ganze Straße entlang gebrüllt.»

«Dürfen wir reinkommen?»

«Natürlich.» Er öffnete die Tür ganz und ließ die beiden Polizisten ein. Gennat fiel sofort auf, dass neben Waffen, Büchern, Bildern und Schmuck auch reichlich Porzellanfiguren im Geschäft angeboten wurden.

«Ick wunder mir, dit Sie nicht jeöffnet haben. So mitten am Nachmittag.»

«Oh, ich mache gerade eine Inventur. Die lässt sich mit Kundschaft im Laden nicht gut durchführen.»

«Sie haben ja sehr bemerkenswerte Dinge hier», brachte sich nun auch Gennat ein. «Was sind das denn für Fotoalben, wenn ich fragen darf?»

«Was? Ach die», Dassler machte eine belanglose Handbewegung, «das sind nur so etwas wie Referenz- und Erinnerungsalben. Mit Bildern von besonderen Stücken, die ich mal die Ehre hatte, hier verkaufen zu dürfen. Ein bisschen macht man das auch, um die Kundschaft zu beeindrucken. Viele Kunsthändler gönnen sich solche Alben. Wobei einige auch mogeln und Fotos einfügen von Dingen, oft Gemälden, in deren Nähe sie nie gekommen sind.»

«Faszinierend», antwortete Gennat. «Darf ich?»

«Natürlich, blättern Sie nur. Sind Sie Sammler?»

«Nur von Rabattmarken. Etwas anderes kann ich mir leider noch nicht leisten.»

«Der Herr Gennat ist erst Kriminalassistent», ergänzte Pampel. «Eine Inventur machen Sie also. Haben Sie neue Ware bekommen?»

«Warum sollte ich?»

Mit harter, strenger Stimme fuhr er den leicht gebeugten, mehr als anderthalb Köpfe kleineren Geschäftsmann an. «Na jut, Herr Dassler, lassen Sie uns doch ganz offen reden. Wir wissen, dit Sie ooch als Hehler tätig sind. Den Oberstleutnant von Paul hat man nicht nur ermordet. Es wurden auch mehrere sicher wertvolle historische Waffen, Orden und Figuren entwendet.»

«Ach, und jetzt denken Sie, mir wären diese Dinge angeboten worden?»

«Sind sie es?»

Plötzlich richtete sich auch Dassler auf, hob eine Hand und verkündete in einem feierlichen Ton: «Ich schwöre Ihnen bei Gott, dem Kaiser und meinem Vaterland, dass mir keiner dieser Artikel angeboten wurde.»

«Sie hatten mir gesagt, Sie hätten in der elften Infanterie im Krieg 1870/71 gedient», sprach Pampel ungerührt weiter.

«Hatte ich das?»

«Allerdings», herrschte er den Händler an. «Nun erfahren wir aber aus den Unterlagen der Obersten Heeresleitung, dit Sie stattdessen der dritten Landwehrdivision anjehörten. So wie alle Opfer des Fotomörders.»

«Sie meinen den Franzosenrächer.»

«Das ist nicht der offizielle Name.»

«Alle nennen ihn so.»

«Wie dem auch sei. Darüber hinaus hat uns Ihr damaliger Kamerad Johann Kunboldt erzählt, dit Sie sogar der berüchtigten Gruppe um den Fähnrich Knapp anjehörten.»

«Natürlich, Kunboldt, die kleine Assel», entfuhr es Dassler.

«Sie geben es also zu?»

«Sicher, warum nicht. Daran ist nichts Illegales.»

«Wieso haben Sie dann gestern jelogen?»

«Ich wollte unnötige Nachfragen und Ärger vermeiden. Hab mir da nichts weiter bei gedacht.»

«Hatten Sie denn keine Angst?»

«Wovor sollte ich Angst haben?»

«Immerhin tötet der … wie auch immer wir ihn nennen, Mitglieder Ihrer Gruppe. Fürchten Sie da nicht, dit er auch Sie im Visier hat? Kunboldt jedenfalls ist janz rammdösig vor Angst.»

«Die feige Made. Das sieht ihm ähnlich.»

«Ick dachte, Sie wären Freunde.»

«Weil wir in der Armee in derselben Gruppe waren? Sie haben eine sehr romantische Vorstellung vom Krieg, meine Herren. Das ist eine Schicksalsgemeinschaft. Kameraden meinetwegen. Die während des Krieges alles füreinander tun. Aber wenn der Krieg vorbei ist und man das Glück hatte, irgendwie aus dieser Hölle rausgekommen zu sein. Dann wird man vielleicht doch nachdenklich.»

«Inwiefern?»

«Was das für Leute waren, mit denen man zusammen kämpfen musste. Was für einen Charakter die hatten. Wozu sie fähig waren und wozu sie mich haben fähig werden lassen. Wussten Sie, dass alle ethischen Regeln des Krieges und auch die Genfer Konvention für den Kampf gegen zivilen Widerstand oder Partisanen nicht gelten? Daran haben General von Senden und Major von Paul nicht den geringsten Zweifel gelassen.»

«Und deshalb ziehen Sie diese Leute heute mit dem Degen eines französischen Leutnants zur Rechenschaft? Um so auch Ihre eigenen Verfehlungen zu sühnen? Durch weitere Morde?»

«Ich habe natürlich nichts dergleichen getan. Das ist eine infame Unterstellung! Für die Sie im Übrigen keinerlei Beweise haben dürften.»

Dassler wirkte vollkommen sachlich. Regelrecht kühl. Als habe er genau diesen Verlauf des Gesprächs erwartet. Pampel jedoch war von solcher Gelassenheit weit entfernt. Nur mühsam schien er seine Rage unterdrücken zu können und kofferte den Antiquar noch etwas lauter als gewöhnlich an.

«Warum denken Sie, wir hätten keine Beweise?»

«Weil Sie sonst nicht allein gekommen wären und mich wohl auch schon längst in Gewahrsam genommen hätten. Dann würden wir dieses Gespräch auf dem Revier führen. Darüber hinaus kann es aber natürlich auch gar keine Beweise gegen mich geben, da ich mir ja nichts zuschulden habe kommen lassen. Was immer Sie jetzt gegen mich unternehmen, würde für Sie in einer großen Blamage enden, Herr Kriminalkommissar.»

Pampel war offenbar kurz davor, Dassler an die Gurgel zu gehen. Nun ergriff Gennat das Wort.

«In Ordnung. Nehmen wir also Ihr Ehrenwort als solches und gehen davon aus, dass Sie nichts mit diesen Morden zu tun haben. Würden Sie uns dann aber vielleicht doch ein wenig behilflich sein, das rätselhafte Wesen dieses Verbrechens zu verstehen?»

«Selbstverständlich. Das ist ja meine Pflicht als rechtschaffener Bürger. Wie kann ich Ihnen helfen?»

Dassler spürte, wie er Oberwasser bekam, und genoss es sichtlich.

«Die Fotos. Warum? Wieso ist es dem oder den Tätern so wichtig, dass die Öffentlichkeit diese Morde und auch die stets prominent platzierte Tatwaffe sieht?»

«Das kann ich nur vermuten. Wahrscheinlich wollte der Mörder, dass alle Menschen in Berlin sehen, wer da durch eine französische Waffe stirbt, und ihre Schlüsse ziehen. Vielleicht will jemand den Hass auf Frankreich schüren. Für einen neuen Krieg. Eventuell möchte er auch, dass die Kriegsverbrechen der Opfer heute diskutiert werden. Oder es ist eben nur die pure Sensationslust. Persönlicher Geltungsdrang. Eine spektakuläre Mordserie, die womöglich nur die Verkäufe der neuen Boulevardzeitung anheizen soll.»

«Interessant, dass Sie das erwähnen. Die Fotos der letzten beiden Morde sind übrigens mit einer anderen Kamera gemacht worden.»

«Oho, dann könnten wir es hier auch mit einem Nachahmungstäter zu tun haben. Einem, der womöglich noch mal ein ganz anderes Motiv hat als der erste Mörder.»

«Dazu würde passen, dass genau nach dem Wechsel der Kamera die Fotos statt an die Polizei zur Presse geschickt wurden. Und zwar immer nur zu einer einzigen Zeitung.»

«Na, wenn das nicht interessant ist. Dann wäre es also vorstellbar, dass wir einen Täter haben, der nur drei Morde begangen hat und damit vielleicht aufhören wollte. Nun allerdings tritt ein zweiter auf den Plan, der jetzt eine nicht enden wollende Serie begonnen haben könnte.»

«Und auch in kürzeren Abständen tötet.»

Pampel fuhr seinen Assistenten an. «Zum Teufel, Gennat, wat tun Sie denn da? Sie teilen jerade meinem Hauptverdächtigen vertrauliche Ermittlungsergebnisse mit!» Er schnaubte. Doch sein Assistent lächelte nur.

«Bei allem Respekt, Herr Kriminalkommissar, aber ich denke, wir können Herrn Dassler mittlerweile als Mörder ausschließen.»

«Wat? Wollen Se nach Dalldorf eingewiesen werden? Warum soll ick denn jetzt die Kanaille ausschließen?»

«Ich denke, diese Frage wird sich gleich von selbst klären, wenn wir uns des nächsten Rätsels annehmen. Der Degen des französischen Kommandanten von Tangermünde. Warum gerade unbedingt diese bestimmte, ohnehin schon berüchtigte Tatwaffe? Um Franzosenhass zu schüren, auf Kriegsverbrechen hinzuweisen oder Zeitungen zu verkaufen, hätte doch auch eine ganz normale aktuelle französische Militärwaffe getaugt. Die zudem viel einfacher und billiger zu beschaffen gewesen wäre.»

Dr. Dassler schmunzelte. «Ich kann mir denken, worauf Sie hinauswollen. Nun, als Antiquar würde ich sagen, es kommt eben genau darauf an, dass die Waffe einzigartig und exakt zuzuordnen ist. Ein anonymer aktueller französischer Armeedolch wäre kaum unterscheidbar und damit quasi wertlos. Auch ein Foto bliebe da nutzlos. Eine Waffe jedoch, die bereits bekannt ist, über eine Historie verfügt und sich genau identifizieren lässt, würde in ihrer Bedeutung und dem Wert ins Extraordinäre wachsen.»

Pampel glotzte ihn an. «Wat wollen Se denn jetzt damit sagen?»

«Na ja, dieser Degen war schon vorher durch seine Geschichte sicherlich einige Tausend, wenn nicht Zehntausend Reichsmark wert. Durch diese nachweislich mit ihm verübten Morde jedoch dürfte sein Preis in die Hunderttausende, wenn nicht Millionen gestiegen sein. Sollte er zudem auch noch zum mittelbaren Auslöser eines neuen Krieges mit Frankreich werden, gelangt der Wert ohne Frage ins vollends Fantastische.»

«Hol mich die Jungfrau! Könnte ooch dit 'n Motiv sein?»

Gennat wiegte den Kopf. «Gewiss sind in Berlin schon Menschen für sehr, sehr viel weniger gemordet worden.»

Dr. Dassler nickte. «Stellen Sie sich mal vor, Sie wären heute im Besitz eines der Dolche, mit denen zweifelsfrei Cäsar gemeuchelt wurde. Am besten noch dem von Brutus. Wegen Leichentüchern, Kreuznägeln oder anderen Reliquien wurden schon Jahrhunderte dauernde Feldzüge geführt. Bei den Profiteuren von Kriegen denken wir immer an Waffen- und Munitionshersteller. Vielleicht noch an die medizinischen und pharmazeutischen Konzerne sowie die Produzenten von Verbandsmaterial. Aber ein Krieg erzeugt immer auch Geschichten und Mythen, mit denen sich Geld verdienen lässt. Und sei es nur in Form von Kunst, Münzen, Orden, historischen Uniformen oder eben bedeutungsvollen Antiquitäten. Wenn dieser Degen, so wie er jetzt historisch aufgeladen ist, vielleicht noch einen Krieg auslösen würde, könnte er endgültig zum quasi Heiligen Gral und damit gewiss unbezahlbar werden.»

«Ach du meine Güte», blökte Pampel dazwischen, «wer denkt sich denn so einen Plan aus?»

«Nun», sagte Dassler und schaute ihn regelrecht nachsichtig an, «vielleicht jemand, der um die Macht von Geschichten weiß. Sie selbst zu erzählen versteht. Zum Beispiel in einer Zeitung.»

«In jedem Falle», wandte Gennat ein, «stellt sich dann aber die Frage, wie ein möglicher Trittbrettfahrer an diese einmalige Tatwaffe gekommen ist.»

«Es könnte natürlich eine Fälschung sein», assistierte ihm Dassler. «Wenn Sie mich alle Fotos und insbesondere die Degen darauf vergleichen ließen, könnte ich Ihnen da wahrscheinlich behilflich sein.»

«Oh, wenn sich das einrichten ließe, wären wir Ihnen zu erheblichem Dank verpflichtet. Allerdings pressiert es ein wenig. Wäre es Ihnen möglich, uns schon morgen früh um acht Uhr auf dem Präsidium am Alexanderplatz Ihre Aufwartung zu machen?»

«Wenn ich der Polizei meiner Stadt damit helfe, selbstverständlich. Es wäre mir eine Ehre.»

Pampel schaute erst seinen Assistenten und dann den selbstsicheren Ladeninhaber zornig an: «Glauben Sie mal bloß nicht, dit Se damit schon fein raus wären, Herr Dassler. Fakt ist, dit Se mich anjelogen haben. Sie haben vielleicht meinen jungen, unerfahrenen Kollegen hier um den Finger jewickelt. Aber unter uns zwee Pfarrerstöchtern sage ick Ihnen: Wir haben noch einen gehörigen Strauß miteinander auszufechten!»

Wutentbrannt stürmte er aus dem Geschäft. Gennat entschuldigte sich höflich für seinen impulsiven Chef bei Dassler, was dieser jovial entgegennahm: «Lieber ein wilder Hund, der bellt, als ein süßes Gift, das tötet.»

Lange saßen die beiden Polizisten nebeneinander in ihrem Einsatzfahrzeug. Seit sie den Antiquitätenhandel verlassen hatten, hatte noch keiner von beiden ein Wort gesprochen. Pampel war nur ein paar Hundert Meter geradeaus gefahren, um dann wieder an der Straßenseite zu parken. Das Revier am Alexanderplatz war noch weit entfernt.

«Und?», ergriff der Dienstältere endlich das Wort. «Wie ließe sich denn in Ihren Worten das Ergebnis dieser Befragung zusammenfassen?»

Gennat atmete tief und nachdenklich durch. «Ihr Plan hat

funktioniert. Wirklich beeindruckend. Guter Gennat, böser Pampel.»

«Wir sollten uns dit patentieren lassen. Wie vertrauensselig der am Ende jewesen is.»

Sein Kriminalassistent nickte. «Er hat es getan. Oder die Morde veranlasst. Da bin ich mir zu neunundneunzig Prozent sicher.»

«Neunundneunzig Prozent», lachte Pampel. «Dit ist aber mal wirklich viel.»

«Haben Sie seine Körperhaltung bemerkt, als ich die zweite Kamera erwähnt habe. Wie er sich entspannt hat. Wie zufrieden der war, dass seine Taktik greift?»

«Sie sind sich also sicher, dit er einfach nur die Kameras jewechselt hat?»

«Die Bilder in dem Album wurden mit zwei verschiedenen Apparaten aufgenommen. Die älteren mit einer Kodak Nr. 1, die neueren wahrscheinlich mit einer Agfa. Den Degen dürfte er auch gegen ein Duplikat ausgetauscht haben. Alles, um den Verdacht auf jemanden bei der Zeitung zu lenken. Dassler glaubt sich den anderen weit überlegen. Meint alles bedacht zu haben und uns nun so führen zu können, wie es ihm beliebt.»

Pampel schien zufrieden mit der Analyse seines Assistenten. Dennoch blieben für ihn Fragen offen.

«Na gut, doch selbst wenn es ihm gelingen sollte, diese Beweismittel jemandem bei der Zeitung unterzuschieben, bliebe immer noch das Problem, wem er die ersten drei Morde anhängen soll.»

«Von denen hofft er, dass sie nie aufgeklärt werden können. Die Polizei und die Öffentlichkeit sind froh, einen Täter zu haben, die Morde enden, alles löst sich in Wohlgefallen auf. Das ist sein Plan. Unterdessen sind der Originaldegen und die Kamera längst bei einem gut zahlenden Sammler oder dem ursprünglichen Besitzer in Sicherheit. Selbst wenn wir ihn doch noch einmal verdächtigen sollten, werden wir ihm nie etwas beweisen können.»

«Denkt Dr. Dassler.»

«Genau. Da liegt unsere Chance. Er fühlt sich zu sicher. Doch während er morgen auf dem Revier sitzt, gehen wir in sein Geschäft und beschaffen uns die Beweise, die wir brauchen.»

«Welche denn?»

«Zum Beispiel seine Geschäftsbücher und dieses Fotoalbum. Ich bin überzeugt, darin Abbildungen von Stücken entdeckt zu haben, die sich in der Wohnung von Oberstleutnant von Paul befunden haben. Aus den Büchern sollte hervorgehen, wie oft er Sammlerstücke an seine alten Kameraden verkauft hat. Deshalb gab es nie Spuren eines Einbruchs oder eines Kampfes. Alle dachten stets, er würde ihnen wieder etwas anbieten. Dazu kannte man sich schließlich seit Jahrzehnten. Außerdem bin ich mir wie gesagt sicher, dass die Bilder im Album mit den besagten zwei Kameras gemacht wurden. Das lässt sich eindeutig feststellen. Darüber hinaus meine ich, hinten im Geschäft eine Dunkelkammer gesehen zu haben. Wer weiß, was wir da noch alles finden.»

Unwillkürlich musste Pampel lachen. Das Beflissene und die protokollwürdige Ausdrucksweise seines Assistenten machten ihm einerseits Freude, flößten ihm andererseits aber auch eine gewisse Furcht ein.

«Gennat, ick sage Ihnen, wenn Se nich uffpassen, werden Sie et noch weit bringen. Halten Sie Ihre Schultern aufrecht, wenn andere draufklopfen.»

«Das ist meine feste Absicht, Herr Kriminalkommissar.»

«Na jut. Dennoch is mir die Natur dieses Verbrechens noch immer ein wenig rätselhaft. Nur um den Wert eines antiquarischen Degens zu steigen, bringt jemand reihenweise alte Kameraden um? Dit kann doch nicht sein.»

«Die Wertsteigerung ist exorbitant. Aber ich denke, es war

auch mehr andersherum. Ein vermutlich höchst einflussreicher Sammler will den Wert eines seiner Objekte steigern. Also fragt er einen Experten, von dem bekannt ist, dass er als Hehler beste Kontakte ins Milieu hat, was man da machen könnte. Der Experte überlegt, wer denn vielleicht ohnehin den Tod verdient hätte, und da fallen ihm bald seine alten Kameraden und Kriegsverbrecher ein. Was zudem den Nebeneffekt hat, dass eine solche Mordserie an Veteranen mit einem französischen Degen womöglich sogar mittelbar wieder einen neuen Krieg befeuern könnte. Das ließe erneut diese und andere Sammlerstücke erheblich im Wert steigen.»

«Oder et war auch hier andersrum. Een hochstehender, einflussreicher Kunde wollte die Kriegsbegeisterung jegen Frankreich schüren, und die Wertsteigerung des Degens war nur der willkommene Nebeneffekt.»

«Auch möglich. Aber dazu erfahren wir sicher mehr vom Herrn Dr. Dassler, wenn er dann alles gestehen wird.»

«Wird er denn jestehen?»

«Wenn wir jetzt keine Fehler machen, kriegen wir ihn. Davon bin ich überzeugt.»

«Wunderbar. Ick sehe, Gennat, der Fall ist bei Ihnen in die besten Hände. Dann kann ick mir ja nu beruhigt wichtigeren Jeschäften widmen.»

«Was ist denn wichtiger als eine Serie von Morden?»

«Die Lebenden, Gennat. Denken Sie immer daran. Nicht für die Toten, sondern für die Lebenden arbeiten Sie.»

Mit diesen Worten überließ Pampel dem leicht ratlosen Gennat das Dienstfahrzeug, damit der alle Vorbereitungen für die morgige Durchsuchung des Geschäftes von Dassler treffen konnte. Er selbst machte sich auf den Weg zu seiner Verabredung mit dem Fräulein Salkow, welches ihm jedoch schon früh am Abend mitteilte, dass ihr Chef, der Herr Auspitzer, nicht sehr amüsiert über seine kurzzeitige Verhaftung war und Pampel sich darauf einstellen sollte, dass mit der morgen erscheinenden Ausgabe der BZ am Mittag sein Name wohl endgültig und für alle Zeiten zu einem Schimpfwort werden würde. Der Kriminalkommissar bezweifelte dies nicht eine Sekunde. Dennoch oder gerade deshalb wurde es eine lustige, lange, ausschweifende Nacht.

7

Mit verquollenen Augen saß Franz Pampel am nächsten Morgen um Punkt acht Uhr vor einem dampfenden Becher. Der Muckefuck darin bemühte sich gleichermaßen verzweifelt wie erfolglos, dem übernächtigten Kriminalkommissar Leben einzuflößen. Kunboldt befand sich noch immer auf der Wache. Einerseits wegen seiner Angst, zu Hause könnte er vom Franzosenrächer gemeuchelt werden. Andererseits war dem Schneidermeister mittlerweile eine kleine Arbeitsstätte eingerichtet worden, wo er nun die Uniformen der Kollegen ausbesserte. Der Zulauf war enorm. Reviervorsteher Brand hatte deshalb schon beantragt, Kunboldts Schutzhaft noch um unbestimmte Zeit zu verlängern und so luxuriös wie nur eben möglich zu gestalten.

Gennat wartete am Fernsprecher im Lokal Zur stillen Freude, schräg gegenüber von Dasslers Geschäft, nur darauf, dass Pampel ihm die Ankunft des Antiquars auf der Wache meldete. Dann würde er sofort mit einigen vertrauenswürdigen Uniformierten die Durchsuchung des Ladens starten. Alles war bestens vorbereitet. Wer allerdings nicht erschien, war Dr. Dassler. Weder auf dem Präsidium noch in seinem Geschäft.

Um Viertel nach acht rief Pampel entnervt seinen Assistenten an.

«Er kommt nich. Womöglich isser am Ende doch so schlau, wie er denkt, dit er is.»

«Oder noch schlauer», seufzte Gennat. «Wenn er uns und unseren Plan wirklich durchschaut haben sollte und sich, sobald wir gestern sein Geschäft verlassen haben, davongemacht hat, dürfte er längst über alle Berge sein.»

Pampel fluchte. «Dit hieße dann ooch, dit ick so 'n jroßer Trottel bin, wie et inne Zeitung steht. Mit der Marie, die ihm dieser Degen und die Kamera bringen, kann er so dermaßen tief untertauchen, dit wir ihn niemals finden werden.»

Dem Kriminalassistenten drehte sich der Magen um.

«Wir sind ihm auf den Leim gegangen. Wahrscheinlich hat er das alles von Anfang an genau so geplant. Deshalb fehlten beim Oberstleutnant von Paul auch die wertvollsten Stücke. Vermutlich hat er die, gemeinsam mit den besten Teilen aus seinem Laden, längst zur Spedition gegeben. An seine neue Heimat. Aber alles unter falschem Namen natürlich. Wenn wir das untersuchen wollen, müssen wir wohl die gesamte Unterwelt Berlins verhören und werden vermutlich immer noch nichts rauskriegen.»

«Dann sollten wir sie eben so lange verhören, bis wir was rauskriegen», brüllte Pampel plötzlich in einer Mischung aus Trotz und Müdigkeit. «Gehen Se jetzt mit Ihren Leuten in das Jeschäft. Vielleicht finden Se ja doch noch wat, wat uns weiterhilft!»

Fünfzehn Minuten später, um 8.30 Uhr, war der Fall aufgeklärt.

8

Aufgeregt tigerte Direktor Töpitz auf und ab.

«Ich versteh es nicht. Ich versteh es einfach nicht. Was genau liegt den Herrschaften denn nun noch verquer in der Magengegend?»

Sein Vorgesetzter tat Kriminalkommissar Pampel aufrichtig leid. Dennoch konnte er nicht aus seiner Haut.

«Bei allem Respekt, Herr Kriminaldirektor. Aber die Sache stinkt doch zwanzig Meter gegen den Wind. Dit sieht doch ein Blinder mit Krückstock, dit wir hier nich den richtigen Täter haben.»

Töpitz stützte sich mit beiden Fäusten auf den Tisch, während er sich so tief er konnte dabei zum sitzenden Pampel herunterbeugte. Durch dessen enorme Größe schaffte er es fast bis zur Augenhöhe.

«Ich habe hier ungefähr fünfzig Mann von der Presse draußen sitzen, plus einige Mitglieder des Parlaments, plus Beobachter vom Kanzler von Bülow und vom kaiserlichen Hof. Polizeipräsident von Borries wird mich ankündigen, neben mir stehen und erwarten, dass ich einen durchschlagenden Erfolg verkünde. Das hat er mir vorhin noch mal extra verklickert. Er will mich nur von glänzender Polizeiarbeit und einem großen Triumph reden hören, wenn er neben mir steht. Und warum auch nicht? Ich habe das unterschriebene Geständnis vom Mörder, plus das von ihm selbst dargelegte Motiv, plus die Tatwaffe, plus jede Menge Beweise wie zum Beispiel die Negative der Tatortfotos. Und Sie sagen mir, ich soll denen allen da draußen jetzt sagen, der Fall wäre noch unklar?»

Der Kriminalkommissar schaute bedauernd zur Seite. «Gennat, würden Se so freundlich sein, dem Herrn Kriminaldirektor Töpitz unsere Sicht der Dinge noch einmal darzulegen.»

Sichtlich unkommod richtete sich sein Assistent auf.

«Natürlich. Wenn Sie es wünschen. Also die Sache ist die: Das unterschriebene Geständnis ist leider nur ein Abschiedsbrief, von dem wir nicht sicher wissen, ob der Tote ihn auch selbst geschrieben hat. Die Proben der Handschrift sind hier leider nicht eindeutig. Und selbst wenn der Brief ein Original sein sollte, wissen wir nicht, ob er womöglich unter Druck von außen verfasst wurde. In jedem Falle geht wohl aus der Handschrift hervor, dass der Schreiber sich unter großem Stress befand.»

«Ja und?» Töpitz schien den Tränen nahe. «Kurz vor einem Selbstmord ist eine gewisse Anspannung doch wohl nicht ungewöhnlich.»

«Natürlich, Herr Direktor.» Gennat fuhr in unbeirrter Nüchternheit fort: «Der Selbstmord wurde durch einen Schuss in den Kopf mit einem Revolver der Marke Browning ausgeführt.»

«Die Waffe haben wir. Sie lag bei der Leiche und ist eindeutig der Tat zuzuordnen.»

«Aber warum hat niemand den Schuss gehört?»

«Das ist eine Geschäftsgegend. Nachts ist da keiner.»

«In der Friedrichstraße ist nie keiner. Auch nachts nicht. Warum war da so wenig Blut? Wieso hatte der Tote keine Schmauchspuren an der Hand?»

«Es gab ein Taschentuch. Das hat er wohl irgendwie um die Waffe gewickelt.»

«Die Tatwaffe ist nur eine Kopie des Degens. Ziemlich leicht selbst nur anhand der Fotos zu enttarnen. Wir finden nur eine Kamera. Die Agfa, mit der die Bilder der letzten beiden Morde gemacht wurden. Von der Kodak Nr. 1 keine Spur. Das Motiv im Abschiedsbrief, wo Dr. Dassler schreibt, er selbst habe ganz allein den Plan entwickelt, sich an seinen alten Kameraden zu rächen und dabei gleichzeitig ein Vermögen mit diesem Degen zu verdienen sowie auch noch einen weiteren Krieg mit Frankreich zu fördern, der ja sicher gut für sein Geschäft gewesen wäre. Ist das so wirklich glaubwürdig? Und dann der mysteriöse anonyme Käufer, der ihn nicht nur um den Degen, sondern auch um all seine anderen wertvollsten Stücke betrogen hat? Von dessen Identität Dassler selbst nicht die geringste Ahnung haben will. Der aber nun der Grund für Dassler sein soll, dass alles keinen Sinn mehr hat? Herr Töpitz, mit all Ihrer Erfahrung, wollen Sie demjenigen, der diesen Brief geschrieben oder diktiert hat, das wirklich so abkaufen?»

Traurig schaute der Kriminaldirektor ihn an. Dann ließ er sich entkräftet auf den Stuhl sinken und konzentrierte sich auf seine Atmung. Das rief Kriminalinspektor Mandelboom, der bislang nur als stiller Beobachter der Besprechung der drei Kriminalisten beigewohnt hatte, auf den Plan.

«Was wir glauben und was wir den Menschen, dem Kanzler oder gar dem Kaiser sagen, ist leider nicht immer deckungsgleich. Unser Vaterland und ganz Europa befinden sich in einer tiefen Unruhe. Doch bleiben wir bei unseren Sorgen. Die Berliner Polizei, ja die gesellschaftliche Ordnung benötigt dringend ein Erfolgserlebnis. Oberste Priorität besitzt das Wiederherstellen der gefühlten öffentlichen Sicherheit. Direktor Töpitz würde ein handfestes Ermittlungsergebnis im Kampf gegen interne Widersacher gut zu Gesichte stehen. Oder möchten Sie einen neuen Vorgesetzten? Sie wissen doch gewiss, wer dies vermutlich wäre. Helfen Sie uns, den Frieden zu bewahren. Das Morden in diesem Fall wird mit großer Wahrscheinlichkeit nun enden. Bald werden die Bürger aufhören, über den Franzosenrächer zu reden. Schon morgen findet die Presse gewiss eine andere Sau, die sie durch die Stadt jagen kann. Doch jetzt, in diesem Moment, können wir einen Sieg erringen, der uns noch länger von Nutzen wäre. Also lassen Sie uns bitte diese Geschichte hier gut beenden.»

«Es ist aber nicht zu Ende», protestierte Pampel. «Zumindest nicht vollkommen. Nichts ist gut.»

Mandelboom schmunzelte. «Als könnte jemals alles gut werden. An diese Illusion glauben Sie doch nicht wirklich? Die einzige Möglichkeit, dass etwas gut endet, besteht darin, es enden zu lassen, solange es gerade gut ist.» Er warf den beiden Ermittlern einen tiefen Blick zu. «Ich mache Ihnen einen Vorschlag. Helfen Sie uns, jetzt bei dieser Pressekonferenz zu glänzen. Und dafür werden wir Sie unterstützen, wenn Sie in Zukunft neben Ihren normalen Pflichten noch weiter nach irgendwelchen Hintermännern fahnden wollen. Sie können sich heute nützliche Freunde machen. Wenn nicht sogar zu Helden werden. Sie müssen es nur wollen.»

Pampel und Gennat schauten sich kurz an, dann nickten sie erst Mandelboom und schließlich Töpitz betont sachlich zu. Gerade noch rechtzeitig, denn da klopfte es auch schon aufgeregt an die Tür. Noch bevor Töpitz «Herein!» rufen konnte, betrat Reviervorsteher Brand den Raum.

«Entschuldigung, die Herrschaften, aber die Meute draußen wird langsam unanjenehm wegen die Warterei. Einige von denen haben anscheinend wirklich Hummeln im Hintern.»

Töpitz lachte. «Meine Güte, Brand, aber deshalb brauchen *Sie* doch nicht so bedröppelt dreinzublicken.»

«Ach, nich deswegen, Herr Direktor. Et is nur, ick hab hier noch unzählige Uniformen zum Aufarbeiten rumliegen, und der Schneidermeister Kunboldt ist schon seit Stunden abjängig. Quasi unauffindbar.»

Mandelboom horchte auf. «Kunboldt, warum kommt mir der Name bekannt vor?»

«Steht in den Unterlagen», erklärte Gennat. «Das ist ein weiterer Veteran aus der Gruppe um Fähnrich Knapp. Durch ihn ist uns Dasslers Name auf den alten Divisionslisten aufgefallen.»

«Und der ist zufällig auch der offizielle Schneider der Berliner Polizei?»

«Nee, dit hat sich mehr so erjeben.» Nicht ohne Stolz gab Brand Auskunft. «Der wollte doch unbedingt in Schutzhaft jenommen werden, weil er meinte, der Franzosenrächer hätte auch ihn uffem Kieker, und wo ick ihn mal hier rumsitzen hatte, kommen wir ins Gespräch, und ick sag, er is doch Schneidermeister, ick hätte da 'nen Knopp anzunähen, und er sagt ‹wieso nich›, und denn fragt der Nächste und noch eener und noch eener, und haste nich jesehen, hat er zig Uniformteile zum Reparieren und Ausbessern da liegen. Da hamm wa ihm so eene kleene Werkstattecke bei uns einjerichtet.»

Der Direktor zog die Augenbraue hoch. «Das heißt, ein Mitglied der Fähnrich-Knapp-Gruppe, welches plötzlich aufgetaucht ist und Sie sogar erst auf Dr. Dasslers Zugehörigkeit aufmerksam gemacht hat, saß die ganze Zeit auf dem Revier und hat praktisch aus erster Hand all Ihre Aktivitäten und Pläne verfolgen können?» Fragend schaute er zu Pampel. Dem wurde flau im Magen. Daher versuchte er sich schleunigst selbst zu beruhigen.

«Ja nu, er war ja andererseits auch die janze Zeit auf dem Revier festjesetzt.»

«Na ja, nich so richtig vollständig.» Brand widersprach, klang jedoch schon weniger selbstbewusst. «Er war ja offiziell keen Gefangener, und außerdem musste er wegen dem Material und Arbeitsgerät ooch mehrmals telefonieren und zweemal kurz weg.»

«Sie haben Kunboldt über das Diensttelefon der Berliner Polizei mit jemandem von außen telefonieren lassen?»

«Dit war immer ein Lokal mit Fernsprecher, wo er dann wen erreicht hat, der ihm helfen konnte.»

«Und nun ist er verschwunden?»

«Ja, ick hab schon in seiner Werkstatt und bei ihm zu Hause vonner Streife nachgucken lassen. Aber seit der gestern mitten inne Nacht von uns weg is, isser noch nirgends wieder jesehn worden.»

Gennat fand als Erster seine Fassung wieder. «Wie hieß das Lokal?»

«Wo er anjerufen hat? Dit war die Treulose Tomate in Charlottenburg.»

«Wie dem auch sei!», ging Töpitz in gewohnter Lautstärke dazwischen. «Jetzt bringen wir erst mal diesen Fall zu einem guten Ende, und dann können Sie meinetwegen gerne ein paar kühle Getränke in Charlottenburg nehmen.»

Entschlossenen Schrittes machte er sich auf den Weg zu den Pressevertretern und stellte zufrieden fest, dass ihm Pampel und Gennat endlich ohne weiteren Widerspruch folgten.

Bumm!

1

Die Ausfahrt war tückischer als die Einfahrt.

Das hatte Helmfried zu Dolmen schon beim ersten Entwurf der Tiefgarage gesehen. Obwohl es natürlich der gleiche Weg durch dasselbe Tor war. Nur eben rückwärts, mit der leichten Rechtskurve bei nicht unerheblicher Steigung. Doch bei vier Fahrzeugstellplätzen war ein Wendekreis wirklich nicht mehr drin gewesen. Der Keller der Villa sollte ja auch nicht nur den Autos gehören. Meist parkte Veronika deshalb gleich an der Straße, doch das führte häufig zu Problemen, weil dann die Müllautos und Paketwagen oft nur sehr mühsam durch die zwar malerische, doch eben auch enge und rumpelige Kopfsteinpflasterstraße des Rotdornwegs kamen.

Er entschied sich für den kleinen SUV. Den mochte sie. Es war auch sein bevorzugtes Gefährt, doch heute wollte er ganz Gentleman sein. Ihr nicht nur den begehrtesten Wagen überlassen, sondern ihn sogar fix und fertig abfahrbereit in Fahrtrichtung vor das Haus stellen. Darüber würde sie sich gewiss freuen. Allein schon der unangenehmen Ausfahrt wegen. Sollte er irgendwann seinen Wegweiser durchs umsichtige und gute Leben schreiben, müsste er das unbedingt mit aufnehmen. «Wenn Sie Ihrer Frau täglich eine Freude machen wollen, bauen Sie Ihre Garagenausfahrt so, dass nur Sie persönlich diese sorgenfrei bezwingen können. Das eröffnet Ihnen die Möglichkeit, jeden Tag mit einer schönen, freundlichen Geste an Ihre Gemahlin zu beginnen. Es wird Sie beide glücklicher machen.»

Als er zurück ins Haus kam, war Veronika schon in ihrer üblichen Aufbruchshektik. Mit großer Geschwindigkeit, aber dennoch höchst respekt- und liebevoll deckte sie Galina mit den unterschiedlichsten Bitten und Aufgaben ein. Dabei stopfte sie dem Anschein nach wahllos Dinge in ihre Tasche, trank abwechselnd in kleinen Schlucken Kaffee und frisch gequirlten Gemüsesaft, vervollständigte ihre Garderobe und rannte schließlich noch mal zu den erst acht Monate alten Zwillingen ins obere Stockwerk.

Helmfried betrachtete sich währenddessen im Spiegel. Was er sah, entsprach leider nicht dem Bild, das er von sich selbst gern gehabt hätte. Es fiel ihm schwer, den eher kleinen, untersetzten Mann mit den dünnen blonden Haaren, der ihn stets enttäuscht aus dem Spiegel anstarrte, zu respektieren. Selbst der penibel gepflegte Businessbart, hinter dem er die Nichtigkeit seines Gesichts zu verstecken gehofft hatte, verfehlte sein Ziel. «Es sind eben häufig gerade die Dinge, die unsere Gewöhnlichkeit übertünchen sollen, welche uns am Ende umso gewöhnlicher erscheinen lassen. Ganz gleich, ob es teure Uhren, Tattoos oder gepflegte Bärte waren.» Wer hatte das noch gleich gesagt? Hatte das überhaupt schon mal jemand gesagt? Egal. Zu gerne würde er sämtliche Spiegel aus dem Haus verbannen. Das täte seinem Selbstbewusstsein gut. Doch Veronika ließe das sicher nicht zu. Die kam nun freudestrahlend zurück, drückte ihn kurz, hauchte wie erwartet «Du bist der Allerbeste!», packte den hingehaltenen Autoschlüssel, leerte Saft und Kaffee, griff Tasche und Mantel, um sodann aus dem Haus zu stürmen. Helmfried blieb zurück wie eine Band auf der bereits dunklen Bühne, nachdem der Gesangsstar gerade unter Ovationen abgetreten war.

Traurig schaute er ihr nach. Sie war so jung, so schön, so klug, dass er sich manchmal wirklich alt, hässlich und dumm neben ihr vorkam. Aber er konnte besser den Wagen aus der Garage fahren. Das beruhigte ihn. Was wäre sie denn ohne ihn?

«Möchten Sie auch noch einen Kaffee?» Galina strahlte ihn an. Veronika und sie könnten fast Schwestern sein, dachte er. Natürlich, Galina war noch ein wenig jünger, aber ansonsten ließ sich die Ähnlichkeit kaum übersehen. Äußerlich wie charakterlich. Auch die fröhliche Kinderfrau und Haushaltshilfe sprühte vor Energie und Lebensfreude.

«Nein danke, ich muss jetzt auch los. Ich habe heute leider einen sehr komplizierten Tag. Könnten Sie mich bitte um Punkt 11.30 Uhr auf dem Handy anrufen?»

«Warum?»

«Ich brauche vielleicht eine Ausrede, um aus einem langweiligen Meeting zu kommen. Falls ich nicht rangehen sollte, rufen Sie bitte sofort in meinem Büro an und verlangen Dr. Mai.»

«Was sage ich dem?»

«Nur dass ich nicht ans Handy gehe. Er weiß dann schon Bescheid.»

Dazu hätte Galina gerne noch weitere Fragen gestellt, doch ein gewaltiger Knall beendete das Gespräch abrupt. Kurz darauf folgten noch ein zweiter und ein dritter Rumms sowie das Geräusch von aufs Pflaster fallenden Metallteilen. Erschrocken rannten beide zur Tür und schauten auf die Straße, denn von dort kam der Lärm. Ein Wagen stand in Flammen. Lichterloh. Obwohl man wegen des Feuers kaum etwas erkennen konnte, wusste Helmfried zu Dolmen ganz genau, welches Auto an dieser Stelle gestanden hatte.

2

Es beeindruckte ihn, wie schnell alle vor Ort waren. Polizei, Feuerwehr und Krankenwagen. In dieser Reihenfolge. Er hatte nach der ersten längeren Schrecksekunde gerade einmal den Feuerlöscher aus der Garage holen können, da stand auch schon eine Beamtin neben ihm und nahm das Gerät wieder aus seiner Hand. Damit er sich bei ungelenken Löschversuchen nicht noch selbst verletzte. In kürzester Zeit war das Feuer unter Kontrolle. Anzunehmen, dass jemand im Fahrzeuginneren überlebt haben könnte, schien jedoch absurd. Gelähmt vor Schreck standen Galina und er auf dem kleinen Bürgersteig und starrten zum Wrack. Etwas später trafen Spurensicherer und zwei Polizeibeamte in Zivil ein. Eine Frau übernahm sofort die Leitung des Einsatzes, während der Mann ihn ansprach:

«Sind Sie der Besitzer des Wagens?»

«Meine Frau war da drin.»

«Ihre Frau?»

«Sie wollte mit meinem Auto in die Stadt fahren, und dann ist die Bombe explodiert.»

«Die Bombe?»

«Natürlich die Bombe!» Er hörte sich den Polizisten anschreien. Das war wirklich nicht sehr souverän, aber er hatte Verständnis für sich. «Das Auto ist in die Luft geflogen, Sie Knilch!»

«Sie vermuten eine Autobombe?»

«Was sollen denn diese Fragen?»

«Denken Sie, dass jemand einen Grund dazu hatte? Haben Sie einen Verdacht?»

«Verdammt noch mal, meine Frau wurde gerade vor meinen Augen ...»

«Haben Sie das gesehen?»

«Nein. Natürlich nicht. Wir haben die Explosion gehört. Galina.» Er wies zu seiner Angestellten. «Unsere Kinderfrau und ich. Dann sind wir rausgestürmt und haben die Katastrophe gesehen.»

«Glauben Sie, jemand hatte einen Grund, Ihr Leben mit einer Autobombe zu bedrohen?»

«Das ist doch jetzt vollkommen egal. Meine Frau ist ermordet worden!»

«Es war niemand im Wagen.» Das war die Stimme der Kommissarin, die nun zu der Runde trat. «Entschuldigen Sie bitte. Ich bin Kriminalhauptkommissarin Feil. Ich leite die Ermittlungen hier.» Sie zeigte ihm einen Ausweis, den er in der Aufregung natürlich nicht lesen konnte. «Und das hier», sie zeigte auf ihren Kollegen, «ist übrigens Kommissar Töpitz. Er hat heute seinen ersten Tag in unserer Einheit. Aber keine Angst, er kommt aus einer alten Polizistenfamilie, die schon in siebter Generation bei der Berliner Polizei ist.»

Töpitz verdrehte genervt die Augen. «Ich habe das bei der Vorstellung nur gesagt, um Sie zu informieren. Ich wollte mich nicht irgendwie wichtigmachen.»

«Haben Sie auch nicht. Also sich wichtiggemacht. Keine Angst.»

Galina versuchte derweil das Karussell in ihrem Gehirn anzuhalten.

«Wie haben Sie das gemeint? Es war niemand im Wagen?»

«Dass dort keine Leiche ist. Auch keine Überreste. Bei der Explosion saß definitiv niemand im Auto. Es war auch keine Bombe. Es waren drei Handgranaten. Also eine, die man wahrscheinlich durchs offene Fenster in den Innenraum geworfen hat, und zwei, die unter den SUV gekullert wurden.»

«Und meine Frau?»

«Das ist eines der Rätsel, vor denen wir stehen. Fällt Ihnen jemand ein, der einen Grund haben könnte, Handgranaten in und unter Ihr Auto zu werfen?»

«Selbstverständlich nicht.»

«Ganz sicher? Denken Sie ruhig noch mal darüber nach.»

«Frau Feil», ein kleiner untersetzter Mann näherte sich den vieren, «schauen Sie mal, was wir bei den Büschen gefunden haben.» Er hielt ein durchsichtiges Tütchen mit einem weißen Tuch hoch.

«Was ist das?»

«Ein Taschentuch. Muss natürlich erst im Labor analysiert werden. Aber ich halte es für sehr wahrscheinlich, dass es mit Chloroform getränkt war.»

«Um jemanden zu betäuben?»

«Das ist im Regelfall der Grund, so etwas zu tun.»

Während die Polizistin und der Spurensucher weitersprachen, versuchte Helmfried sich zu vergegenwärtigen, dass er vor noch nicht einmal einer Stunde erst aus dem Bett gestiegen war, sich angezogen und Veronika den Wagen aus der Garage gefahren hatte. Seitdem war sie erst explodiert, dann doch nicht, dafür jetzt aber betäubt und wohl entführt worden. Er beschloss, die erstbeste Frage, die ihm durch den Kopf flog, einfach laut in die Runde zu werfen.

«Sie meinen, man hat meine Frau gekidnappt und dann den Wagen gesprengt, um uns denken zu lassen, sie wäre darin umgekommen?»

Töpitz antwortete ihm umgehend.

«Falls das der Plan gewesen ist, denkt der Täter nicht sehr weit. Es müsste ihm klar sein, dass die heutige Kriminaltechnik nach so einer Handgranatenexplosion sehr schnell in der Lage ist, herauszufinden, dass da niemand drinnen saß. Es ging wohl eher um eine Ablenkung.»

«Was denn für eine Ablenkung?»

«Durch die Explosion kam zunächst einmal niemand auf die Idee, nach einer entführten Frau zu fahnden. Das dürfte den Tätern einen Vorsprung verschafft haben.»

«Aber ist dafür ein explodierendes Auto nicht ein wenig übertrieben? Auch so hätten wir die Entführung doch nicht sofort bemerkt.»

«Was denken Sie, warum hat jemand Ihre Frau entführt?»

«Was weiß ich denn? Lösegeld?»

«Haben Sie Geld?»

«Jeder hier hat Geld.»

«Viel Geld?»

«Wie man es nimmt. Ich habe mehr Kunst als Geld.»

«Wo ist diese Kunst?»

«Einiges ist unterwegs in Ausstellungen. Aber schon auch eine Menge im Haus. Wegen der Versicherung haben wir deshalb auch eine ziemlich aufwendige Alarmanlage installieren lassen.»

«Die aber deaktiviert ist, wenn die Haustür offen steht?»

«Natürlich, sonst würde man ja wahnsinnig werden.»

«Haben Sie die Haustür geschlossen, bevor Sie zum brennenden Auto gerannt sind?»

«In der Aufregung? Natürlich nicht. Ich dachte, meine Frau wäre gerade ...»

Er stockte, Kommissarin Feil runzelte die Stirn. «Könnten vielleicht die Kunst, die Sie im Haus haben, sowie die deaktivierte Alarmanlage der Grund für eine derart gewaltige Ablenkung sein?»

Den fehlenden Tischbein in der Eingangsdiele hätte sogar jemand bemerkt, der ihn noch nie dort hatte hängen sehen. Also natürlich nicht, dass ein Tischbein abgängig war, sondern nur, dass sich dort offensichtlich ein Bild nicht an seinem Platz befand. Helmfried zu Dolmen jagte sofort weiter in den Salon und die Bibliothek. Der Caravaggio, der Rubens, mehrere Monets, zwei kleine Bachs, die Binoche-Skulpturen, der Barlach-Bär, die Chevalier-Vase, einige Meißner Porzellanfiguren. Er konnte gar nicht so schnell vermissen, wie ihm die Lücken auffielen. Die Diebe hatten allerdings längst nicht alles mitgenommen und schon gar nicht wahllos. Augenscheinlich kannten sie sich sehr gut aus. Die Geschwindigkeit, in der sie vorgegangen waren, ließ Kommissarin Feil zudem vermuten, dass ihnen die Örtlichkeiten vertraut gewesen sein mussten. Offenkundig wussten sie sehr genau, was wo zu finden war. Galina kündigte an, sofort im oberen Stockwerk nach den Zwillingen zu schauen, und hastete die Treppe hoch. Die Kommissarin wandte sich an den vollkommen konsternierten zu Dolmen.

«Kann es sein, dass die Täter nur die wertvollsten Stücke mitgenommen haben?»

«Sieht ganz so aus.» Er antwortete fast tonlos.

Töpitz hatte den Eindruck, dass der Kunstsammler nicht ganz so zerrüttet gewesen war, als er noch dachte, seine Frau wäre in die Luft gesprengt worden. Feil bemühte sich, weitere Einzelheiten zusammenzutragen.

«Vermutlich wussten sie, dass sie nur begrenzt Zeit haben, und mussten sich daher auf die Filetstücke konzentrieren.»

Zu Dolmen schüttelte den Kopf. «Das kann alles nicht sein. Selbst wenn sie sich im Anschluss an die Entführung im Vorgarten versteckt gehalten haben und in all der Aufregung nach der Explosion unbemerkt ins Haus schleichen konnten. Sie wären doch nie in der Lage gewesen, die Bilder unbemerkt an uns vorbeizutragen. Der Caravaggio hat eine enorme Größe. Das fällt doch auf.»

«Gibt es noch einen anderen Ausgang?»

«Nach hinten über die Sommerterrasse, aber da kommt man auch nur in den Garten, der ja komplett von einer dichten Hecke umgeben ist.»

«Was ist auf der anderen Seite der Hecke?»

Zu Dolmen wurde bleich und rannte wortlos los. Die Gartentür stand offen. Der Garten war recht groß, aber dennoch erkannte Feil sofort die abgrenzende Hecke in rund vierzig Metern Entfernung. Sie schien höchstens anderthalb Meter hoch. Auf der anderen Seite stand ein großer weißer Renault-Lieferwagen mit geöffneten Hecktüren. Zwei maskierte Menschen verluden dort offenkundig Gemälde.

«Halt! Polizei!», schrie Töpitz. Sofort sprangen die beiden auf die Ladefläche, rissen von innen die Türen zu, und der Kleinlaster düste los. Als die drei Verfolger an der Hecke ankamen, bemerkten sie, dass noch ein Bild auf der anderen Seite an einer Linde lehnte.

Feil brüllte in ihr Funkgerät: «An alle verfügbaren Einheiten. Gesucht wird ein weißer Renault-Trafic-Lieferwagen, der in diesem Moment im Schwarzdornweg in Lichterfelde abgefahren ist. In ihm befindet sich Diebesgut von enormem Wert.»

«Kennzeichen?», fragte es blechern aus dem Gerät zurück.

«Leider unbekannt.»

«Na, bravo, wissen Sie, wie viele Fahrzeuge dieses Typs in Berlin unterwegs sind? Insbesondere in Weiß?»

«Kontrollieren Sie alle! Jeder verfügbare Beamte soll sich beteiligen. Bringen Sie alles an den Start. Sobald sich eines dieser Fahrzeuge der Kontrolle widersetzt oder flüchtet, informieren Sie alle Einsatzkräfte und beginnen die Verfolgung.»

Während zu Dolmen Töpitz über die Hecke half, um das eine zurückgelassene Bild, einen Kandinsky, vermutete Feil, zu holen, ging die Kommissarin wieder zum Haus. Dabei versuchte sie über ihr Funkgerät weiter die Fahndung zu koordinieren.

Die Rückholaktion des Kandinsky gestaltete sich langwieriger als vermutet. Wahrscheinlich waren die Räuber um einiges athletischer gewesen als der zwar schlanke, aber dennoch erschütternd steife Töpitz. Noch während dieser mit praktisch jedem verfügbaren Knopf oder Reißverschluss seiner Kleidung im grünen Gezweig hängen geblieben war, ärgerte sich Helmfried, dass er nicht selbst drübergeklettert war. Trotz seiner kleineren und deutlich fülligeren Gestalt wäre er wohl um ein Vielfaches schneller gewesen. Mehrere Minuten vergingen, bis er sowohl das Bild als auch Töpitz wieder in den Garten zurückgehievt hatte. Zeit, diesen Erfolg zu genießen, hatten sie allerdings keine, denn nun stand Natascha Feil schon wieder in der Terrassentür: «Sie haben ihn! Er versucht noch zu entkommen, aber jeden Moment müssten sie ihn stellen. Schnell, ich will dabei sein, wenn wir diese Typen gefangen nehmen!»

Alle drei rannten so schnell sie konnten durch den Garten und das Haus, wieder auf die andere Seite, also den Rotdornweg. Dort waren nur noch die drei Spurensicherer mit ihrem Einsatzfahrzeug. Alle anderen hatten sich offensichtlich an der Verfolgungsjagd beteiligt. Feil startete den Dienstwagen. Töpitz hechtete auf den Beifahrersitz, zu Dolmen auf die Rückbank. Die Kommissarin verdrehte die Augen. «Sie können hier nicht mitfahren.»

«Warum nicht?»

«Weil das ein offizieller Polizeieinsatz ist. Sie sind ein Zivilist.»

«Ich werde nicht aussteigen.»

«Dann muss Töpitz Sie mit Gewalt rauswerfen.»

«Das kann er nicht.»

«Das kann er wohl.»

«Aber es wird einige Zeit dauern, und Sie kämen in der Folge zu spät zum Einsatzort.»

Über Funk wurde nun die Adresse durchgegeben, wo man den Lieferwagen gestellt hatte. Mit quietschenden Reifen fuhr die Hauptkommissarin los.

3

Es war eine sehr kurze Fahrt bis zur Reinacher Zeile. Dort hatten zwei Einsatzwagen vorne und ein Streifenwagen hinten den weißen Trafic wie in einer Straßensperre festgesetzt. Großzügig festgesetzt. Mehr als zwanzig Meter betrug zu beiden Seiten der Abstand zu den Polizeifahrzeugen, hinter denen sich nach und nach auch andere am Einsatz beteiligte Gefährte und Beamte sammelten. Feil, Töpitz und zu Dolmen hatten einige Schritte zu laufen vom Ort, wo sie den Wagen abstellen konnten, bis zur Absperrung. Dort angekommen, ließ Feil sich von den Beamten auf den aktuellen Stand bringen.

«Wir wollten den Lieferwagen kontrollieren. Er hat die Flucht ergriffen, wir haben die Verfolgung aufgenommen. Die Kollegen haben die Straße abgesperrt. Er hat sofort angehalten. In ziemlichem Abstand. Wir haben dann auch in ähnlichem Abstand abgebremst und die Flüchtigen über Megafon aufgefordert, aus dem Wagen auszusteigen. Seitdem ist nichts passiert.»

Feil nahm sich das Megafon. «Hier spricht Hauptkommissarin Feil. Ich habe die Leitung dieses Einsatzes. Bitte kommen Sie mit erhobenen Händen aus dem Fahrzeug und gehen dann langsam auf uns zu. Ihnen wird nichts passieren. Wir wollen nur Ihr Fahrzeug kontrollieren.»

Die Fahrertür des Lieferwagens öffnete sich, und eine etwa 1,70 Meter große, sehr sportliche, ganz in schwarzer, eng anliegender Trainingskleidung gewandete Gestalt hüpfte heraus. Fast schon professionell hielt sie die Hände hoch, über dem Gesicht trug sie eine Maske.

«Ist das Friedrich Merz? Also die Maske, die der trägt?», fragte der erste Polizist.

«Nein, ich glaube eher Jeff Bezos», antwortete Feil.

«Oder Elon Musk», spekulierte eine zweite Beamtin.

«Warum trägt man denn eine Maske, wenn man dann gar nicht erkennen kann, wer das sein soll?»

«Ist es nicht gerade der Sinn einer Maske, dass andere nicht erkennen sollen, wer man ist?»

«Ja, aber wer die Maske ist, soll man ja wohl schon erkennen.»

«Wahrscheinlich. Vielleicht will der uns aber auch nur veräppeln. Ich meine, wieso hat der sonst noch eine FFP-2-Maske über seine Maske gezogen?»

«Hm, ehrlich gesagt, weiß ich gar nicht, wie im Moment die Regeln sind. Muss man seit der letzten Ministerpräsidentenkonferenz jetzt nicht auch über Masken eine Maske tragen?»

«Nur in Innenräumen.»

Feil rief die beiden Kollegen zur Ordnung, während sie ihre Augen nicht von dem Verdächtigen ließ, der sehr langsam, aber rhythmischen Schrittes auf sie zukam. Plötzlich jedoch blieb er stehen, ging mit nach wie vor erhobenen Händen in die Hocke und ließ sich dann vorsichtig, wie ein Tänzer, zur Seite flach auf den Boden sinken.

«Was macht er denn jetzt?», konnte einer der Beamten

gerade noch ausrufen, als auch schon ein gewaltiger Knall die Umgebung erschütterte. Instinktiv drehten sich alle vom explodierenden Lieferwagen weg. Es folgte ein zweiter, noch lauterer Wumms. Kurz registrierte Feil die enorme Rauchentwicklung, dann kam das dritte, alles übertreffende Bumm. Feuer. Scheppernd auf den Boden fallende Metallteile. Jeder versuchte sich zu schützen. Sekunden vergingen, bis Feil und die anderen wagten, den Blick wieder auf das Detonationsfeld zu richten. Was sie sahen, war ein brennendes Wrack, herumliegende Einzelteile, durch die Luft tanzende Fetzen, wie sie von in Flammen aufgegangenen Gemälden herrühren könnten, und keinen am Boden liegenden Menschen mehr.

«Verdammt, wo ist er hin?», brüllte Feil. Einen kurzen Augenblick starrten Töpitz und sie sich an. Sie wollten beide die Verfolgung aufnehmen. Doch wohin? Nach links in das kleine, dichte Waldstück? Oder rechts, in das nur durch einen niedrigen Zaun begrenzte, offene, aber entmutigend zugewachsene Gartengrundstück, welches wohl sicher auch nach hinten hin leicht zu verlassen war. Dieser Ort war absolut perfekt für eine Flucht zu Fuß. So perfekt, dachte Feil, dass dies alles wahrscheinlich kein Zufall sein konnte.

«Oh mein Gott!», brüllte zu Dolmen, als er die verglühenden Schnipsel durch die Luft tanzen sah.

Nachdem sie ihr erstes Entsetzen heruntergeschluckt hatten, begaben sich Feil und Töpitz auf die Verfolgung. Jeder in eine andere Richtung. So wie sie eben auch für gewöhnlich zusammenarbeiteten. Unterdessen machten sich zwei weitere Polizisten an die Sicherung der Katastrophenstelle.

«Vielleicht», sagte die eine Beamtin, «ist das Ganze auch wieder nur so eine verrückte Kunstaktion.»

«Hm», antwortete ihr Kollege, «du meinst wie von diesem englischen Aktionsmaler. Wie heißt der noch?»

«Banksy. Und der ist wohl in Wirklichkeit auch eine Gruppe.»

«Wie auch immer. Aber das kann natürlich sein. Also dass der nur seine Bilder in die Luft sprengt, um sie dadurch noch wertvoller zu machen.»

«Da ärgert man sich ja manchmal schon, dass man nicht selbst auf so eine Idee gekommen ist.»

«Ja, wobei ich nicht genau verstanden habe, wie das Ganze eigentlich funktioniert.»

«Deshalb ist es ja Kunst.»

«Wahrscheinlich.»

Die Suche blieb erfolglos. Ein Passant meinte, zwei Querstraßen weiter eine schwarz gekleidete Gestalt in einen wartenden weißen Carsharing-Wagen steigen gesehen zu haben. Doch ganz sicher war er sich nicht. Könnte auch ein weiß gekleideter Mensch und ein schwarzes Auto gewesen sein. Ging wohl alles so schnell.

Feil versuchte, die Geschehnisse zu ordnen. «Das alles ergibt bislang nicht wirklich einen Sinn. Warum betreibt jemand einen derartigen Aufwand, um die Bilder zu stehlen, und sprengt sie dann in die Luft?»

«Das war vielleicht nur ein Notfallplan. Für den Fall, dass wir sie in die Enge treiben», schlug Töpitz vor.

«Unwahrscheinlich. Jemand, der so präzise und überlegt vorgeht, verlässt sich bei der Flucht doch nicht auf sein Glück. Die Explosion des Lieferwagens war fein komponiert, der Ort absolut perfekt ausgewählt. Die hatten das ganz genau so geplant.»

«Dann haben sie die Bilder vielleicht noch mal in ein anderes Fahrzeug verladen», unternahm Töpitz einen zweiten Versuch. Doch Feil winkte ab.

«Keine Chance. Dazu hätte die Zeit niemals gereicht.»

«Oder es gab einen zweiten weißen Trafic. Also einen, mit dem sie die Bilder klauen, und einen komplett identischen, den sie vorher präpariert haben und vor unseren Augen in die Luft sprengen, um so ihre Spuren zu verwischen. Mit unter anderem auch einigen wertlosen Gemälden, die nach der Explosion niemand mehr von den Originalen unterscheiden kann. Dann könnte es auch ein Versicherungsbetrug sein.» Der junge Kommissar war recht zufrieden mit seiner dritten Theorie. Doch seine Chefin wollte immer noch nicht anbeißen.

«Ich kann mir das nicht vorstellen. Nicht so, wie Dolmen reagiert hat, als er den Diebstahl bemerkte. Außerdem mag ich auch nicht glauben, dass uns ein zweiter Trafic durch die Lappen gegangen wäre. Wir waren sehr schnell mit reichlich Leuten vor Ort. Die sind vielleicht sehr gut. Aber einen großen, weißen Lieferwagen einfach wegzaubern können sie auch nicht.»

«Okay, doch warum veranstalten die denn überhaupt diesen ganzen Zirkus?»

«Normalerweise würde ich sagen, um uns zu beschäftigen und von etwas Größerem abzulenken.»

«Wie soll das denn jetzt noch größer werden?»

Töpitz hatte seine Frage noch nicht ganz zu Ende gesprochen, als Feils Handy vibrierte. Schlecht gelaunt nahm sie den Anruf entgegen. Schon nach wenigen Worten, denen sie schweigend lauschte, wich die Farbe aus ihrem Gesicht. Dann begann sie mit dem Hörer am Ohr zum Dienstwagen zu laufen. «Schnell!», zischte sie Töpitz im Fortrennen zu. «Wir müssen sofort zurück zum Haus der zu Dolmens.»

Kurz vor ihnen war bereits ein Notarztwagen eingetroffen. Die Ärztin machte ihnen schnell und humorlos klar, dass es schon noch eine Weile dauern würde, bis die betäubte Galina wieder fit für eine Befragung wäre. Während die Kommissare versuchten, von den verbliebenen Beamten vor Ort Informationen zu erhalten, kümmerte sich die Medizinerin zunächst um den offensichtlich kollabierten Helmfried zu Dolmen.

Nach dem bodenlosen Entsetzen über den explodierten Lieferwagen war zu Dolmen die überschaubare Strecke zu seinem Haus zu Fuß gelaufen. Dort hatten ihm die Spurensucher mitgeteilt, dass die nette Kinderfrau mit den beiden Zwillingen im Doppelwagen zu einem kleinen Spaziergang aufgebrochen sei. Davon war Helmfried zwar nicht beunruhigt, aber doch etwas verwundert, da sie normalerweise erst am frühen Nachmittag einen längeren Spaziergang mit den Säuglingen unternahm. Also ging er kurz hoch ins Kinderzimmer, um zu schauen, ob sie vielleicht eine Nachricht hinterlassen hatte. Dort fand er die chloroformierte Galina, woraufhin er einen markerschütternden Schrei ausstieß, der natürlich die Kinderfrau nicht wecken konnte, wohl aber die Aufmerksamkeit der Spurensicherer. Weshalb einer von ihnen nach dem Rechten sah und neben der betäubten Galina den ohnmächtigen Hausherrn fand. Daraufhin verständigte er, gemäß den Vorschriften, zunächst einen Notarzt und dann die leitende Beamtin.

Nachdem Natascha Feil all das rekonstruiert hatte, bekam sie das Gefühl, nun vielleicht mal eine kurze Pause zum Überdenken der Vorkommnisse zu benötigen. Kurz darauf musste sie allerdings feststellen, dass die Ereignisse gerade erst angefangen hatten, sich zu überschlagen.

4

Punkt 12.34 Uhr, nur acht Minuten nachdem Feil und Töpitz wieder an zu Dolmens Haus eingetroffen waren, trat eine junge Frau vor den Empfang des Springer-Verlages im Axel-Springer-Hochhaus in der Rudi-Dutschke-Straße.

«Guten Tag, mein Name ist Inge Meysel, ich bin unter anderem verantwortlich für die Entführung der acht Monate alten Zwillinge der Eheleute zu Dolmen. Sie können entscheidend dazu beitragen, dass die Kinder und ihre Mutter vollkommen unbeschadet aus dieser Situation hervorgehen. Alles, was ich möchte, ist, dass Sie mir gestatten, die Verhandlungen mit der Polizei direkt live aus Ihrem Fernsehstudio zu führen.»

Die nur unwesentlich ältere Dame an der Rezeption schaute Inge Meysel sehr genau an. Die kleine, schlanke Frau hielt diesem Blick geduldig stand, bis die Empfangsdame schließlich fragte: «Das ist kein blöder Scherz, oder? Sie sind wirklich echt, nicht wahr?»

«Ich versichere Ihnen, dass ich echt bin. Falls es für Sie oder Ihren Verlag aus moralischen beziehungsweise rechtlichen Gründen hilfreich wäre, dass ich zusätzlich noch eine Gefahrenlage heraufbeschwöre, könnte ich das natürlich leisten. Ich hätte zu diesem Zweck auch eine Waffe dabei, mit der ich jemanden bedrohen könnte, aber ich wäre wirklich froh, wenn wir uns anders einigen würden.»

Inge Meysel stellte fest, dass sie mittlerweile vom Sicherheitsdienst umzingelt war. Die Rezeptionistin griff zum Telefon. Niemand unternahm etwas, bevor ihr Gespräch beendet war. Keine zehn Minuten später saß Frau Meysel mit der Redakteurin vom Dienst im Studio.

Alle Zeitungen und Sender, natürlich auch die des Springer-Verlages, hatten mittlerweile Reporter oder ganze Teams vor Ort im Rotdornweg. Die News-Sender versuchten Live-Schalten. Keine Frage, diese Entführung war das Ereignis der Stunde, und alle bemühten sich trotz der dürftigen Informationsmenge, das Thema so zu unterfüttern, dass es noch ein wenig länger, womöglich sogar den ganzen Tag, heiß bleiben würde. Doch niemand war auf das vorbereitet, was nun Bild-TV verkündete.

«Guten Tag, wir haben hier bei uns im Studio die nach eigenem Bekunden Verantwortliche für die heutige Kindesentführung. Sie hat uns sehr deutlich zu verstehen gegeben, dass weder den Kindern noch der Mutter etwas geschehen wird, wenn wir ihr die Möglichkeit geben, hier eine Erklärung zu diesem Verbrechen und ihre Forderungen zu formulieren. Im Anschluss hat sie versprochen, sich widerstandslos der Polizei zu ergeben. Nach sorgfältiger Abwägung aller journalistisch-ethischen Prinzipien haben wir befunden, dass der Schutz von unschuldigen Leben immer an erster Stelle stehen muss. Daher werden wir trotz aller berechtigten Einwände und Bedenken der jungen Frau die Möglichkeit einer Erklärung geben.»

Nach dieser Mitteilung brach die Hölle los. Das Verlagshaus, das 1904 mit der BZ am Mittag praktisch die Boulevardzeitung erfunden hatte, war plötzlich wieder schneller als die Polizei. Die Ankündigung ging wie ein Sommergewitter auf Berlin nieder. Die ganze Stadt hielt den Atem an und starrte auf ihre Bildschirme.

Um genau 14.00 Uhr, wie angekündigt, ging Bild-TV mit Inge Meysel auf Sendung.

«Frau Meysel, Sie sagen, Sie sind für die Entführung von Veronika zu Dolmen und ihren beiden acht Monate alten Zwillingstöchtern verantwortlich?»

«Nicht direkt. Verantwortlich ist der Telegraph.»

«Wer soll das sein?»

«Dazu kann ich leider nichts sagen, aber ich bin befugt und in der Lage, über die Entführung zu sprechen.»

«Gilt das auch für den Kunstraub und die Explosionen?»

«Selbstverständlich. Alles hängt mit allem zusammen.»

«Wie hängt es zusammen?»

«Wir wollen diese Welt zu einem besseren Ort machen, und zwar sehr ernsthaft.»

«Durch Zerstörung, Raub und Entführung?»

«Zerstört wurden nur zwei entbehrliche Autos und ein paar alte wertlose Gemälde. Sonst ist niemandem wirklich etwas geschehen.»

«Fürchten Sie nicht, dass Sie gerade jetzt zwei acht Monate alte Babys traumatisieren?»

«Deshalb haben wir zuerst die Mutter entführt. Damit die Kinder schnellstmöglich ihre gewohnte Geborgenheit wiederfinden. Ihre wichtigste Bezugsperson bei sich haben. Dadurch werden sie wahrscheinlich bislang von der Entführung gar nichts bemerkt haben. Natürlich hätten wir auch gerne noch die Kinderfrau entführt. Aber dies war technisch einfach nicht realisierbar.»

«Stattdessen haben Sie die Berliner Polizei lächerlich gemacht.»

«Nichts läge uns ferner. Wir haben höchsten Respekt vor der Arbeit der Polizei und möchten sie gerne unterstützen, wo wir nur können.»

«Ist das ein Scherz?»

«Keineswegs. Und um nicht unnötig ihre Zeit oder Ressourcen zu verschwenden, möchte ich der Polizei gerne Arbeit abnehmen. Ich bin deshalb bereit, den heutigen Ablauf unserer Taten zu rekonstruieren.»

«Erzählen Sie uns, was aus Ihrer Sicht passiert ist.»

«Danke. Um Punkt zehn Uhr haben wir Veronika zu Dolmen direkt vor ihrem Haus im Rotdornweg zunächst betäubt und dann entführt. Sie war auf dem Weg zu ihrem Auto, welches ihr Mann aus der Tiefgarage vorgefahren hatte.

Wir schafften Veronika zu Dolmen in einem Kleinwagen weg, und vier unserer Mitarbeiter versteckten sich im dicht bewachsenen Garten der Villa. Ein fünfter sprengte mit drei Handgranaten den SUV in die Luft. Während Helmfried zu Dolmen und Galina aus dem Haus stürmten, konnten unsere Leute unbemerkt hineinhuschen. Eine Mitarbeiterin, die wir ganz bewusst so ausgewählt haben, dass sie Galina, der Kinderfrau, sehr ähnlich sieht, ist sofort zu den Zwillingen. Die anderen drei haben angefangen, die Kunstwerke über die hintere Terrasse nach draußen zu schaffen.»

«Offenbar sehr schnell ...»

«Sie haben trainiert.»

«Sie wussten also, was wo hängt oder steht und wie es befestigt beziehungsweise gesichert ist?»

«Ja.»

«Woher?»

«Wir haben unsere Informationen, aber schützen unsere Quellen.»

«Hat es Sie überrascht, wie schnell die Polizei vor Ort war?»

«Keineswegs. Wir haben sie ja gerufen.»

«Bitte?»

«Es bestand natürlich die hohe Wahrscheinlichkeit, dass Helmfried zu Dolmen nach der Explosion des Wagens gleich wieder ins Haus rennen würde, um Hilfe zu holen. Um dies zu verhindern, haben wir die Polizei schon kurz vor den Explosionen gerufen, damit sie bereits vor Ort sind und Helmfried zu Dolmen und Galina nicht ins Haus gehen. Diese ungestörte Zeit brauchten wir unbedingt.»

«Dann sind sie aber doch ins Haus gekommen, und Galina ging nach oben, um nach den Kindern zu sehen.»

«Unsere Mitarbeiterin hat sie dann sofort geräuschlos chloroformiert und sich ihre Kleidung angezogen.»

«Was hätten Sie getan, wenn zu Dolmen nach den Kindern geguckt hätte?»

«Wir hatten unsere Informationen über die Abläufe in der Familie. Es reichte somit, sich auf Galina vorzubereiten.»

«Aber dann ging doch etwas schief.»

«Bitte?»

«Der Lieferwagen wurde gestellt, und Sie waren gezwungen, ihn mitsamt den Kunstwerken in die Luft zu sprengen.»

«Denken Sie das wirklich? Nein, der Wagen war nicht nur mit Sprengstoff und einer Fernbedienung präpariert, sondern auch mit einigen alten Bildern vom Trödler.»

«Es war von Anfang an Teil des Plans, ihn in die Luft zu sprengen?»

«Und zwar genau an dieser Stelle, um so unserem Mitarbeiter ideale Fluchtbedingungen zu verschaffen.»

«Und die echten Kunstwerke?»

«Was vermuten Sie?»

«Der gleiche Trick wie mit der Kinderfrau. Sie hatten einen zweiten, quasi identischen Lieferwagen am Start.»

«Zu riskant. Auch der richtige Lieferwagen hätte dann ja geschnappt werden können.»

«Sie haben die Bilder noch mal umgeladen.»

«Das hätte zu lange gedauert und wäre auch zu gefährlich gewesen. Wir packen doch diese ganzen Kunstschätze nicht in einen mit Sprengstoff präparierten Wagen. Wir sind keine Barbaren.»

«Demnach war dieser ganze Raub nur eine Ablenkung, um ungestört die Entführung durchziehen zu können?»

«Schön wär's. Wir müssen unsere Aktionen schon auch irgendwie finanzieren. Dazu brauchen wir natürlich die Beute.»

«Reicht da nicht das Lösegeld?»

«Wie kommen Sie darauf, dass wir Lösegeld wollen? Zahlungen und Übergaben sind viel zu fehleranfällig. Außerdem: Wer kleine Kinder wegen Geld entführt, ist ein Arschloch.»

«Sie sind keine Arschlöcher?»

«Das würden wir leidenschaftlich bestreiten.»

«Was wollen Sie dann, wenn Sie kein Geld verlangen?»

«Dazu kommen wir gleich.»

«Okay, aber wo sind denn jetzt die Bilder?»

«Wo sie jetzt sind, weiß ich nicht. Ich darf Ihnen aber verraten, wo sie waren.»

«Wo waren sie?»

«Natürlich im Garten der Dolmen-Villa.»

«Sie haben sie nie verladen?»

«Dazu hätte die Zeit wirklich nicht gereicht. Nein, erfreulicherweise ist der Garten ja sehr groß und geradezu verwunschen. Da gab es reichlich Verstecke, wo man die Kunst zwischenlagern konnte. Nur ein Bild haben wir, sozusagen als Lockvogel, auf die andere Seite der Hecke zum Lieferwagen geschafft.»

«Dann stehen die Bilder immer noch im Garten?»

«Natürlich nicht. Als sich endlich alle auf die Verfolgung des Lieferwagens gemacht hatten, konnten wir entspannt mit einem anderen Wagen vorfahren und die Sachen in aller Ruhe und mit der gebotenen Sorgfalt verladen. Das sind zum Teil wirklich bedeutende Schätze. Die wollten wir natürlich auf keinen Fall beschädigen.»

«Was hätten Sie gemacht, wenn es geregnet hätte.»

«Wir haben die Vorhersagen sehr genau verfolgt. Doch hätte es überraschend geregnet, wäre nichts von alldem passiert.»

«Interessant.»

«Wir sind nicht skrupellos und sehen uns auch nicht als Kriminelle, sondern als Dienstleister. Aber mit sehr, sehr hohen ethischen Standards.»

«Wie darf ich das verstehen?»

«Jeder kann uns engagieren. Die einzige Voraussetzung ist, dass das Anliegen ehrenwert, in jeder Hinsicht gut und richtig ist und die Welt ausschließlich zum Besseren verändert.»

«Und diesen Wunsch erfüllen Sie dann mit kriminellen Methoden?»

«Wir stellen auch an unsere Methoden die höchsten moralischen Ansprüche. Wenn jemals bei einer unserer Aktionen unnötige Gewalt angewendet wird oder gar Menschen oder Tiere zu Schaden kommen, können Sie sicher sein, dass es nicht unsere Leute waren, sondern wir sozusagen gehackt wurden und uns jemand in Verruf bringen will.»

«Klingt wie eine moralische Vollkaskoversicherung.»

«Inwiefern?»

«Wenn Sie doch mal etwas Verabscheuungswürdiges tun, können Sie einfach behaupten, man will Sie denunzieren. Mir scheint, Sie machen es sich da ganz schön einfach.»

«Seien Sie versichert, wir machen es uns nie einfach.»

«Nun gut, was ist denn jetzt Ihre Forderung?»

«Nicht unsere Forderung, sondern die unserer Auftraggeberin. In diesem Falle ein vierzehnjähriges Mädchen, das aber selbstverständlich anonym bleiben muss.»

«Ein anonymes Kind hat Sie beauftragt?»

«Ja.»

«Das glauben Sie doch wohl selber nicht.»

«Es spielt keine Rolle, ob Sie mir oder ich mir selbst glaube.»

«Wie dem auch sei. Was wünscht sich denn jetzt dieses Kind?»

«Also gut. Passen Sie auf…»

5

Gleich fünf Kollegen und Kolleginnen waren nötig, um Hauptkommissarin Feil vor dem Beginn der Live-Sendung auf Bild-TV zu beruhigen.

«Ich fasse es nicht. Wieso gehen die live mit dieser Frau auf Sendung? Wieso können wir das nicht unterbinden? Das dürfen die doch nicht.»

«Bitte, Natascha, das liegt außerhalb deiner Verantwortung. Nimm das nicht so persönlich.»

«Wie soll ich es denn sonst nehmen? Dienstlich?»

«Die lassen diese Frau da reden, und die ganze Welt sieht zu! Die ganze Welt! Habt ihr auch nur im Entferntesten eine Vorstellung von dem, was gleich passieren kann?»

«Nein, aber…»

«Eben! Und ich auch nicht! Niemand hat eine Vorstellung von dem, was gleich passieren kann. Denn es kann alles passieren! Bis jetzt sind uns nur Autobomben um die Ohren geflogen. Aber jetzt sitzt da eine tickende Atombombe.»

«Atombomben ticken nicht.»

«Wenn man einen Wecker an sie dranhängt, schon.»

«Die Metapher verstehe ich nicht.»

«Weil es auch keine Metapher ist, verdammt noch mal!»

«Es geht jetzt los.»

«Das sehe ich selbst.»

Feil trat näher zum Bildschirm.

«Nein, das kann doch nicht sein. Das ist nicht Inge Meysel.»

«Natürlich nicht. Inge Meysel ist tot. Wir gehen davon aus, dass es ein Deckname ist.»

«Selbstverständlich. Aber die Frau ist auch keine Unbekannte. Sie ist selbst Schauspielerin. Ich habe sie schon gesehen in ... in ...»

«Im Tatort?»

«Nee, in was Echterem ... Schaubühne. Ja, genau. Das ist eine Schaubühnenschauspielerin.»

«Du gehst in die Schaubühne?»

«Ich gehe manchmal sogar zu Lesungen.»

«Ach.» Nun schaute auch der Kollege Töpitz erstmals so, als würde er sich ernsthaft Sorgen um die Hauptkommissarin machen.

«Frei. Das ist Paula Frei. Verdammt, die ist richtig gut. Die haben diese Rolle mit einer richtig tollen Schauspielerin besetzt.»

«Wie meinst du das denn jetzt?»

«Weiß ich auch noch nicht. Aber guck dir doch das Interview an. Die tun so, als wären sie Robin Hood, nur in noch moralischer. Ich will sofort alle Informationen zu Paula Frei, die wir kriegen können. Pronto. Auch super, dass die von Bild-TV sie nicht erkannt haben. Was ist denn das jetzt? Erklärt sie da den gesamten Ablauf der Entführung und des Kunstraubs?»

«Für mich klingt das so, als würde sie uns gerade eine Menge Arbeit abnehmen.»

«Oder sie wirft nur wieder die nächsten Nebelkerzen.»

«Wirkt für mich nicht so.»

Es war ein schmaler Grat zwischen Zuhören und Dazwischenquatschen. Wie im Kino bestand die Gefahr, Entscheidendes zu verpassen, weil man gerade selber redete. Oder noch schlimmer: weil der andere redete. Das war sowohl Feil als auch Töpitz sehr bewusst. Dennoch konnten beide den Mund nicht halten.

«Wie meint sie denn das? Jeder kann uns engagieren?» Nun wirkte auch Töpitz irritiert. Natascha Feil jedoch hatte das Gefühl, dass sie kurz davor war, alles zu verstehen.

«Die meint das ganz genau so, wie sie es sagt, fürchte ich. Ganz genau so. Da braut sich eine riesige Scheiße zusammen.»

«Aber jetzt wird es interessant. Sie bringt endlich die Forderung.»

Plötzlich wurde es mucksmäuschenstill in der Einsatzzentrale. Gebannt lauschten alle den entscheidenden Worten von Paula Frei. Einige Sekunden lang konnten sie nur noch auf den Bildschirm gaffen und nach Luft schnappen.

Dann schaffte Töpitz wieder einen Einwurf. «Das hat sie jetzt nicht wirklich gesagt, oder?»

«Und wie sie das gesagt hat! Fuck! Fuck! Fuck! Fuck! Das ist genau das, was ich befürchtet habe! Genau die verfickte Atombombe, die ich meinte. Die uns jetzt um die Ohren fliegt. Aber so was von! Aus! Abbruch! Wir gehen sofort da rein!» Natascha Feil sprang auf und schrie jeden an, der für sie akustisch zu erreichen war. «Wenn die nicht sofort die Sendung abbrechen, geht jeder in Untersuchungshaft, der daran beteiligt war. Und schafft mir diese Paula Frei aufs Revier. Auf der Stelle! Diese Gutmenschen werden den Kindern schon nichts tun! Ich will sie in Ketten in meinem Verhörraum! Sofort! Und zwar ohne Kameras. Warum steht ihr hier noch alle rum? Ab jetzt zählt jede Sekunde. Los! Los! Los! Los!»

6

Gebannt schauten sämtliche Gäste der Treulosen Tomate auf die große Leinwand, die sonst nur bei Fußballwelt- und Europameisterschaften zum Einsatz kam. Niemand hatte während der letzten drei Minuten der Sendung auch nur noch einen Piep gemacht. Alle begriffen, dass gerade etwas Außergewöhnliches geschehen war. Etwas, das Berlin womöglich für alle Zeiten verändern würde. Und wer dies nicht direkt begriff, dem dürfte spätestens bei dem kurz darauf hereinstürmenden Sondereinsatzkommando, dem Chaos, dem Geschrei, der sofortigen Festnahme von Paula Frei und der Moderatorin sowie dem Sendungsabbruch klar geworden sein, dass hier gerade etwas Ungeheuerliches geschah.

Erste Gäste forderten den Wirt auf, auf dem Laptop nach aktuellen Nachrichten und Reaktionen zu suchen. Andere hatten schon im Handy geguckt und gesehen, dass es da noch nichts gab. Sie meinten aber, es hätten wohl schon Leute das Interview hochgeladen. Man könne es sich noch einmal anschauen. Tatsächlich fand der Wirt einen Mitschnitt und klickte ihn an. Es geschah, was geschehen musste. «Vorspulen!», brüllten sofort die Ersten. «Der Anfang ist langweilig, man kann ab der Forderung einsteigen.» Der Wirt spulte vor und drückte auf «Play».

«... Also, passen Sie auf: Wir fordern ein weltweites Verbot des Handels mit Marderhunden. Der Verkauf und die grausame Tötung dieser Tiere müssen ein für alle Mal unterbunden werden. Sollte die Forderung nicht erfüllt werden, werden die Kinder nicht an ihre Eltern zurückgegeben werden. Es wird den Babys aber in keinem Falle etwas geschehen. Sie werden einfach nur in einem anderen Teil der Welt behütet in einer anderen Familie aufwachsen.»

Die daraufhin entstehende Gesprächskakophonie lässt sich inhaltlich wie folgt zusammenfassen: Die Forderung der Entführer, den Handel mit Marderhunden weltweit zu verbieten, wurde allgemein als sehr sinnvoll angesehen. Für das Verbot sprachen zahlreiche ethische, wirtschaftliche, klimatische und sogar medizinische Argumente. Man denke an die Theorie, dass SARS und das Coronavirus auf die grausame, routinemäßige Massentötung von Marderhunden zurückgehen. Wie allerdings diese Forderung der Entführer erfüllt werden sollte und vor allem von wem, schien den meisten völlig unklar.

Einige gaben zu bedenken, man hätte doch so viel Besseres, Dringenderes und Sinnvolleres fordern können. Fürs Klima, für bezahlbaren Wohnraum oder Geschlechtergerechtigkeit zum Beispiel. Andere hingegen hielten es gerade für klug, solch eine vergleichsweise kleine Forderung zu stellen. Hätte man beispielsweise pauschal die komplette Abschaffung des Wildtierhandels verlangt, wären gewiss von vielen Seiten Widerstände gekommen. So jedoch bestand womöglich eine kleine Chance. Immerhin. So wogten viele parallel geführte Diskussionen durch den Raum, bis schließlich das Video erneut bis zur entscheidenden Stelle gelaufen war. Wieder wurde es still in der Treulosen Tomate, weil alle noch einmal die folgenreichen Worte der Paula Frei hören wollten. Der Wirt drehte die Lautstärke seiner Boxen fast bis zum Anschlag hoch, als die Moderatorin auf der Leinwand fragte: «Dieses vierzehnjährige Mädchen hat Sie also engagiert, sagen Sie. Doch dann gestatten Sie mir bitte die Frage: Wird nun ein Honorar fällig?»

«Nein, um unsere Bezahlung kümmern wir uns selbst.»

«Und aus welchem Grund nehmen Sie diese ‹gemeinnützigen Aufträge› entgegen?»

«Wir wollen die Welt zu einem besseren Ort machen. Sehen Sie, es gibt mittlerweile unzählige Möglichkeiten, Petitionen zu starten. Mit Unterschriften oder online. Doch alle diese Petitionen haben eines gemeinsam: Sie bringen nichts. Oder so gut wie nichts.»

«Das klingt jetzt aber ausgesprochen destruktiv.»

«Soll es nicht. Allerdings bleibt da das ungute Gefühl, dass alles nur eine einzige Ablenkung ist. Die ganze Welt funktioniert über Ablenkung. Um die Menschen beschäftigt zu halten. Damit sie sich nicht mit dem eigentlich Wichtigen beschäftigen.»

«Also jetzt beginnen Sie für meine Begriffe aber definitiv zu schwurbeln.»

«Nichts läge mir ferner. Es geht mir im Gegenteil ums Konkrete. Wir bieten Ihnen nämlich eine Möglichkeit zu einer Petition, die wirklich etwas bewirken wird. Sie können Ihr Anliegen an uns richten, und wenn wir es als würdig erachten, werden wir ihm den nötigen gesellschaftlichen Nachdruck verleihen.»

«Mit Aktionen wie heute?»

«Exakt. Mit extrem wirkungsvollen Aktionen.»

«Und wie und wann kann man Sie nun beauftragen?»

«An diesem Samstag in Berlin.»

«Bitte?»

«Es funktioniert ganz basisdemokratisch. Mit Demonstrationen. Jede Demonstration mit einem würdigen Anliegen, die an diesem Samstag zwischen sechs Uhr früh und null Uhr nachts mindestens zwanzigtausend Menschen auf die Straße bringt, wird von uns als Antrag angenommen. Je größer die Demonstration zu einem Thema, desto dringlicher wird der Antrag bearbeitet.»

«Wissen Sie, was so ein Aufruf bedeutet?»

«Basisdemokratie. Wenn wir es ernst meinen. Und wir …»

In diesem Moment stürmt das Sondereinsatzkommando herein, und man hört nur noch Schreie. Drei Sekunden später bricht die Sendung ab.

7

Gut zwei Stunden ihres Donnerstagvormittags hatte Natascha Feil nun schon im Café Atlantic verbracht. Im Präsidium war es für sie nicht mehr auszuhalten gewesen. In ihrer Wohnung noch weniger. Juli, ihre Tochter, hatte ihr Frühstück gemacht. Das war ein sicheres Zeichen dafür, wie unfassbar zerrüttet sie wirken musste. Sie hatte sogar gefragt, ob es okay wäre, wenn sie in die Schule ginge und ihre Mutter alleine ließe. Doch das hätte der jungen Dame so passen können. Natürlich wirkte Natascha wie ein Wrack. Sie war erst um drei Uhr nachts heimgekommen und fünf Minuten später in einen anstrengenden Schlaf auf dem Küchensofa gefallen. Dennoch tigerte sie schon seit sechs Uhr morgens wieder in Selbstgespräche vertieft durch die Wohnung. Doch ein Grund für Juli, die Schule zu schwänzen, war das selbstverständlich noch lange nicht.

Vier Stunden lang hatte die Hauptkommissarin Paula Frei verhört. Mit Töpitz. Dann ohne Töpitz. Mal saß sie hinter dem Spiegel, wo sie andere beim Verhören der Schauspielerin beobachtete. Und sie sprach auch viel allein mit Paula Frei. Unter vier Augen. Zwei Frauen, die sich trotz allem unbestreitbar sympathisch waren. Das konnten sie gar nicht verhindern. Doch die Verdächtige ließ sich nichts entlocken, was sie nicht sowieso sagen wollte. Blieb dabei immer höflich, humorvoll, ohne zu verletzen. Sehr eloquent. Als wenn sie wochenlang für dieses Gespräch trainiert worden wäre, dachte Feil.

Das ging so, bis Paula Freis Eltern freigelassen wurden. Mitten auf dem Marktplatz ihrer Heimatstadt Schwetzingen. Genau vor dem großen Spargeldenkmal. Ein weißer Lieferwagen war vorgefahren. Das rüstige Seniorenpaar wurde, zwar gefesselt und mit verbundenen Augen, aber doch sehr rücksichtsvoll an die metallene Kunstskulptur gesetzt, und noch ehe die Schwetzinger in den vielen Cafés auf dem schönen und beliebten Platz begriffen hatten, was da gerade geschah, war das große weiße Auto auch schon wieder weg. Niemand hatte ein Kennzeichen notiert, selbst bei der Richtung, wohin der Wagen verschwunden war, gab es erhebliche Uneinigkeit.

Nachdem die älteren Herrschaften befreit waren, berichteten diese der Schwetzinger Polizei, dass sie entführt worden waren. Schon vor drei Tagen. Man habe sie sehr gut, fast komfortabel untergebracht, aber eben eingesperrt. Im Souterrain eines alleinstehenden Hauses, vermuteten sie. Zumindest hätten sie schreien dürfen, so laut sie wollten. Das habe keinen gestört. Da man sie ansonsten jedoch sehr gut behandelt habe, hätten sie bald damit aufgehört und einfach abgewartet. Die Entführer hätten ja sogar an ihre Medikamente gedacht. Das sei alles schon sehr gut organisiert gewesen. Fast wie eine Pauschalreise, nur eben ohne Tagesausflüge. Niemand habe mit ihnen gesprochen, und sie hätten auch kein Gesicht gesehen. Die beiden waren pensionierte Studienräte und wussten sich sehr freundlich und gewählt auszudrücken. Sie machten wahrlich alles andere als einen traumatisierten Eindruck. Dass ihre Tochter mit ihrer Entführung erpresst worden war, wussten sie nicht.

Wie nun Paula Frei von der Freilassung ihrer Eltern erfuhr, war nach wie vor unklar. Vielleicht hatte sich nur einfach wieder jemand extrem unprofessionell verhalten. Ein Fehler, ein Missverständnis, ein Betriebsunfall war das Wahrscheinlichste. An die Möglichkeit, dass die Entführer selbst in dieser Lage noch die Möglichkeit hatten, Paula Frei eine Nachricht zukommen zu lassen, es gar einen Maulwurf geben könnte, mochte Natascha Feil nicht glauben. Erst mal.

In jedem Falle wusste die Schauspielerin plötzlich, dass ihre Eltern frei waren, und damit veränderte sich alles. Schlagartig war sie vollkommen entspannt. Gelöst und auskunftsfreudig erzählte sie alles, was sie wusste. Regelrecht aufgekratzt, nahezu wie eine Darstellerin nach einer sehr fordernden Premiere, quasselte sie drauflos. Schon vor drei Tagen sei man an sie herangetreten und habe ihr Bilder und Videos ihrer entführten Eltern gezeigt. Diese könne sich die Polizei gerne auf ihrem Telefon und dem Computer in ihrer Wohnung ansehen. Dort fänden sie dann auch die ganzen Schulungsvideos und die sehr präzisen Anweisungen, bis hin zu den minutengenauen Uhrzeiten, wie sie am Tage der Entführung was, wann, wie zu tun habe. Sie sei zunächst sehr verängstigt gewesen, doch müsse zugeben, dass sie die täglichen Videos von ihren offensichtlich recht unbekümmerten Eltern sowie die hohen moralischen Standards der Entführer schon beeindruckt hätten. Nur sehr kurz habe sie mit sich gerungen, die Polizei einzuschalten. Dann habe sie, das gestehe sie freimütig, irgendwie sogar Gefallen an der Aktion und ihrer Rolle darin gefunden. Ihr sei bewusst, dass sie sich damit sicher schuldig gemacht habe. Dazu stehe sie, und sie werde auch die entsprechende Bestrafung akzeptieren. Wobei ihre Hauptangst natürlich nach wie vor sei, dass man ihre Gutgläubigkeit ausgenutzt habe und die Entführer in Wirklichkeit weniger edle Motive hätten, als sie behaupteten. Dass nach wie vor alles nur eine Finte, eine Ablenkung sei. Oder das Ganze aus dem Ruder laufe und sie somit mitverantwortlich für eine Katastrophe wäre. Auch ihr sei natürlich ein bisschen mulmig bei dem Gedanken, was am Samstag auf Berlin zurollen könnte. Klar. Aber letztlich habe doch die Sorge um ihre Eltern überwogen und sie schließlich dazu gebracht, dieses Risiko einzugehen.

Am Ende ihres Gespräches war es schon nach Mitternacht gewesen. Die Kollegen versuchten derweil zu verfolgen, was im Land, in Europa, ja der ganzen Welt vor sich ging. Hunderte, wenn nicht Tausende von Organisationen hatten bereits zu Demonstrationen in Berlin aufgerufen. Von überallher planten Menschen die Anreise. Ausgebuchte Züge, gecharterte Busse, Flugzeuge, sogar Schiffe. Senat und Polizei prüften die Möglichkeit, alles zu untersagen und die Stadt abzuriegeln. Auch der Bund und selbst die EU prüften die Zuständigkeiten. Doch es war bereits unumkehrbar. Millionen, vermutlich Abermillionen von Menschen waren längst auf dem Weg nach Berlin. Wie man mit ihnen am Samstag umgehen könnte, schien nun das große, aktuelle Problem, für das noch niemand eine Lösung wusste.

Als sie Töpitz ins Atlantic schlurfen sah, versuchte Natascha ganz kurz, sich zu verstecken, begriff dann jedoch, dass sie ja gefunden werden wollte, und tat deshalb so, als würde sie ihn nicht bemerken.

«Man hat mir gesagt, dass ich Sie vermutlich hier finden würde.»

Sie lächelte. «Na, dann ist die Berliner Polizei ja doch noch besser als ihr Ruf.»

«Bitte?»

«Zumindest eine Flüchtige konnten sie aufgreifen.»

«Es gibt leider schlechte Nachrichten.»

«Oh super, das passt perfekt zu meinem Tag.»

«Passen schlechte Nachrichten nicht zu jedem Ihrer Tage?»

«Werden Sie mal nicht unverschämt, sonst gehe ich einfach und lasse Sie hier mit meiner offenen Rechnung sitzen.»

«Wie heftig wird die schon sein? Sie haben doch gar nichts gegessen, und Alkohol trinken Sie nach meinen Informationen überhaupt nicht.»

«Oh, das jetzt wieder. Die seltsame Hauptkommissarin. Stellen Sie sich vor, ich habe auch keine familiären Probleme oder Spielschulden.»

«Sie leben in Scheidung.»

«Deshalb habe ich keine familiären Probleme. Wir führen eine extrem glückliche Scheidung. Mein Ex-Mann ist, seit er mein Ex-Mann ist, ein Schatz und meine Tochter eine bessere Mutter als ich, wobei auch ich gar nicht so schlecht bin.»

«Beeindruckend. Ich würde mal sagen, einen Krimi könnte man mit Ihnen als Kommissarin nun nicht gerade schreiben.»

«Was sind denn jetzt die schlechten Nachrichten?»

«Der Senat hat beschlossen, alle Demonstrationen zu erlauben.»

«Was?»

«Was wäre denn die Alternative gewesen? Die Stadt abriegeln? Martialische Straßensperren mit Panzern, Militär, Hubschraubern?»

«Das alles werden wir trotzdem benötigen.»

«Aber so gibt es zumindest eine Chance, dass die Eskalation ausbleibt. In nicht einmal vier Monaten sind hier Wahlen. Wenn der Druck zu groß wird, die Sperren durchbrochen werden, die Stadt überrannt wird, hieße es, der Senat kann seine Bürger nicht beschützen. Setzt man die Sperre hingegen mit aller Härte durch, lässt am Ende sogar auf Demonstranten schießen, heißt es, der Senat agiert wie eine Diktatur. Nur indem man alles erlaubt, hat man überhaupt eine Chance.

Die Stadt kann sich vorbereiten. Läden verriegeln, gegen Einbrüche, Sachbeschädigungen oder gar Plünderungen schützen. Sich zudem als weltoffen, basisdemokratisch und tapfer präsentieren. Eine Stadt, die außergewöhnliche Belastungen aushält. Die cool bleibt, da sie ja schon ganz anderes erlebt hat. Es bleibt die Hoffnung, dass irgendwie ein Wunder geschieht und alles noch mal gut geht. Obwohl keiner etwas dafürkann, geht es irgendwie gut. Das ist Berlin.»

«Sie scheinen diese Stadt ja wirklich zu mögen.»

«Das liegt in meiner DNA.»

«Ich weiß, Ihre Familie ist in siebter Generation ...»

«Das sollte wirklich nicht so blöd klingen, wie es klang.»

«Schon gut. Was denken Sie, was die planen?»

«Was wer plant?»

«Na diejenigen, die hinter der Entführung und alledem hier stecken.»

«Sie glauben, die planen noch etwas?»

«Oh bitte. Bislang war alles, was die gemacht haben, immer nur eine Ablenkung von etwas noch Größerem. Sie haben es Paula Frei sogar wörtlich sagen lassen. ‹Diese ganze Welt funktioniert über Ablenkung.› Es scheint fast, als wäre das ihre wesentliche Botschaft. Die Menschen darauf aufmerksam zu machen, dass alles, was geschieht, letztlich nur der Ablenkung dient.»

«Zu was für einer Art Lesungen gehen Sie eigentlich noch mal genau? Das klingt ja ziemlich nach Verschwörungstheorie.»

«Ach. Grundsätzlich glaube ich nicht, dass diese Ablenkungen geplant sind. Das ergibt sich einfach nur so. Die Geschichte der Menschheit basiert auf Zufällen. Aber in diesem konkreten Fall sieht die Sache doch etwas anders aus. Wenn diese Terroristen jetzt die komplette Stadt lahmlegen, für einen völligen Kontrollverlust sorgen, dann machen die das doch nicht ohne Grund.»

«Sie meinen, die werden am Samstag das allumfassende Chaos für sich nutzen?»

«Für etwas richtig, richtig Großes. Alles andere hätte gar keine Logik. Also wenn man ihre bisherige Vorgehensweise zugrunde legt.»

«Was könnte das sein? Weitere Überfälle? Auf Banken? Oder auf die Museen?»

«Könnte sein. Da, wo wir nicht ohnehin schon sind, werden wir keinesfalls schnell genug hinkommen können.»

«Wir brauchen Verstärkung. Jeden Polizisten, den wir kriegen können.»

«Aber was soll denn da das Ziel sein? Was haben wir denn hier, was wirklich wichtig ist? Der Reichstag? Das Kanzleramt? Oder die Fernsehsender?»

«Bringt nichts, wenn man sie nicht dauerhaft kontrolliert.»

«Die Bundesdruckerei. Wie in ‹Haus des Geldes›.»

«Dieser spanischen Serie? Haben Sie die gesehen?»

«Natürlich, Sie auch?»

«Ja, schon.»

«Wenn das in Berlin passiert wäre, auf welcher Seite hätten Sie gestanden?»

«Was soll die Frage? Ich bin Polizistin.»

«Das war die Inspectora auch. Und trotzdem hat sie die Seiten gewechselt. Weil sie ihrem inneren Kompass gefolgt ist.»

«Ich bin Hauptkommissarin der Berliner Polizei. Da muss ich keinen inneren Kompass befragen. Da weiß ich, wo ich stehe. Ich räume eher meine Seite auf, als sie zu wechseln. Aber zurück zu den möglichen Zielen. Also die Bundesdruckerei passt meines Erachtens nicht so richtig in das Beuteschema unserer Verdächtigen hier. Trotzdem müssen wir sie natürlich gesondert schützen. So wie wahrscheinlich noch hundert weitere Objekte mehr. Sorgen Sie dafür, dass sofort eine Liste aller möglichen Ziele erstellt wird.»

«Ich fürchte, da kommen wir mit hundert nicht hin.»

«Wahrscheinlich werden wir am Ende auswählen müssen.»

«Triage also.»

«Ich glaube, das Wort sollten Sie nicht verwenden. Das macht die Menschen nervös. Aber machen Sie dem Innenminister klar, wie ernst die Lage ist. Wir brauchen hier wirklich jede Unterstützung, die wir aus dem restlichen Bundesgebiet kriegen können.»

8

Helmfried zu Dolmen starrte auf sein Handy wie das Kaninchen auf die Schlage. Weder der Polizei noch Galina noch seinen Auftraggebern oder sonst irgendwem hatte er bislang von dem ausgeräumten Safe erzählt. Gott sei Dank hatte auch niemand gefragt.

Es sei völlig problemlos und reine Routine, hatten sie gesagt. Gerade für jemanden wie ihn. Er solle nur die vier Umschläge in Dubai entgegennehmen, sie in seinem Diplomatengepäck gefahrlos nach Deutschland bringen, um sie dort am nächsten Tag den Mittelsmännern zu übergeben. Man werde sich diesbezüglich mit ihm in Verbindung setzen. Er müsse sich um nichts weiter kümmern und brauche sich keine Sorgen machen. Es sei auch gar nichts Besonderes in diesen Umschlägen drin, aber er wisse ja ohnehin, dass er sich darüber keine Gedanken machen solle. Das sei in jedem Falle die klügste Vorgehensweise. Nur eine Nacht sollten sie in seinem Safe lagern, dann würde er sie übergeben und dafür in der nächsten Woche Zugriff auf einen echten Picasso erhalten. Seinen ersten echten Picasso. So sehr hatte er sich das gewünscht. Nur einen Picasso! War das denn wirklich zu viel verlangt? Alles würde völlig reibungslos ablaufen, hatte man ihm versichert. Zumal er ja so was auch nicht gerade zum ersten Mal machte. Für einen Diplomaten und Kunstsammler mit seiner Erfahrung sollte das fraglos eine Kleinigkeit sein. Da wäre selbst das Schmuggeln von wertvollen Teppichen weitaus gefährlicher.

Doch der gestrige Tag hatte sein wohlorganisiertes, der Liebe zur Kunst gewidmetes Leben binnen weniger Minuten in einen Albtraum verwandelt. Nachdem er dachte, er hätte einige der wertvollsten Stücke seiner liebevoll zusammengesuchten Sammlung in Flammen aufgehen sehen, war er nach Hause gelaufen, um endlich den Safe zu kontrollieren. Er fand ihn offen, drinnen lag nur noch dieses Einweg-Handy. Nachdem er dann auch noch die betäubte Galina und die Entführung der Zwillinge entdeckt hatte, knipste ihm das erst mal die Lampen aus.

Erst als er sich wieder gesammelt hatte und allein war, konnte er mit seinen Auftraggebern Kontakt aufnehmen. Die hatten erfreulicherweise Verständnis. Sogar dafür, dass er in Anbetracht der Umstände und der vielen Polizei in seinem Umfeld die Übergabe der Umschläge lieber um vierundzwanzig Stunden verschieben wollte. Richtig nett waren die gewesen! Auf einen Tag früher oder später komme es gar nicht an, wichtig sei nur, dass die Umschläge in Sicherheit sind. Dann eben morgen um zwölf Uhr an der vereinbarten Stelle.

Das war in zwei Stunden. Seine letzte Hoffnung war dieses Handy. Die ganze Nacht, den ganzen Morgen wartete er schon verzweifelt auf einen Anruf. Doch nichts geschah. Immerhin erkundigte sich niemand, wie es ihm ging oder warum er so dermaßen nervös und zerrüttet war. Durch die Entführung hatte er dafür ja auch sehr gute Gründe. Galina hatte er für heute freigegeben.

Plötzlich surrte das Handy.

Am fremden Gerät meldete sich eine Frauenstimme. Allerdings deutlich hörbar verzerrt: «Herr zu Dolmen, wie schön, dass ich Sie erreiche.»

«Was soll das? Ich mache seit Stunden nichts anderes, als auf Ihren Anruf zu warten. Und ehrlich gesagt glaube ich, dass Sie das auch ganz genau wissen. Wir haben übrigens so ein Technikfahrzeug vorm Haus. Ich nehme an, dass die Polizei hier alles, also auch alle Telefongespräche, überwacht. Nur zu Ihrer Information.»

«Vielen Dank, das ist sehr umsichtig, aber darauf waren wir vorbereitet. Keine Sorge, Sie können über dieses Gerät völlig sicher und unbeschwert mit uns kommunizieren.»

«Na, da bin ich aber froh.»

«Schön, dass Sie sich Ihren Humor erhalten haben. Wann treffen Sie sich mit Ihren Auftraggebern?»

«Welche Auftraggeber?»

«Das ist mir jetzt zu viel Humor. Ersparen Sie uns bitte solche Spielchen.»

«Okay. Genau mittags. Um zwölf Uhr.»

«Oh, dann haben wir ja wirklich nicht mehr viel Zeit.»

«Schön, dass Sie das auch so sehen.»

«Ich habe Ihnen soeben Ihr Schulungsmaterial geschickt.»

«Mein Schulungs… was?»

«Genaue Textbausteine und Anweisungen für Ihr Gespräch mit Ihren Auftraggebern. Damit Sie keine Fehler machen.»

«Was verlangen Sie von mir?»

«Nichts, was Ihnen mit Ihrer diplomatischen Erfahrung schwerfallen sollte. Sie werden als unser Unterhändler fungieren.»

«Also falls Sie wollen, dass ich die Herren in Ihrem Auftrag wegen der Umschläge erpresse, kann ich Ihnen sagen, das ist wahrscheinlich keine gute Idee.»

«Lassen Sie das ruhig unsere Sorge sein.»

«Nee, bis jetzt ist das erst mal meine Sorge. Ich muss schließlich mit den Herrschaften sprechen. Die wirken zwar wie Gentlemen, aber glauben Sie mir, die haben nicht wirklich Humor. Beziehungsweise einen ganz eigenen.»

«Davon ist auszugehen. Wir stellen jedoch nur eine verhältnismäßig kleine Forderung, die ihnen keine sonderlich große Mühe machen wird. Zumindest nicht gemessen an dem, was sie dafür zurückerhalten.»

«Sind Sie da sicher?»

«Absolut. Die Herren sehen sich selbst ja als Geschäftsmänner und kühle Rechner. Es ist davon auszugehen, dass sie zu dem Schluss kommen, dass dies ein sehr gutes Geschäft für sie ist und sie großes Interesse daran haben, die ganze Angelegenheit ohne Aufhebens geräuschlos aus der Welt zu schaffen.»

«Und ich soll diese Forderung überbringen?»

«Um zwölf Uhr, genau.»

«Worum geht es?»

«Ihre Auftraggeber verfügen über Einfluss, wirklich großen Einfluss. Das würden wir gerne nutzen. Sie sollen sich dafür einsetzen, dass der Handel mit Marderhunden und die grausame, massenhafte Tötung dieser Tiere weltweit verboten werden.»

«Das ist Ihre Forderung?»

«Finden Sie das lächerlich?»

«Nein, es ist nur … Machen Sie das wirklich alles nur wegen der Marderhunde?»

«Es existiert in solchen Fragen kein ‹nur›.»

«Für so etwas brauchen Sie China.»

«Eben, es sollte schon genügen, wenn irgendein chinesisches Regierungsmitglied an irgendeiner Stelle bis morgen sagt, dass die chinesische Regierung einer solchen Initiative nicht im Wege stehen würde. Ihre Auftraggeber gehören zu dem weltweit sehr, sehr kleinen Kreis von Menschen, die solch einen Satz möglich machen könnten. Für unsere Sache wäre das völlig ausreichend.»

«Für Ihre Sache?»

«Wir brauchen einfach diesen konkreten Erfolg. Dieses Signal. Bis morgen. Damit die Menschen weltweit sehen, dass es sich lohnt, uns zu beauftragen, und übermorgen wirklich Millionen und Abermillionen zu den Demonstrationen nach Berlin strömen.»

«Und dann?»

«Das wird man sehen.»

«Verstehe. Was ist eigentlich in diesen Umschlägen?»

«Sie wissen doch, dass es besser für Sie ist, wenn Sie das nicht interessiert.»

«Apropos, trotz allem werden meine Auftraggeber sicher sehr sauer auf mich sein.»

«Ihre Unversehrtheit und die Ihrer Familie sind unverhandelbarer Teil des Geschäfts.»

«Und daran werden die sich halten?»

«Mit 99,9-prozentiger Sicherheit. Wenn wir uns an alle Absprachen halten, werden sie es auch tun. Die haben kein Interesse an sinnlosen Konflikten oder kostspieligem Racheunfug.»

«Und was ist mit dem letzten Zehntelprozent?»

«Das unterliegt Ihrem diplomatischen Geschick.»

«Na bravo. Dann werden Sie denen also die Umschläge zurückgeben.»

«Sobald ein Mitglied der chinesischen Regierung den Satz gesagt hat, geben wir sie zurück. Komplett, unbeschädigt und ungeöffnet.»

«Ist das für Sie nicht ein Handel mit dem Teufel?»

«Man kann nicht die ganze Welt an einem Tag retten. Das geht nur im Film.»

«Haben Sie keine Angst, dass sich jemand anderes mit diesem Durchbruch schmücken wird? Irgendein Minister oder Staatspräsident, der dann behauptet, das Ganze wäre sein diplomatischer Erfolg und das Ergebnis jahrelanger unermüdlicher Überzeugungsarbeit?»

«Das wäre sogar das Beste, was passieren könnte, wenn sich eine oder mehrere Regierungen unser Anliegen zu eigen machen und dadurch quasi veredeln. Das lässt uns seriöser erscheinen. Unsere Macht würde es somit eher stärken als schmälern. Das Wichtigste ist ohnehin die Hoffnung. Das Gefühl, dass man doch etwas tun kann. Nicht alles sinnlos ist. Es einen Unterschied macht. Und zwar ganz konkret. Das ist der Punkt.»

«Warum gerade ich?»

«Sie erfüllten sehr viele der Voraussetzungen, die wir für einen erfolgversprechenden Plan benötigten. Das ist leider sehr selten.»

«Wie lange beobachten Sie mich und meine Familie denn schon?»

«Sehr lange.»

«Geht es meiner Frau gut?»

«Exzellent. Den Kindern auch. Schön, dass Sie doch noch fragen.»

«Hat sie Ihnen die Kombination vom Safe verraten?»

«Wir mussten ihr leider ein wenig Angst machen. Aber dann hat sie sofort kooperiert. Es war keinerlei Gewalt notwendig. Sie ist sehr klug und pragmatisch.»

«Ich weiß.»

«Sie sollten sich jetzt wirklich beeilen. Sie haben noch einen wichtigen Termin.»

«Wem sagen Sie das», seufzte Helmfried zu Dolmen, während er auf das Gemälde seines Urgroßvaters, des Freiherrn zu Dolmen, aus dem Ersten Weltkrieg blickte. «Keine Angst, ein zu Dolmen hat noch nie vor einer Herausforderung gekniffen.» Doch das hörte seine Gesprächspartnerin schon nicht mehr. Sie hatte das Gespräch abrupt beendet.

9

Natascha Feil schaute auf die Zeitanzeige ihres Telefons. Samstagfrüh. 4.45 Uhr. Fast sechs Stunden hatte sie geschlafen. Nie hätte sie das für möglich gehalten. Nachdem sie sich auf der Feldliege aufgerichtet hatte, konnte sie schon die Klinke der Tür erreichen. So winzig war dieses Kabuff. Sie öffnete nur einen Spalt und hörte sofort das hektische Klappern und Plappern im Einsatzraum. Hatte sie dieses Geräusch vorher nur nicht wahrgenommen, oder bot diese unbedeutende Tür in dieser lächerlichen Wand tatsächlich einen derartigen Lärmschutz?

Eigentlich sollte die offizielle «Wertung» der Demonstrationen durch den Telegraphen ja erst ab sechs Uhr erfolgen, doch bereits seit gestern Abend und die ganze Nacht hindurch waren riesige Prozessionen mit Transparenten, Fahnen und den vielfältigsten Forderungen in der Stadt unterwegs. Schon jetzt war viel Interessantes dabei. Von einem weltweiten Recht auf sauberes Wasser bis zur Steuerbefreiung für Erben von denkmalgeschützten Gebäuden. In unzähligen Sprachen und Dialekten. Doch die ganz große Masse von Menschen wartete noch vor den Toren der Stadt. Erst im Laufe des Vormittags würde sie in die Innenstadt strömen und ein Chaos verursachen, wie es wohl noch kein Ballungsraum auf der ganzen Welt bislang erlebt hatte. Berlin war allerdings vorbereitet. Alle Geschäfte, Cafés und Restaurants hatten geschlossen. Nur unzählige fliegende Getränke- und Snackhändler sowie Kioske witterten das Geschäft ihres Lebens. Ansonsten waren sämtliche ebenerdigen Läden verrammelt. Zum Teil gingen die Verschläge bis in den dritten Stock hinauf. Bretter und Schutzwände waren schnell knapp geworden. Doch hier funktionierte der Kapitalismus. Noch gestern hatten massenweise Lieferungen von geeigneten Materialien die Stadt erreicht, die dann zu horrenden Preisen an die verzweifelten Ladeninhaber vertickt wurden. Der Senat hatte angekündigt, die Kosten für diese Maßnahmen später zu erstatten. Dennoch waren wohl auch die Versicherungen mit den letzten beiden Geschäftstagen sehr zufrieden.

Nachdem gestern Morgen der chinesische Handelsminister am Rande einer Konferenz in Kapstadt unmissverständlich erklärt hatte, seine Regierung stünde der Initiative eines weltweiten Verbots des Handels mit Marderhunden und ihrer Felle sehr aufgeschlossen gegenüber, hatte der Zug in Richtung Berlin noch einmal erheblich an Volumen zugelegt. Eine derartige Ankündigung hätte noch vor wenigen Tagen niemand für möglich gehalten.

In Deutschland reklamierten erstaunlicherweise der Gesundheitsminister, der bayrische Ministerpräsident und der

Verkehrsminister diesen Erfolg für sich. Vom Triumph der sanften Diplomatie war die Rede. Die außenpolitischen Kommentatoren waren sich jedoch einig, dass es sich um eine taktische Entscheidung der chinesischen Regierung handelte. Diese sah hier vermutlich die Möglichkeit, durch ein kleines Opfer in Europa eine erhebliche Unruhe, wenn nicht gar Krise verursachen zu können. In jedem Falle aber wurde die Aktion des Telegraphen als entscheidender Impuls für alle diese Entwicklungen gesehen.

Bis in den späten gestrigen Abend hinein hatte Hauptkommissarin Feil unterdessen den Schutz der vielen möglichen Angriffsziele organisiert. Da sie davon ausgehen musste, dass ein schnelles Vor-Ort-Sein höchstens noch per Hubschrauber möglich war, blieb ihr letztlich keine andere Möglichkeit, als alle Objekte einzeln zu schützen. Für jede Bank, jedes Museum, jede relevante Firma, Forschungsstation oder Regierungsstelle teilte sie ein eigenes Team ein. Dafür hatte man Personal aus ganz Deutschland zusammengezogen. Nicht nur Polizisten, auch Grenzschützer, Soldaten, Sicherheitsdienste und Personenschützer. Alle Bundesländer und Städte hatten alles, wirklich alles, geschickt, was sie konnten, sodass der Berliner Polizei eine kleine Armee von fast drei Millionen Verteidigern zur Verfügung stand. Auch logistisch eine ungeheure Herausforderung. Schließlich mussten alle verpflegt und beherbergt werden. In einer Stadt, in der es durch die Demonstrationsgäste natürlich ohnehin keine Betten mehr gab. Daher hatte Natascha die Tochter zum Vater geschickt und in ihrer Zweizimmerwohnung nicht weniger als acht Polizistinnen aus Hildesheim untergebracht.

Auch deshalb schlief sie nun im Kabuff der Einsatzzentrale. Und zwar unerwartet gut. Selbst ihrem Rücken hatte die Liege keinen Schaden zufügen können. Obwohl dieses Modell als der unumstrittene Angstgegner aller Lendenwirbelsäulen galt. Womöglich, dachte sie, hatte dieser ultimative Stress, diese vollkommene Überforderung endlich mal dazu geführt, dass ihr Körper sich gänzlich entspannen konnte.

Punkt 5.55 Uhr erschien auch die Polizeipräsidentin Horlemann im Einsatzzentrum. Der Telegraph hatte noch gestern die Bedingungen für die «Antragstellung» präzisiert und die Polizei mit der Zählung der Demonstrationsteilnehmer beauftragt. Mindestens zwanzigtausend Teilnehmer mussten für dreißig Minuten anwesend sein. Dann würde der Telegraph das Anliegen der Demonstration auf seine Agenda setzen. Horlemann hatte deshalb alle angewiesen, bei den Schätzungen möglichst großzügig zu sein. Je früher die Teilnehmer ihr Ziel erreicht hätten, desto schneller würden sie die Stadt auch wieder verlassen. Das war die Hoffnung. Zudem hatte sie angeregt, bei der Definition des Stadtgebiets fünf gerade sein zu lassen. «Auch die äußersten Außenbezirke Berlins sind immer noch Berlin», hatte sie verkündet, «am Rande kann das dann auch schon mal nach Brandenburg reinlappen.» Da dem niemand widersprach, sah sie diese Regelauslegung als akzeptiert. Auch so war die Menschenmenge schon ungeheuerlich.

Bis in den späten Vormittag verlief alles dermaßen katastrophenfrei, dass sich bei Teilen der Presse aus aller Welt bereits leichte Enttäuschung breitmachte. Die geschätzte Hundert-Millionen-Marke war längst überschritten. Der Zustrom ungebrochen. Doch alles blieb irgendwie erträglich. Dann, Punkt 11.37 Uhr, kam der erste Einbruch. Die kleine Filiale einer Privatbank in Mitte, an der Grenze zum Wedding. Keines der geschützten Objekte. Sofort brach Hektik aus. Sollte man Kräfte vom Bayer-Werk oder der BND-Zentrale abziehen, um die Diebe zu stoppen? Was, wenn dies das Ziel der Einbrecher war? Die Polizeipräsidentin und Natascha entschieden sich fürs Risiko und schickten Leute zur Bank. Zwölf Minuten später kam die nächste Meldung, ein Einbruch in einem Antiquitätenladen in Charlottenburg. Auch nicht bewacht. So ging es ab jetzt im Viertelstundentakt. Manchmal auch in kürzeren Intervallen. In einigen der Ziele warteten die Beamten schon auf die Angreifer und konnten sie schnell überwältigen. Anderswo kam man zu spät, und die Diebe waren längst mit ihrer Beute in der Masse der Demonstranten untergetaucht. Töpitz versuchte mithilfe von Computerexperten stets einigermaßen den Überblick zu behalten, wo sich wie viele Sicherheitsleute aufhielten. Sprich irgendwie die Ressourcen zu verwalten. Andere koordinierten die einzelnen Einsätze. Horlemann und Feil trafen die Entscheidungen. Gemessen an der vollkommenen Unmöglichkeit der Aufgabe, verlief alles fast reibungslos. Obwohl so viele Menschen fast pausenlos schrien, fuchtelten oder auf und ab rannten. Der erwartete Angriff auf das Kommunikationszentrum, die Stromversorgung und die Schaltzentrale des Einsatzkommandos blieb aus. Ein großer Schlag gegen ihre Infrastruktur hätte sie quasi «blind» gemacht. Deshalb waren dies die mit Abstand bestgeschützten Objekte. Für die sich dann allerdings niemand interessierte.

Es war ein unfassbares Tohuwabohu, doch keine der unzähligen Attacken konnte auch nur im Entferntesten als der große Coup gewertet werden, mit dem man bei der Vorbereitung gerechnet hatte. Zudem zeigte sich, dass die Diebe, die man bereits erwischt hatte, ausnahmslos polizeibekannt waren. Mitglieder von Berliner Banden, ortskundige Einzeltäter oder Kriminalitätstouristen aus anderen Städten, die extra zu dieser besonderen Gelegenheit angereist waren. Niemand wollte sich offenbar diese seltene Chance entgehen lassen.

Natürlich vermutete Natascha, dass die selbsternannten

Weltverbesserer auch diesen Effekt mit einkalkuliert hatten. Doch eine konkrete Vereinbarung zwischen dieser herkömmlichen organisierten Kriminalität und den neuen Akteuren hielt sie für nahezu ausgeschlossen.

So wurden sie von maximaler Hektik und Geschäftigkeit durch diesen wahnwitzigen Tag getrieben, und erst am Abend stellten Feil und Töpitz fest, dass sie den eigentlichen Angriff dann doch erst bemerkt hatten, als er schon vorbei war.

Gegen 16.00 Uhr kam es zu einer Reihe kleinerer Ladeneinbrüche in den Außenbezirken von Hamburg und Frankfurt. Dazu hagelte es plötzlich Notrufe. Auch eher am Stadtrand. Die beiden bis auf die allerletzten Reserven ausgedünnten Städte entsandten ihre verbliebenen Polizisten. Als sie von den Einbrüchen in großen, meist privaten Bankhäusern der Innenstadt erfuhren, schafften es die Beamten nicht mehr rechtzeitig zurück. Sieben Einbrüche in Frankfurt, vier in Hamburg. Jeder einzelne perfekt vorbereitet, teils mit Tunneln, teils mit Artisten, die sich in der Bank versteckt hatten. Dazu gewaltige Explosionen an den beiden größten Häusern, in die man aber gar nicht einzudringen versuchte. Auch das sollte wieder nur die Aufmerksamkeit der allerletzten verbliebenen Verteidiger auf die naheliegendsten Ziele lenken, die man aber nur als Ablenkungsmanöver benutzte. Indem man ihnen sehr laut schön große Löcher in die Fassade sprengte. Was letztlich in den anderen Bankhäusern gestohlen wurde, ließ sich nicht genau sagen, da die Diebe nur Schließfächer ausgeräumt hatten. Über deren Inhalt konnte und wollte zunächst niemand Auskunft erteilen. Da die ausgeraubten Banken jedoch sehr wohlhabende und einflussreiche Kundschaft hatten, dürfte der Verlust erheblich gewesen sein. Zumindest waren die wenigen Vorstände, die vor die Kameras traten, allesamt leichenblass.

10

Polizeipräsidentin Horlemann lobte Natascha Feil auf der abschließenden Pressekonferenz in den höchsten Tönen. Die Stadt hatte triumphiert. «Dit kann nur Berlin!», titelte die BZ. Der Stolz der Bevölkerung kippte wie üblich schnell ins Überhebliche. «Das machen wir von jetzt an jedes Jahr. Nur größer!», forderten schon die Ersten. Veronika und die Zwillinge waren wieder bei Helmfried zu Dolmen in der Lichterfelder Villa. Allen ging es gut.

Hauptkommissarin Feil jedoch war noch nicht zufrieden. Sie hatte recht gehabt mit der Vermutung, dass alles wieder nur eine riesige Ablenkung gewesen war. Jedoch hatte sie sich, typisch Berlin, kaum vorstellen können, dass es mal nicht um ihre Stadt ging, sondern um Frankfurt und Hamburg. Warum war ihr diese Möglichkeit nicht früher in den Sinn gekommen? Oder Töpitz? Oder Horlemann? Oder sonst irgendwem?

Juli, ihre Tochter, schickte ihr eine Nachricht. Das Essen sei um Punkt 19.00 Uhr fertig. Danach Spieleabend und dann mal nicht so spät ins Bett. Dahinter drei fette Lachsmileys. Natascha schickte ihr einen dicken Einverstanden-Daumen und lächelte. Heute keine Ablenkungen mehr, sondern nur noch das, worum es eigentlich geht, dachte sie.

Drei Monate waren seit den Ereignissen um die große Demonstration vergangen. Die Beförderung, die man Hauptkommissarin Feil damals in Aussicht gestellt hatte, ließ noch auf sich warten. Auch vom Telegraphen hatte man seither nichts mehr gehört. Die Aufarbeitung der vielen, teilweise ja auch nur versuchten Überfälle jenes Tages beschäftigte noch große Teile der Berliner Polizei. Man konnte das Ereignis auch als massiven Schlag gegen die organisierte Kriminalität in Berlin, wenn nicht in ganz Deutschland, deuten. So viele Festnahmen, die meisten auf frischer Tat, hatte es noch nie an einem Tag gegeben. Und fast alle führten zu Verurteilungen. Die Stimmung im Polizeipräsidium war nach wie vor hervorragend.

Nur Natascha Feil knabberte noch immer an den vielen ungeklärten Fragen. Im Schnitt sechs Tage und drei Nächte die Woche, mehr erlaubte Juli ihr nicht, wälzte sie ihre Unterlagen und Ergebnisse hin und her, um vielleicht irgendwann doch die Hintergründe zu verstehen. Und gestern war sie endlich auf eine Person und einen Ort gestoßen, die sie vielleicht zur Antwort führen könnten.

Deshalb wartete sie nun in der Treulosen Tomate auf ihre Verabredung.

Noch nie war sie in diesem Lokal gewesen, obwohl es innerhalb der Berliner Polizei einen gewissen Ruf besaß. Sie saß in einer der verwinkelten Buchten des Lokals, das alles einlöste, was man ihr darüber erzählt hatte. Die Treulose Tomate war eine dieser alten Berliner Kneipen, die ihren Gästen zuverlässig jedes gute Wetter vom Hals hielten. Zwar gab es Fenster, doch davor hingen Gardinen, aus denen man noch den Zigarettenrauch von Polizeilegenden wie Ernst Gennat oder Franz Pampel riechen konnte. Tausende von Geschichten hatten die Innenseiten dieser Gardinen in den letzten zweihundert Jahren gesehen. Aber nie die Sonne.

Ein Mann trat an ihren Tisch. Auf die Minute pünktlich, wie sie zufrieden feststellte.

«Ich war wirklich überrascht, als Sie mir schrieben, dass Sie ausgerechnet hier mit mir sprechen wollen.»

«Kennen Sie die Treulose Tomate?»

«Selbstverständlich, ich bin …»

«Ich weiß, Ihre Familie ist seit mittlerweile sieben Generationen bei der Berliner Polizei. Schon klar.»

«Entschuldigung, ich wollte Ihnen damit nicht auf die Nerven gehen.»

«Auch das habe ich jetzt begriffen. Sie meinten das freundlich, wollten mir einen Hinweis geben. Aber ich habe den erst vor vierundzwanzig Stunden kapiert.»

«Jetzt verwirren Sie mich.»

«Ihr Stammbaum. Leider habe ich ihn mir erst gestern angesehen. Ihr Urgroßvater war der legendäre Kriminalkommissar Pampel, der die Tochter seines Vorgesetzten, des Kriminaldirektors Töpitz geheiratet hat. Ihre Urgroßmutter Hermine Töpitz. Ich bin nicht gleich draufgekommen, da es damals ja noch sehr unüblich war, dass Kinder den Nachnamen der Mutter übernehmen.»

«Den Namen des Großvaters genau genommen. Den Mädchennamen der Mutter hätte man ihnen wohl tatsächlich nicht gestattet. Mein Ururgroßvater, der Kriminaldirektor Töpitz, war ohnehin schon unglücklich über diese Verbindung. Doch er hatte sich arrangiert. Enkel, die den Namen Pampel tragen, der seinerzeit durch die Boulevardpresse praktisch zu einem Schimpfwort geworden war, hätte er aber nun wirklich nicht ausgehalten.»

«Es ranken sich viele Geschichten um diesen Kriminalkommissar Pampel. Er war der Ausbilder des berühmten Ernst Gennat. Als der jedoch Kriminaldirektor wurde, verschwand Pampel. Einfach so. Von einem Tag auf den anderen. Zurück blieben seine Frau und die zwei Töchter. Eines der vielen Gerüchte dazu lautet, er habe sich einer Organisation namens Telegraph angeschlossen. Bis weit nach dem Zweiten Weltkrieg reichen die Legenden um diese Gruppe. Es gibt sogar Quellen, die behaupten, dass sie noch immer existiert.

Doch seit den Zwanzigerjahren des letzten Jahrhunderts ist der Telegraph nicht mehr namentlich in Erscheinung getreten. Bis vor drei Monaten.»

Töpitz gab der Bedienung ein Handzeichen. Die fragte erst gar nicht nach seiner Bestellung, sondern startete direkt den Kaffeevollautomaten. Offensichtlich war er hier bekannt.

«Ich kenne all diese Geschichten», antwortete der junge Kommissar und lehnte sich zurück. «Sie gehören zu unserer Familie wie bei anderen der Spieleabend.»

Natascha Feil schmunzelte. «Warum haben Sie das nicht gesagt?»

«Wann?»

«Als Paula Frei zum ersten Mal den Telegraphen erwähnt hat, zum Beispiel. Ich habe mich wochenlang gefragt, wie diese Leute uns immer einen Schritt voraus sein konnten. So viele Interna kannten. Uns so geschickt lenkten. Gestern wurde mir plötzlich klar, dass die kürzeste mögliche Antwort auf alle diese Fragen Philipp Töpitz lautet.»

«Na, das ist jetzt aber mal wirklich eine steile These.»

«Warum haben Sie mich damals das mit der Inspectora aus ‹Haus des Geldes› gefragt?»

«Es hat mich einfach interessiert. Aber ich schlage vor, dass wir uns diese Spielchen sparen. Wenn Sie eine konkrete Frage an mich haben, stellen Sie sie einfach.»

Hauptkommissarin Feil schüttete das ganze Zuckerbriefchen in ihren bereits zur Hälfte leeren Kaffee.

«Würden Sie je etwas tun, was dieser Stadt oder der Berliner Polizei schaden könnte?»

«Niemals.»

«Weil das in Ihrer DNA liegt?»

«So in etwa. Sie wissen, dass das alles ein einziger riesiger Blödsinn ist?»

«Was?»

«Von wegen Geheimbund, Telegraph, die ganzen Legenden.»

Natascha ließ sich langsam ins durchgesessene Polster sinken. «Und warum nennt sich diese Gruppe dann so?»

«Ablenkung. Was sonst. Der Name hat eine geheimnisvolle Geschichte. Legenden ranken sich darum. Das nutzen die einfach.»

«Die?»

«Ich gehöre nicht zum Telegraphen, falls Sie das denken.»

«Wozu gehören Sie denn?»

«Ich gehöre zur Geschichte. Im wahrsten Sinne des Wortes. Und Sie auch. Denn auch Sie wollen, dass nicht alles sinnlos ist. Dass es eben doch einen Unterschied macht, was man tut. Es gibt den Telegraphen, und es gibt uns. Die Polizei. Wir stehen auf entgegengesetzten Seiten. Unsere einzige Gemeinsamkeit ist der Unterschied, den wir machen wollen.»

Die Hauptkommissarin runzelte die Stirn. «Ist das hier gerade so etwas wie ein Aufnahmeritual?»

Töpitz zuckte die Schultern. «Das ist nicht meine Entscheidung. Aber eines kann ich Ihnen versichern: Mein Urgroßvater wäre stolz auf eine Hauptkommissarin wie Sie.» Dann stand er einfach auf und verließ ohne ein weiteres Wort das Lokal.

Zehn Sekunden später wurde sein Cappuccino an den Tisch gebracht. Nach kurzem Nachdenken beschloss Natascha, ihn zu übernehmen.

Der Hauptmann
von Tangermünde

Tangermünde, den 12. Mai 1807

Liebste Schwester,

bitte verzeih, dass Du so lange Zeit ohne Nachricht von mir geblieben bist. Doch die letzten Monate hielten manche Turbulenz für mich bereit. Wodurch jene geschätzten Momente der Muße, in welchen ich durch meine Briefe an Dich meine Gedanken und Erlebnisse ordnen kann, mir leider nicht erlaubt waren.

Wo nun beginnen, da so vieles geschehen ist seit meinen letzten Zeilen? Vom Wichtigsten dürftest Du ohnehin längst unterrichtet sein. Der Krieg ist gewonnen. Jedoch waren die Opfer enorm. Mit höchster Bestürzung habe ich vom Tode Deines allgemein verehrten Gemahls, des Oberst Concourt, unserem Wohltäter, erfahren. Wer weiß, welches Schicksal uns ereilt hätte, wenn er sich nicht unserer armen Seelen angenommen hätte, nachdem die lieben Eltern der Revolution zum Opfer gefallen waren. Indem er Dich, geliebte Schwester, ganz offiziell zur Frau nahm. Obwohl Du erst fünfzehn Jahre alt warst und der Ruf Deiner Familie ruiniert, wusch er schließlich auch meinen Namen rein und ermöglichte mir diesen ehrenvollen Weg beim Militär, der mich nun zu einer beachtlichen Karriere in der Armee Napoleon Bonapartes befähigt hat. Auch wenn nicht alle Umstände seines Todes bekannt sind, herrscht allgemeine Einigkeit darüber, dass Oberst Concourt als Held gestorben ist. Ein hinterhältiger Überfall von Meuchelmördern. Sie wollten unsere Armee eines ihrer brillantesten Köpfe berauben und zugleich Informationen hinsichtlich unserer Pläne erbeuten. Der Oberst erlag seinen Verletzungen. Allerdings hat er wohl lieber den Tod gewählt, als dem Feind auch nur ein Detail der Strategie zu verraten. Vielleicht gelang es ihm sogar, seine Mörder gezielt in die Irre zu führen. Zumindest deutete der spätere Schlachtverlauf darauf hin. Du darfst also getrost mit Stolz Deines Gemahls gedenken. Die Nation wird seine Taten und sein Wirken nie vergessen. Genauso wenig wie wir. Sei gewiss, in meinen Gedanken bin ich Dir in dem, was Du nun empfindest, so nah, wie ich es immer war.

Nun zu dem Ungeheuerlichen, was mir seither widerfahren ist. Stell Dir vor, man hat mich zum Hauptmann befördert. Und nicht nur das, auch zum Kommandanten wurde ich ernannt. Du kannst Dir sicher meine freudige Aufregung vorstellen. Tangermünde heißt der Ort, den der Kaiser mir anvertraute, eine kleine Stadt in der Altmark. Tangermünde und seine Umgebung sollen Teil des Königreichs Westphalen werden, wie Napoleon den neuen Staat der ehemals deutschen, nun aber unter französischer Administration stehenden Gebiete zu nennen gedenkt. Glaube es oder nicht: Bonaparte höchstpersönlich bestimmte mich zum Kommandanten von Tangermünde. Vermutlich hat er erfahren, dass ich durch unsere selige Frau Mutter des Deutschen mächtig bin. Eine noch größere Ehre als die Beförderung ist der Geheimauftrag, mit dem er mich betraute. Von diesem darf ich allerdings aus naheliegenden Gründen nicht einmal Dir berichten.

Doch keineswegs verschweigen will ich Dir, dass ich ihn selbst getroffen habe. Unseren Kaiser. Ich war in einem Raum mit ihm. Es besteht kein Zweifel, dass ich von diesem kurzen Moment mein gesamtes Leben lang zehren werde. Es mag sein, dass er, wie allgemein bekannt, rein körperlich nicht sehr imposant erscheint. Dennoch konnte niemand auch nur den geringsten Zweifel hegen, dass er jeden anderen im Saal wie in ganz Europa an wahrer Größe bei Weitem überragt. Dabei wirkte er keinesfalls überheblich, sondern kam dem Herzen eines jeden Anwesenden beglückend nah. Er versteht sich auf fröhlich-volkstümliche, zuweilen recht derbe Scherze, die ich einer jungen Dame wie Dir aber lieber nicht zumuten möchte. Daher spare ich hier das wörtliche Zitat.

Genug der Schwärmerei! Napoleon schickte mich also nach Tangermünde. Mit einer Ernennungsurkunde und nur zwei Männern zur Unterstützung. Zwar ist das Königreich Westphalen noch nicht offiziell gegründet, doch sollte ich mein Amt bereits antreten. Um die französischen Interessen zu wahren und vor Ort den *code civil*, unsere Vision einer modernen Gesellschaft, zu erklären. Kannst Du Dir meine Aufregung vorstellen, als ich Tangermünde zum ersten Mal erblickte? Seinen für französische Zungen eher ungelenken Namen trägt die Stadt, weil dort der Tanger in die Elbe mündet. Umgeben von Wasser erhebt sich ein imposantes Schloss auf einem Berg. Ein liebliches Bild, ganz besonders am Tag unserer Ankunft, dem 15. April dieses Jahres, an dem die natürliche Schönheit noch durch ein sanftes Frühlingslicht unterstrichen wurde.

Das Verhalten der Menschen stand hingegen in scharfem Kontrast zur äußeren Freundlichkeit ihres Ortes. Höflichkeit ist ihnen fremd und Takt regelrecht verhasst. Sie wirkten nicht wenig stolz darauf, mir ihre Verachtung bei jeder Gelegenheit zeigen zu können. Sei es durch einen grimmigen Blick oder gar ein beherztes Ausspucken. Doch sei gewiss, ich habe stets zurückgespuckt. Auf den Boden natürlich. Es ist also ein fortwährend fideles Gerotze, wenn ich durchs Städtchen flaniere. Dennoch ist's mir lieber, als wenn sie gar nicht auf mich reagieren.

Die Furcht, meine Sprachkenntnisse könnten für diesen Auftrag vielleicht nicht ausreichen, erwies sich als gänzlich unbegründet. Obgleich außer Übung, musste ich feststellen, dass meine Kenntnisse der deutschen Sprache sehr viel umfangreicher sind als die der allermeisten Einheimischen. Selbst der frühere Bürgermeister und jetzige Ortsvorsteher, der uns nur äußerst widerwillig drei Zimmer im Rathaus und den Versammlungssaal überließ, ist da keine Ausnahme. Sieht man einmal von Schimpfwörtern und Obszönitäten ab, dürfte sein Wortschatz wohl auf einem herkömmlichen Bogen Briefpapier Platz finden. Er besteht darauf, mit Magistrat Kunboldt angesprochen zu werden. Woher dieser Titel rührt, weiß mutmaßlich nicht einmal er selbst. Wahrscheinlich gefällt ihm das Wort.

Nur meine glaubwürdige und im Dokument bekräftigte Ankündigung, dass im Laufe des Sommers gleich mehrere größere Delegationen der Armee des französischen Kaisers nach Tangermünde kommen würden, verschafft mir etwas Respekt bei diesen Leuten. Womöglich ist es sogar das Einzige, was unsere Unversehrtheit garantiert. Es möchte gewiss niemand hier den französischen Soldaten erklären müssen, warum ihr eingesetzter Kommandant eines gewaltsamen Todes starb.

Ich muss gestehen, dass mir in der ersten Zeit nicht klar war, was eigentlich meine Aufgabe in dieser Stadt sein sollte. Viele andere Orte des neuen Königreichs Westphalen sind gänzlich ohne Kommandanten geblieben. Sie verwalten sich zunächst selbst. Mich aber schickt der Kaiser in das vergleichsweise kleine Tangermünde und erteilt mir darüber hinaus per Dekret die Verwaltungshoheit und Polizeigewalt für den Ort. Natürlich ist dies dienlich, um den Besuch der Delegationen vorzubereiten. Leider hat niemand in dieser Gemeinde den Wunsch, von mir regiert oder verwaltet zu werden. Der Ortsvorsteher besaß die Impertinenz, mir schlicht mitzuteilen, was Tangermünde dem französischen Kaiser an Steuern zu entrichten gedenke. Wörtlich sagte er: «Mehr geht nicht, machen Sie das Ihren Leuten begreiflich.» Damit hielt er die Angelegenheit für erledigt. In Abstimmung mit meinen beiden Begleitern Jean Fornet und Louis Grouillot, einfache Soldaten mit gesundem Verstand, die mir auch schon in meiner Zeit als Leutnant zugeordnet waren, entschied ich mich, dieses Thema, der Vernunft wegen, erst wieder auf die Tagesordnung zu setzen, wenn ausreichend Soldaten unserer Armee in der Stadt sind. Ansonsten war meine Betätigung in den ersten Wochen von eher repräsentativer Natur. Weshalb ich statt im Rathaus oft von meinem zweiten Büro aus arbeitete, dem Wirtshaus Wolter. Ich hoffte, durch diese Bürgernähe mit der Zeit den Respekt und das Vertrauen der Bevölkerung zu gewinnen. Leider gelang das zunächst nur sehr bedingt.

Zwar schätzte man durchaus meine Trinkfestigkeit und zeitweilige Großzügigkeit, Eigenschaften, die hier hoch angesehen sind. Doch eine wirkliche Nähe zu den Herzen der Menschen ließ sich so nicht herstellen.

Einzig die kluge und anmutige Tochter des verwitweten Wirtes, das Fräulein Juliane, ist anders. Gänzlich anders. Flink im Geiste wie in ihren Bewegungen, ist sie die größte Freude, die ich hier habe. Keine Angst, es ist zwischen uns nichts vorgefallen. Was allerdings nicht daran liegt, dass ich es mir nicht gewünscht hätte. Ja, sie ist wunderschön. Ihre wilden, lockigen, kupferroten Haare, die frechen Sommersprossen, der grazile

Körperbau. Das alles gefällt mir außerordentlich, aber sie ist viel zu klug und weitsichtig, als dass sie sich einfach so einem französischen Hauptmann hingeben würde. Ich würde es nicht wagen, meinen Begierden mehr Nachdruck zu verleihen, dazu ist mir ihre Freundschaft zu kostbar. Sie ist die einzige Person in diesem Ort, mit der ich ernsthaft und unbeschwert reden kann. Beinah so wie mit Dir, meine Teuerste. Manchmal begleitet sie mich auf Ausflügen in die Umgebung. Diese Erkundungen sind notwendig für meinen Auftrag und ihre Ortskenntnis dabei schier unbezahlbar. Doch ein noch größerer Schatz ist ihre Gegenwart. Wir haben einen gemeinsamen Lieblingsplatz, eine alte Ruine, wenige Kilometer von Tangermünde entfernt. Ein magischer Ort, der eine besondere Anziehungskraft auf uns ausübt. Sollte es je zu einem ersten Kuss zwischen uns kommen, dann kann es wohl nur dort geschehen.

Die anderen Bewohner Tangermündes beäugen unsere Liaison natürlich mit höchstem Misstrauen. Insbesondere ihr Vater, der allzeit mürrische Herr Wolter, missbilligt unsere Vertrautheit. Außerdem ist da noch der im ganzen Ort gefürchtete Müllermeister Wild. Vor nicht einmal einem halben Jahr kam die Müllerin bei einem Unfall ums Leben. Er war seither mit seinen elf Kindern allein und hatte mehr als nur ein Auge auf Juliane geworfen, auch wenn diese fünfundzwanzig Jahre jünger als er ist. Er hatte dem Wirt Wolter auch eine bemerkenswerte Mitgift in Aussicht gestellt.

Wer, liebste Schwester, könnte besser als Du verstehen, was dies im Fräulein Juliane auslöste? In ihrer Not bat sie mich, Ermittlungen zum Unfalltod der Frau des Müllers anzustellen, wenigstens einmal die Kinder zum Tag des Unglücks zu befragen. Immerhin hätte ich ja nun die Polizeigewalt und damit auch eine Zuständigkeit in solchen Fragen in Tangermünde. Doch kurz darauf entschuldigte sie sich und flehte mich an, solche Befragungen zu unterlassen. Viel zu groß sei die Gefahr, denn dem Müller sei Schlimmstes zuzutrauen.

Ach, liebste Amelie, es gibt so viel von diesem wundersamen Ort zu berichten, aber ich muss enden, die Pflicht ruft.

Meine teuerste Amelie, von Herzen wünsche ich auch Dir Momente leichter Heiterkeit, wie ich sie hier genießen darf.

Dein Philippe Robert, Hauptmann von Tangermünde

* * *

Tangermünde, den 15. Mai 1807

Ach, liebste Schwester,

nur drei Tage nach meinem letzten Brief verfasse ich schon den nächsten. Ich weiß mir nicht anders zu helfen, um meinen Geist zu ordnen. Furchtbares ist geschehen, und ich muss es mir von der Seele schreiben, da es mich sonst unweigerlich zerreißt.

Weder Fornet und Grouillot noch dem Fräulein Juliane kann ich mich anvertrauen, denn sie sind alle auf die eine oder andere Weise in die Ereignisse verwickelt.

Aber der Reihe nach. Ein Mord ist geschehen. Ein echter Mord. Und ich habe zu ermitteln! Jedoch macht man es mir nicht leicht. Zu groß ist bei den Menschen hier das Misstrauen gegen uns Franzosen. Zudem wurde das grausame Verbrechen ausgerechnet mit meiner Offizierswaffe verübt, wie es hier durch alle Gassen zischelt. Ein äußerst misslicher

Umstand! Natürlich war es nicht meine Hand, die die Klinge im Todesstoß führte. Doch wie kann ich die Menschen von Tangermünde von meiner Unschuld überzeugen? Selbst der brave Fornet, mein Vertrauter und Freund, scheint mir gegenüber eine gewisse Skepsis zu hegen. Immerhin war es nicht irgendwer, der da im Morgengrauen auf dem Marktplatz von Tangermünde erstochen aufgefunden wurde. Es traf den Müllermeister Wild, mit dem ich just in jener Nacht aufs Heftigste aneinandergeraten war.

Trunken und streitlustig wie an jedem Abend, war er an meinen Tisch im Wirtshaus Wolter getreten und hatte mich frech bedroht. Mir werde ein furchtbares Unglück widerfahren, wenn ich nicht endlich meine dreckigen Franzosenhände von dem Fräulein Juliane ließe. Nun hatte auch ich zu dieser Stunde zwecks Demonstration von Volksnähe bereits mit dem formlosen Biertrinken begonnen und reagierte daher nicht ganz so besonnen, wie es meinem Amte angemessen gewesen wäre. Ich antwortete laut und für alle Umstehenden vernehmbar: «Aha, womöglich so ein Unglück, wie es auch Eurer bedauernswerten Frau Gemahlin widerfahren ist.»

Diesen Satz nahm der Müller leider nicht gut auf. Eins führte zum anderen, und die Geschichte endete in einer wilden Rauferei. Fornet und Grouillot versicherten mir später, ich hätte Frankreich in dieser Auseinandersetzung außerordentlich gut vertreten. Nicht nur dem Meister Wild, sondern auch zweien seiner Kumpane, dem Tischler Voss und dem Bäcker Nolde, bot ich mit meinen Fäusten Paroli, was mir bei den anderen Gästen des Wirtshauses einigen Respekt einbrachte. Diesen Umstand feierten wir selbstredend ausgiebig, und auch wenn sich mein Geist hierbei zunehmend in die vorgezogene Nachtruhe verabschiedete, spürte ich ganz deutlich, wie ein Eis zwischen mir und den Menschen des Ortes gebrochen war. Endlich hatte ich einen Zugang zu ihnen gefunden. Doch am nächsten Morgen schon wurde der Müller Wild mit meinem Degen in der Brust aufgefunden. Beim ersten Hahnenschrei. Mitten auf dem Marktplatz. Das brachte die Herzen der Menschen leider unverzüglich zum Erkalten.

Bedauerlicherweise fehlt mir jedwede Erinnerung an den wesentlichen Teil dieser Nacht. Dennoch schwöre ich Dir, liebste Schwester, dass ich in jener Nacht niemanden getötet habe. Du weißt, ich bin Soldat. Ich kenne das Gefühl, einem anderen das Leben zu nehmen, besser, als mir lieb ist. Egal wie trunken und besinnungslos der Geist auch gewesen sein mag, der Körper erinnert sich an den tödlichen Stoß. Kurz, ich war mir sicher, nichts dergleichen in jener Nacht getan zu haben, und beteuerte meine Unschuld. Ich sehe den Leuten an, dass sie mir nicht recht glauben, selbst im Blick des loyalen Fornet liegen Zweifel, aber niemand scheint ein Interesse daran zu haben, mich offen anzuklagen. Die Trauer um den Müller Wild hält sich offensichtlich in Grenzen, und der verschlagene Magistrat Kunboldt gab mir sogar zu verstehen, dass sich der Fall zügig und geräuschlos *ad acta* legen ließe – wenn ich in Zukunft bezüglich der Steuern Wohlwollen zeige. Sicherlich ein gut gemeintes Angebot.

Doch ist es nicht gerade das, was der *code civil* zu ändern gedenkt? Keine Willkür mehr, sondern verlässliches Recht, das für alle gilt. Wenn die Menschen zu dieser Idee Vertrauen fassen, begreifen sie auch, was sie gewinnen können. Dafür haben wir doch all die Opfer gebracht. Insbesondere wir beide, liebste Schwester. Um diesen Geist einer neuen Gesellschaft in die Welt zu tragen. Oder wenigstens nach Tangermünde. Wie kann ich noch in den Spiegel schauen, wenn ich schon das allererste Verbrechen, mit dem ich geprüft werde, aus Bequemlichkeit vertusche?

Der Magistrat, der mürrische Wolter, Fornet und Grouillot, selbst das Fräulein Juliane, sie alle verstehen nicht, warum ich unbedingt die wahren Hintergründe dieser Tat ermitteln will. Sie drängen mich, Ruhe zu geben, aber ich spüre, dass es mein Schicksal ist, die Wahrheit herauszufinden.

Darum weiß ich mir nicht anders zu helfen, als Dich, liebste Amelie, um Rat zu fragen. Gibst Du mir recht? Oder befinde ich mich in einem Wahn, aus dem ich besser heute als morgen ausbrechen sollte?

In Liebe
Dein Bruder Philippe, Hauptmann von Tangermünde

* * *

Tangermünde, den 29. Mai 1807

Liebste Amelie,

Tangermünde, die Burg, ihre Umgebung, ja die ganze Altmark ist ein Traum im Mai. Zumindest wenn dieser so freundlich ist wie in diesem Jahr. Ein Storchenpaar, das heimliche Wahrzeichen der Stadt, hat sein Nest auf dem Eulenturm bezogen. Nun wacht es wieder den ganzen Sommer lang über die Träume und Schicksale der Menschen dieser Gemeinde.

Auch die düstere Stimmung, in die ich aufgrund der mühsamen Ermittlungen verfallen war, scheint vollends verflogen. Das verdanke ich, ich sage es frei heraus, in erster Linie dem Fräulein Juliane. Stets aufs Neue überredet sie mich zu Ausflügen in die wunderbare Umgebung. So viele zum Weinen schöne Ecken der Altmark zeigte sie mir bereits und erzählte dabei, mal lustige, mal unheimliche, ja geradezu erschröckliche Geschichten. Diese Gegend ist wahrlich reich an Anekdoten, Schauermären und verwunschenen Plätzen. Manche davon konnte ich sogar auch heimlich kartografieren. Diese Kenntnisse werden mir gewiss noch für meinen Geheimauftrag von Nutzen sein.

Am liebsten höre ich Juliane einfach beim Erzählen zu. Ihre Stimme ist so sanft wie ein Frühlingswind, so erfrischend wie ein kristallklar perlender Bach. So lebendig wie ein Haken schlagender Hase. Ihr Lachen lässt die Vögel kurz beschämt verstummen. Sieht man die Sonne verspielt in ihren ungezähmten roten Locken tanzen, hält selbst die vollkommene Natur für einen Augenblick ehrfürchtig inne.

Ja, es stimmt wohl, was Du jetzt sicher lächelnd vermutest. Zeitweise lesen wir uns auch die Stücke der neuen deutschen Dichter vor. Schlegel, Tieck und Novalis. Es ist, als würde dieses Land gerade anfangen, etwas von sich preiszugeben, was es bislang gut verborgen gehalten hat.

Doch am meisten fesseln mich Julianes «wahre» Schauermärchen wie die Sage über den Fürsten, der sich zusätzliches Wissen erträumen konnte. Im Schlaf konnte er ganze Leben durchlaufen. Am nächsten Morgen erinnerte er sich an alles, auch jede Fähigkeit, die er im Schlummer erlernt hatte. Er träumte vom Geigespielen und wurde über Nacht zum Meister auf diesem Instrument. Immer gieriger häufte er immer mehr Wissen an, bis er sich für einen Gott hielt, dem Wahn verfiel und schließlich eines Morgens von seinem Kammerdiener mit geplatztem Gehirn aufgefunden wurde.

Oder die Legende über unseren Lieblingsort, die Ruine vor Tangermünde, welche ich schon einmal erwähnt haben mag. Dort wo heute nur noch ein paar alte Steine von vergangener

Größe zeugen, stand vor einigen Jahrhunderten eine durchaus wehrhafte, solide gemauerte Burg. Der Stammsitz der Grafen zu Dolmen, welche sich im dreizehnten Jahrhundert mit den askanischen Markgrafen im Bunde befanden. Diese gerieten 1239 in eine Fehde mit den Bischöfen von Magdeburg und Halberstadt. Was die Ursache und das Ziel dieser Auseinandersetzung war, blieb den Bewohnern bis zuletzt ein Rätsel. Irgendwann erschien ein mächtiges Heer in der Region und beanspruchte die Burg der Herren zu Dolmen. Aufgrund ihrer großen Überlegenheit überließ man sie ihnen beinahe kampflos. Fortan verschwanden in beinah jeder Nacht Frauen, junge Mädchen und Buben aus Tangermünde und den umliegenden Dörfern. Bevor das Heer am Ende des Winters weiterzog, schleiften sie die Burg, damit sie ihren Feinden nicht mehr von Nutzen sein konnte. Dabei kamen unzählige der armen entführten Seelen ums Leben. Die zurückgebliebene, geschundene Burg, die so viel Ungerechtigkeit und Leid hatte mitansehen müssen, vergaß nicht. Ein paar Monate später riss ein wilder Sommersturm viele der lockeren verbliebenen Steine in die Höhe, und diese erschlugen in selbiger Nacht viele Kilometer entfernt einen Großteil des Heeres. Seither nennt man die Ruine «die gerechte Burg», und auch heute noch geschieht es bisweilen, so die Sage, dass ein wütender Sturm einen Stein des Gemäuers fortreißt und damit einen Übeltäter erschlägt, der einem Unschuldigen großes Leid angetan hat. Mittlerweile ist nicht mehr viel von der gerechten Burg übrig, aber für ein paar dunkle Seelen würden die verbliebenen Steine wohl noch reichen. Ich gestehe freimütig, dass wir, kichernd wie Schulkinder, noch ein paar von ihnen lockerten, um es den gerechten Stürmen leichter zu machen.

Genug von meinem Glück! Gewiss willst Du auch wissen, wie die Ermittlungsarbeit vonstattengeht. Nun, ich befragte jeden im Ort. Selbstverständlich auch die Kinder des Müllers, denen die Trauer allerdings nicht gerade ins Gesicht geschrieben stand. Man raunte mir zu, sie hätten wohl am ehesten einen guten Grund gehabt, ihren tyrannischen Vater zu meucheln, aber es sind unschuldige Kinder, auch wenn der Älteste schon sechzehn Lenze zählt. Ich sah jedem einzelnen von ihnen lange und tief in die Augen. Bei keinem war die Fähigkeit zum Morden zu sehen. Dessen bin ich mir sicher.

Auch sonst will niemand etwas gesehen oder bemerkt haben. Als ich in meiner Verzweiflung schon meinem Verstand zu misstrauen begann, erschien plötzlich ein neuer Zeuge. Der zwölfjährige Sohn des Schmiedes wollte tatsächlich beobachtet haben, wie eine dunkle, leider nicht genau von ihm zu identifizierende Gestalt, mir in jener Nacht den Degen entwendet hatte. Damit war zumindest meine Unschuld festgestellt. Alle schienen sehr glücklich über diese Wendung. Auch der alles in allem doch recht umsichtige Magistrat Kunboldt. Er betonte völlig zu Recht, das Wichtigste sei nun, Sorge zu tragen, dass den elternlosen Kindern der Wilds nicht die Mühle genommen werde. Leider sei der älteste Bube ja noch kein Geselle, geschweige denn Meister. Daher müsse die Zunft ihn nun schnellstens anerkennen. Diese kluge Sichtweise beeindruckte mich.

Zudem unterstützten er und der mürrische Wolter mich bei meiner Aufgabe. Mittels einigen Fässern freien Bieres, für das unser Kaiser Napoleon aufgekommen sein wird, wenn es zur Steuererhebung kommt, konnten wir nahezu die gesamte Stadt anlocken. Ich berichtete ihnen von den Vorteilen, die die Gründung des Königreiches Westphalen und die Einführung des *code civil* für sie mit sich bringen wird. Alle Menschen sind im Wert gleich und haben festgeschriebene Rechte, die ihnen niemand nehmen kann. Vor Gericht widerfährt jedem Mann und jeder Frau Gerechtigkeit. Wahre Gerechtigkeit. So sprach ich zu den Menschen, und sie waren nicht wenig beeindruckt. Ich bin mir nicht vollends sicher, ob unser Kaiser all diese Bürgerrechte im Königreich Westphalen überhaupt so weitgehend einführen will. Jedenfalls gab mir die Begeisterung, die mich im Zuge der Rede ergriff, ein angenehmes Selbstbewusstsein. Ich bin der Kommandant von Tangermünde. Den Kaiser interessiert diese Stadt ohnehin nur am Rande. Ich darf den Menschen hier so viele Rechte und Freiheiten geben, wie ich es für richtig halte. Ich kann in Tangermünde die Republik einführen, die ich einführen will. Die Republik, von der wir immer geträumt haben.

Leider gab es am Ende der gestrigen Versammlung wieder Zwist. Einige preußentreue Tangermünder Monarchisten begannen unter der Führung des Tischlermeisters Voss immer lauter zu pöbeln. «Wenn wirklich alle Menschen gleich sind, warum stinken dann die Franzosen so furchtbar?», brüllte dieser Armleuchter tatsächlich.

Eine Weile gelang es mir, Herr der Lage zu bleiben, doch als die Störungen immer heftiger und impertinenter wurden, übermannte mich mein Zorn, und ich rief: «Wenn Ihr auch nur eine Ahnung hättet, was Gleichheit bedeutet, würden nicht alle Eure Tische so furchtbar wackeln!»

Diesen Scherz nahm er leider nicht gut auf. Der weitere hektische Austausch wurde schnell persönlich, und noch ehe ich begriff, wie mir geschah, waren wir in eine ausgesprochen wilde Rauferei verstrickt. Diesmal prügelte fast der gesamte Ort mit. Nicht ohne Stolz möchte ich vermelden, dass ein nicht unbeachtlicher Teil der Leute auf meiner Seite kämpfte. Der kleinere Teil zwar, aber der beherztere. Man kann es nicht anders sagen, wir haben gesiegt! Oder uns doch zumindest formidabel geschlagen. Auch hieraus erklärt sich wohl meine Hochstimmung am heutigen Tage.

Nun muss ich enden, denn ich beteilige mich an der Vorbereitung des großen Pfingstfestes am Wochenende. Der Magistrat schlug mir vor, dort nochmals eine Rede zu halten. Wenn sich das herumspräche und wieder so eine feine Klopperei daraus entstünde, würde das womöglich Besucher von weit her anlocken.

Ich hoffe, er hat dies im Scherz gesprochen. Der Humor der Menschen hier ist ähnlich eigen wie ihre Kochkunst. Wobei Kunst in diesem Zusammenhang vielleicht ein etwas sorglos gewählter Begriff ist.

Es grüßt Dich, liebste Amelie,
Dein Philippe, Hauptmann von Tangermünde

* * *

Tangermünde, den 3. Juni 1807

Teure Schwester!

Ich schreibe Dir mitten aus einem Albtraum.

Um es geradeheraus zu verkünden: Es hat einen weiteren Toten gegeben. Den Bäckermeister Nolde, Trinkkumpan des Müllers Wild und Monarchistenfreund des Tischlermeisters Voss. Ein Raubein ohne Umgangsformen oder Anstand. Nicht selten marschierte er des Nachts direkt aus der Schankwirtschaft in die Bäckerei, prügelte den Gesellen, die Burschen sowie seine Frau aus dem Schlaf in die Backstube. Immer wieder entdeckte man Flecken auf seiner Ware, die wohl dem Blut seiner Leute entsprangen. Zumindest glaubten dies alle im Orte, und er tat nicht das Geringste, um diese Gerüchte zu zerstreuen. Ein böser Haudrauf, dem man aber doch ein solches Ende nicht gewünscht hätte.

Auch er wurde im Morgengrauen aufgefunden. Am Tag nach der Pfingstfeier. Mitten auf dem Marktplatz. Erstochen. Und was denkst Du, mit wessen Waffe? Mit der meinen!

Liebste Amelie, begreifst Du nun die ungeheuerliche Dimension dieser Katastrophe? Was geschieht da mit meinem Degen? Ist er womöglich tatsächlich von einer düsteren Macht besessen? Oder gar von einer hellen? Immerhin waren es grobe, grausame Männer, die er niedergestreckt hat.

Dir muss ich gewiss nicht erklären, dass es auch diesmal nicht meine Hand war, die den Todesstoß ausführte. Du kennst mich. Wäre ich gezwungen zu töten, würde ich es nicht verleugnen. Vor allem aber wüsste ich davon. Jedoch sind die Umstände denkbar unglücklich. Auch mit dem Bäcker Nolde lag ich im Streit. Mit Worten wie mit Fäusten. Noch am Vorabend seines Todes, bei der großen Schlägerei des Pfingstfestes, standen wir uns Aug in Aug gegenüber. Sein Antlitz dürfte dabei durchaus einigen Schaden genommen haben. Wenngleich selbst die kräftigsten Hiebe sein Aussehen wohl kaum verschlechtert hätten. Hat er doch eines dieser Gesichter, welche man auch unter größter Anstrengung kaum unansehnlicher gestalten kann. Natürlich wirft unser öffentlicher Disput nun ein äußerst schlechtes Licht auf mich. Spätestens nach Einbruch der Nacht war ich wohl ein Quäntchen trunkener als angemessen. Und in der Früh liegt mein Feind auf dem Marktplatz, abgestochen mit meiner persönlichen Waffe.

Sosehr ich auch beteuerte, dass ich meinen Degen diesmal gar nicht erst zum Feste getragen hatte, dass ich die Waffe sogar eingeschlossen hatte – Fornets Misstrauen ließ sich nicht besänftigen.

Er sei mittlerweile in wahrer Sorge um meinen geistigen Zustand, gestand er mir, und dieser Verdacht steht seither zwischen uns.

Auch das Fräulein Juliane wirkt sehr unglücklich. Dennoch ist sie, wie sie mir versicherte, entschlossen, der Güte meines Herzens weiterhin zu vertrauen.

Grouillot hingegen fragte nur immerfort, warum denn keine Einbruchsspuren in meinen Diensträumen festzustellen seien, wo doch jemand die Waffe von dort entwendet haben musste. Mein lieber Grouillot! Was meint er denn? Als würde ich mir diese simplen Fragen nicht selbst ununterbrochen stellen.

Am besonnensten hat noch der Magistrat reagiert. Er entwickelt sich mehr und mehr zu meinem engen Freund und Berater. Ein kluger Administrator und die gute Seele dieses Ortes. Längst hat er begriffen, welch ein Segen der *code civil* für Tangermünde sein könnte. Zumal wenn es unser eigener «Kot Siwiel» wäre. Eine Revolution ohne Krieg sei möglich, sagte er kürzlich zu mir. Wenngleich nicht ohne Opfer. Das ginge nur im Märchen. Es sei somit unsere Pflicht, dafür zu sorgen, dass zwei einzelne Todesfälle nicht die großen Entwicklungen gefährden.

Du siehst, meine liebe Amelie, mit welch unterschiedlichen Interessen und Meinungen ich mich hier auseinandersetzen muss. Hinzu kommt, dass ich nun nach dem wahren Täter fahnden muss, denn nur so lassen sich weitere Morde verhindern. Leider scheine ich mittlerweile der Einzige zu sein, der sich noch mit dieser Suche befasst. Alle anderen haben wohl, jeder auf seine Weise, ihre Schlüsse über die Identität des mordenden Racheengels gezogen. Indem sie mich verdächtigen, sitzen sie allesamt einem ärgerlichen Irrtum auf. Ich muss diese mysteriösen Taten nun schnellstmöglich aufklären. Es fällt meinem Verstand schwer, die notwendige Ruhe zu finden, um die Vorkommnisse zu ordnen. Immerhin haben mich diese Zeilen an Dich so weit ermüdet, dass mir nun wenigstens ein paar Stunden kraftspendenden Schlafes gelingen könnten.

In Dankbarkeit
Dein Philippe, Hauptmann von Tangermünde

* * *

Tangermünde, den 8. Juni 1807

Liebste Amelie!

Ich stehe unter Hausarrest. Das habe ich Fornet und Grouillot zu verdanken. Zu meinem eigenen Schutz, wie sie sagen. Die Stimmung im Ort sei zu feindselig geworden. Die Gefahr für mich, aber auch für die anderen, zu groß. Insbesondere seit vor zwei Tagen der Tischlermeister Voss im Morgengrauen tot auf dem Marktplatz entdeckt wurde. Natürlich war es wieder mein Degen, der in seinem Herzen steckte. Selbstredend waren wir in der Nacht zuvor heftig aneinandergeraten. Er hatte wüste Verdächtigungen gegen mich ausgesprochen, die ich zwar alle zu parieren wusste, doch der Eindruck, der am nächsten Morgen durch seine Ermordung entstand, war meinem Ruf nicht gerade zuträglich.

Erneut gibt es keine vernünftige Erklärung, wie mein Degen ein weiteres Mal als Tatwaffe genutzt werden konnte. Ich hatte ihn eingeschlossen, und es gab keinerlei Spuren, die auf

184

einen Einbruch oder Diebstahl hinwiesen. Welch ein heillos vertracktes Rätsel dies doch ist!

Fornet und Grouillot haben bereits die Nerven verloren. Sie wollen mich erst wieder aus diesem Raum lassen, wenn alle Umstände der Verbrechen restlos aufgeklärt sind. Erkennst Du den Irrsinn? Nur dem Fräulein Juliane und dem Magistrat gestatten sie Besuche bei mir. Meine Waffe haben sie konfisziert. Mir ist es recht. Sollen sie doch fortan diesen verfluchten Todesboten bewachen. Denn das ist es, was ich mittlerweile zu akzeptieren beginne. Wenn alle logischen Erklärungen versagen, muss man irgendwann bereit sein, das Unglaubliche zu denken.

Und deshalb will ich Dir jetzt diesen Brief schreiben. Obwohl ich mich nun unter ständiger Beobachtung befinde. Wenn ich überhaupt noch auf Erlösung aus dieser erbarmungslosen Hölle hoffen kann, dann nur, indem ich mich offenbare. Und wem sollte ich mich anvertrauen, wenn nicht Dir. Hat doch vermutlich alles im Grunde mit unserer Geschichte seinen Anfang genom...

* * *

Tangermünde, den 9. Juni 1807

Liebste Amelie,

eine plötzliche, unangekündigte Befragung durch Fornet zwang mich, meinen Brief gestern abrupt zu beenden. Allein dies kann Dir schon einen Hinweis auf die Lage geben, in der ich mich mittlerweile befinde.

Ab der Mittagsstunde wird es unerträglich heiß in diesem Zimmer, aber das ist noch das geringste meiner derzeitigen Probleme. Immerhin wird es sich spätestens im Herbst von allein lösen. Was leider von meinen anderen Sorgen keineswegs zu erwarten ist.

Nach Fornet besuchte mich erfreulicherweise das Fräulein Juliane und schenkte mir ein wenig Zerstreuung. In der Nacht fiel ich in einen anstrengenden, traumgeplagten Schlaf, aus dem ich immer wieder aufschreckte. Dies alles führte dazu, dass ich erst jetzt, da die Hitze schon wieder kaum mehr auszuhalten ist, meinen Brief an Dich neu beginnen kann. Den gestrigen Anfang lege ich diesem Schreiben bei. So erspare ich mir die zeitraubende Abschrift.

Ich hatte gehofft, dass die Nacht die unerträgliche Wahrheit vertreiben würde. Das geschah leider nicht, und so will ich es frei heraus schreiben: Ich fürchte, mein Degen ist verflucht. Zwar ist es ein Fluch der Gerechtigkeit, aber eben doch ein Fluch. Alle Männer, deren Herzen er durchbohrte, waren Scheusale. Gewalttätig gegen die, die sie lieben und schützen sollten. Dreist im Umgang mit allen anderen. Der Tischler Voss, der Bäcker Nolde, der Müller Wild und ... auch der Oberst Concourt.

Ja, es ist wahr, geliebte Schwester. Ich war es, der Deinen Peiniger, Deinen zu Recht verhassten Ehemann gestraft hat. Für all die Qualen, die er Dir zufügte. Zunächst versuchte ich ihn mit dem Gift aus Deinem Kräutergarten zu töten. Das Gift, welches Du schon früh für uns hergestellt hattest, damit wir einen letzten Ausweg hätten. Doch möglicherweise war es schon zu alt. Oder vielleicht war dem alten Teufel mit irdischer Tinktur nicht beizukommen. Er litt durchaus, aber er überlebte und schöpfte Verdacht gegen mich. Es kam zum Disput unter vier Augen, der damit endete, dass ich ihm meinen Degen tief ins Herz stieß. Noch heute staune ich über meine Kraft in diesem Moment. Es war, als ob mich eine höhere Macht bestärkte und meine Hand führte. Ein Engel der Gerechtigkeit, der sich nicht mehr anders zu helfen wusste.

Fornet und Grouillot halfen mir damals, mein Verbrechen wie den Überfall eines Spions aussehen zu lassen. Erfreulicherweise stellte niemand tiefergehende Nachforschungen an. Wir waren beliebt bei den Kameraden. Der Oberst hingegen, wie Du Dir denken kannst, nicht im Geringsten. Keiner weinte um ihn. Aus Anstand ließ man ihm ein weitaus besseres Gedenken zuteilwerden, als es ihm zugestanden hätte.

Sicher, liebste Schwester, denkst Du nun: «Wie kann er das nur schreiben? Was, wenn dieser Brief, dieses Geständnis, in die falschen Hände fällt?» Zumal Du sicher all diese Enthüllungen ohnehin schon vermutet hast.

Diese Überlegung ist nur richtig und vernünftig. Und bislang war ich ja auch vorsichtig. Hielt meine Briefe vollkommen unverdächtig und fast schon übertrieben freundlich dem Oberst gegenüber. Doch jetzt ist alles anders. Der Fluch, den ich mit dieser Tat auf den Degen geladen habe, ist zu mächtig geworden. Ich kann ihn nicht mehr kontrollieren. Er verspottet mich und meinen Geist geradezu. Vielleicht hat er sich mit der magischen Aura der Ruine, der Burg der Gerechtigkeit, verbunden, ist mit ihr zu einer gewaltigen Macht verschmolzen.

Mir rinnt der Schweiß. Das salzige Nass fließt in Rinnsalen von mir auf das Papier, den Tisch, den Stuhl, den Boden, als wollte die Sonne oder das Schicksal etwas aus mir herausdestillieren. Eine Einsicht, Reue oder Schuld. Nur wenn ich mich zu dieser Tat bekenne, kann ich die Verbrechen, die seither in meinem Namen geschehen sind, in Zukunft unterbinden. Missetaten, die von einer höheren Macht möglicherweise aus guten Gründen herbeigeführt werden, da sie eine tiefere Gerechtigkeit fördern. Doch darf das nicht unser Weg sein, denn so wären wir nicht besser als die jakobinischen Schlächter, die unsere lieben Eltern gemetzelt und uns in die Obhut des Unholds Concourt getrieben haben.

Es ist meine feste Überzeugung, dass der Fluch des Degens nur gebrochen werden kann, wenn ich mich Dir gegenüber bekenne. Zu der Untat, die ich für Dich, in Deinem Namen beging, obwohl Du mich nicht darum gebeten hattest. Bitte verzeih mir, liebe Schwester! Es ist nur eine vage Hoffnung, aber was bleibt mir anderes?

In unerschütterlicher Zuneigung
Dein Dich über alle vorstellbaren Maße liebender Bruder
Philippe

* * *

Tangermünde, den 28. Juni 1807

Liebste Schwester,

heute früh sind die französischen Gardisten wieder aufgebrochen. Vor fünf Tagen war uns ihr Besuch angekündigt worden, und vor drei Tagen kamen sie mit gleich sechs großen Kutschen in Tangermünde an. Fornet, Grouillot und der Magistrat beschlossen daher kurzerhand, mich aus der Schutzhaft zu entlassen, um lästige Befragungen oder gar eine offizielle Untersuchung zu vermeiden. So konnte ich, wie geplant, gemeinsam mit den Soldaten meinen Geheimauftrag erfüllen.

Die Tage in der Schwitzstube haben meinen Geist gereinigt und mich vom Bier und von der Schankstube ferngehalten. Das führte zu einer Entgiftung meiner Körpersäfte und einer allgemeinen Gesundung meiner Person, was auch meinen Bewachern und Freunden nicht entging.

Ich habe ihnen nichts vom Fluch des Degens erzählt. Das hätte sie nur wieder von mir entfremdet. Es bleibt also vorerst unser Geheimnis. Dennoch muss ich einen Weg finden, den Fluch zu brechen, damit das Morden aufhört. Oder verliere ich den Verstand? Nein, auch mit klarem Kopfe will ich meine Überzeugungen noch einmal bekräftigen: Ich bekenne mich zur Verantwortung für den Tod Deines Gemahls und Peinigers. Die Morde an den Männern in Tangermünde waren hingegen nicht meine Taten. Wurde ich zum Werkzeug des besessenen Degens? Was denkst Du? Sollte ich wenigstens das Fräulein Juliane ins Vertrauen ziehen? Oder meinen treuen Freund Fornet? Den gutwilligen Magistrat? Mein Leben lang konnte ich mich Dir, meiner großen Schwester, in allen wichtigen Fragen anvertrauen, auch wenn Du nur drei Minuten älter bist. Seit der Krieg uns trennte, ist mir, als würde ein Teil meiner selbst fehlen. Könnte das Fräulein Juliane zu dieser mir so sehr fehlenden Ergänzung werden?

Nun zu meinem Geheimauftrag. Ich brenne regelrecht darauf, Dir endlich von ihm zu erzählen. Bis vor drei Tagen wusste auch ich nur, dass ich möglichst viele Orte in und um Tangermünde herum finden sollte, die sich als Verstecke eignen würden. Da mich der Kaiser selbst darum gebeten hatte, vermutete ich bereits, dass es kriegswichtige Dinge sein würden, die dort untergebracht werden sollten. Die Lagerstätte müsse, so befahl es mir seine Majestät, wohltemperiert und trocken sein.

Tangermünde liegt direkt vor den Toren Preußens, was

mich hatte vermuten lassen, es ginge um geheime Arsenale. Waffen, schwere Infanterie, Schwarzpulver. Doch ich hatte mich getäuscht. Wie groß war meine Überraschung, als ich in die Kutschen blickte: Einige wenige Waffen lagen dort zwar, aber vor allem Kunst! Bilder! Skulpturen!

Mir war bekannt gewesen, dass Napoleon zahlreiche Kunstwerke erbeutet hatte, nicht zuletzt die großen Schätze, die sich in Kassel befunden hatten. Viele davon ließ er in den Louvre transportieren, um sie dort der Allgemeinheit zugänglich zu machen. Allerdings hatte sich Napoleon als kluger Feldherr wohl auch entschlossen, ein paar Ersparnisse zu bilden. Eine Art schwarzer Kriegskasse für zukünftige Aufgaben. Dies würde ihm eine gewisse Unabhängigkeit erhalten. Erkennst Du, welch großer Visionär unser Kaiser ist?

Eine beträchtliche Zahl von Kunstwerken ist also nicht in den Louvre, sondern nach Tangermünde gereist. Bis ihr Fehlen bemerkt wird, sollte einige Zeit vergehen. Man wird sie sicher als verschollen klassifizieren. Vermuten, dass sich hier und da einzelne Soldaten bereichert haben. «Ein bisschen Schwund ist immer», sagte der lebenskluge Magistrat einmal bei anderer Gelegenheit. Eine Tangermünder Redensart, die sich auch in Frankreich durchsetzen könnte. Sicher hat der Kaiser längst Pläne, wie er diese Kunst bei Bedarf zügig in Kanonen, Schwarzpulver und Soldaten verwandeln kann.

Stell Dir vor, neben vielen Tischbeins haben wir jetzt einen echten Caravaggio hier in Tangermünde. Zwei Rubens, mehrere Rembrandts, einen großen Hieronymus Bosch und noch einiges mehr. Doch nur ich weiß, wo genau die Bilder versteckt sind. Das war der ausdrückliche Befehl des Kaisers.

Wir schickten des Nachts alle anderen Gardisten mit zwei Kutschen in die Umgebung. Tagsüber studierte ich mit ihnen den Weg, damit sie sich auch im Dunkeln nur im Licht ihrer Fackeln zurechtfinden konnten. Schwer bewaffnet, wie sie waren, hätte sich niemand getraut, sie zu überfallen, aber man hätte ihnen wohl folgen können. Was auch geschah, jedoch war dies unsere Absicht. Es war natürlich alles nur Ablenkung. Einer der Gardisten zog sich sogar meine Kleidung an, um die Illusion zu vervollkommnen. Am Ende ist immer alles nur Ablenkung. Das gesamte Geschehen der Welt besteht bei näherer Betrachtung nur aus Ablenkung. Das ist es, was sie im tiefsten Kern antreibt. Diese Wahrheit erkannte ich, als ich in jenen Nächten völlig unbeobachtet die Kunstwerke in ihren tatsächlichen neuen Heimstätten deponierte.

Wo genau sich diese befinden, kann ich leider nicht einmal Dir verraten. Ist Dir klar, welche Bedeutung mir dadurch zuteilwird? Das zukünftige Schicksal Napoleons und damit Frankreichs hängt fortan von meinem Wissen ab. Bald schon wird er mir eigene Soldaten schicken. Eine persönliche Leibgarde, die mein Geheimnis und mich schützen soll.

Liebste Amelie, auch wenn es durchaus noch manches mehr gäbe, was ich Dir berichten möchte, muss ich enden, denn es ist eine kleine Festlichkeit für den Abend geplant. Um den erfüllten Auftrag sowie meine vollkommene Gesundung zu feiern.

In Liebe,
Dein Bruder Philippe Robert, Hauptmann von Tangermünde

* * *

Tangermünde, den 29. Juni 1807

Liebste Schwester,

wie verwirrend alles ist. Ich schreibe Dir diesen Brief aus der
Ruine der gerechten Burg, da ich mich auf der Flucht befinde.
Ja, Du hast richtig gelesen. Auf der Flucht! Was ist geschehen?
So vieles. So plötzlich. Wo fange ich an?

Mein letzter Brief endete mit meinem Aufbruch zum Fest.
Es war eine unbeschwerte Feier, kaum Streitereien mit Ausnahme einer kleinen Auseinandersetzung mit dem Krämer
Zimmich. Der meinte, es habe noch nie so viele Tote in Tangermünde gegeben, wie in dieser kurzen Zeit der französischen Bürgerherrschaft. Wenn das der Segen des «Kot Siwiel»
sei, könne er gerne darauf verzichten. Mehr nicht. Wir prügel-
ten uns nicht einmal. Der friedliebende Magistrat beruhigte
mich und sagte, ich solle lieber ausgiebig feiern und trinken.
Was wir dann auch taten. Und wie wir das taten. Dann jedoch
verschwimmen meine Erinnerungen. Ich weiß noch, wie Fornet mich aus dem Schlaf brüllte. In allerfrühester Früh. Man
habe den Krämer gefunden. Auf dem Marktplatz! Mit meinem Degen im Herzen!

Wie absurd! Plötzlich so viele Menschen in meinem Zimmer. Auch Juliane und der Magistrat. Fornet liest meinen letzten Brief an Dich, der offen auf dem Schreibtisch liegt. Dann
durchsucht Grouillot in grenzenloser Unverschämtheit alle
Schubladen des Dienstzimmers. Auch die verschlossenen. Bis
es schließlich kommt, wie es kommen musste. Er findet meine gesamte Korrespondenz mit Dir, liebste Amelie. All meine
Briefe an Dich! Und er liest sie auch sofort. Laut. Für alle hörbar. Als gäbe es kein Postgeheimnis. Um sich dann mit Fornet
im Verein aufzuspielen. Seit wann ich denn schon Briefe an

meine tote Schwester schriebe? Zu welchem Behufe? Ob ich denn nicht begreife, dass sie sich selbst das Leben genommen habe? Dass sie es satthätten. Treu hätten sie mich gedeckt nach meinem Mord am Oberst Concourt. Doch dieses Weitermorden in Tangermünde sei nicht mehr zu tolerieren und noch weniger meine wahnsinnige Geschichte um einen verfluchten Degen der Gerechtigkeit. Ich hätte wohl endgültig den Verstand verloren!

So ging ihr Geschrei über Minuten. Man konnte sich wohl fragen, wer hier von Sinnen war. Zugleich keimte in mir ein Verdacht auf: Ob es nicht doch auch verletzte Eitelkeit war, darüber, dass ich mich Dir, liebste Amelie, anvertraut hatte und nicht ihnen. Wenn nicht sogar der Dämon des Neides. Dass sie womöglich selbst Hauptmann sein wollten. Und sodann begriff ich ihren Plan. Sie wollten mich unter Arrest stellen. Mich wegsperren. Deshalb waren sie alle da. Ich musste unverzüglich handeln. Ohne Zögern, ohne Gnade. Selbst wenn dies Opfer zur Folge haben sollte.

Plötzlich fiel einer der frühen Sonnenstrahlen auf den blutverschmierten Degen. Die Tatwaffe, die irgendjemand, wohl zum Beweis, in das Amtszimmer getragen hatte. Es war, als wollte mir jemand ein Zeichen geben. Warst Du das, Amelie? Sei gewiss, ich habe Deine Botschaft erhalten.

Ich konnte sie alle überrumpeln. Ich sprang mit der Geschicklichkeit eines Raubtiers aus dem Bett und hielt, ehe sie sich versahen, den Degen der Gerechtigkeit in der Hand. Sofort spürte ich sie, die märchenhafte, übermenschliche Kraft, die er mir verlieh. Ich riss die völlig aufgelöste Juliane an mich und drückte ihr die noch blutverschmierte Klinge an die Kehle. Und siehe da: Schlagartig verstummte das Geschrei. In ruhigem Ton wies ich die anderen an, mir eine Tasche zu packen mit allem, was ich benötigte: Schreibzeug, Geld,

Kleidung, Wasser, notwendigen Alkohol zur Beruhigung der Nerven und sogar Rasierzeug. Dann schickte ich sie sämtlich in die Kammer, in der sie auch mich gefangen gehalten hatten. Es versprach ein sehr heißer Tag zu werden. Sollten sie einmal ihre eigene Medizin schmecken. Ich ließ Juliane die Tür mehrfach verriegeln. Gemeinsam schoben wir noch die schwere Anrichte davor. Durch die vergitterten Fenster war eine Flucht unmöglich. Die nahe Mühle sowie der Wind würden wohl auch ihre Schreie übertönen.

Es blieb die Frage: Was tun mit Juliane? Als sie mich trotz allem noch immer so sanft, offen und voller Liebe anschaute, wäre ich um ein Haar meiner Schwäche erlegen. Da befahl mir eine innere Stimme, ihr Fesseln und Knebel anzulegen. Ohne den geringsten Vorwurf in ihrem Blick ließ Juliane es über sich ergehen. Ich nahm mir ein Pferd und ritt mit ihm flink wie der Morgenwind aus der Stadt. Nach gut zwei Kilometern hielten wir an. Ich ließ den Hengst grasen. Währenddessen lud ich Steine, in etwa meinem Gewicht mit Gepäck entsprechend, in die Satteltaschen und jagte das Tier die Straße Richtung Stendal hinunter. Es kannte den Weg und würde ihn allein zurücklegen. Ich selbst schlug mich in die Büsche und ging sodann zu Fuß weiter. Ablenkung ist alles, wie Du weißt, liebste Amelie.

So bin ich also hierhergelangt, in die Ruine der gerechten Burg. Nach Einbruch der mondlosen Nacht sitze ich an meinem kleinen Feuer und schreibe diese Zeilen. Zu gerne hätte ich mich schlafen gelegt. Doch dann entdeckte ich die Lichter. Zwei flackernde Fackeln näherten sich. Da wusste ich, die Zeit ist knapp. Sofort und hastig musste ich Dir schreiben, denn die Minute der Entscheidung ist nah. Nur Juliane kann wissen, an welchen Ort ich mich zurückziehen würde. Sie muss mich verraten haben. Hätte ich sie zum Schweigen gebracht, als die Gelegenheit war, wäre ich sicher entkommen. Dennoch bin ich am Ende froh, nicht auch noch diese Schuld auf mich geladen zu haben. Bin ich deshalb verrückt? Wir wissen beide, nur die Liebe ist stärker als jede Vernunft. Und es ist wahre Liebe, die ich für sie empfinde.

Jetzt muss ich enden, denn die Fackelträger haben mein Lager fast erreicht. Sollen sie nur kommen! So geht es nun in den letzten Kampf. Für Frankreich! Für den Kaiser! Für die Liebe! Meinen Degen dürstet es nach Gerechtigkeit!

Dein Dich ewig liebender Philippe, stolzer Hauptmann von Tangermünde
Au revoir!

* * *

Charlottenburg, den 15. November 1813

Liebste Amelie,

bitte verzeih, dass ich Dir so lange nicht mehr geschrieben habe. Ich war mit meinen Freunden übereingekommen, dass es zur Gesundung meines Gemüts erforderlich wäre, Dir keine weiteren Briefe ins Jenseits zu schreiben. Doch nun, da meine eigene Person, der Major Philippe Robert, gestorben ist, erscheint mir ein letzter Brief an Dich angemessen. Von gleich zu gleich sozusagen.

Major Philippe Robert ist gefallen am 18. Oktober 1813 in der großen Völkerschlacht zu Leipzig. So steht es nun in den Annalen der französischen Armee.

Doch bedaure ihn nicht, liebste Schwester, denn zuvor waren ihm noch einige Jahre wahrhaften Glücks vergönnt. Stell Dir vor, Du bist Tante geworden. Zwei wunderbare, strahlende Töchter, die das wilde rote Haar ihrer Mutter und Dein so schmerzlich vermisstes Lachen geerbt haben. Amelie, die ältere, ist gerade vier Jahre geworden. Roberta feiert im Januar ihren dritten Geburtstag. Sie sind die Sonnen meines Lebens. Du siehst also, Dein Name und der Name unserer Familie werden fortleben. Und das in den beiden liebenswertesten Geschöpfen des Planeten. Ganz wesentlich war ihr Anteil daran, dass ich fünf wunderbare Jahre meines Lebens als Hauptmann in Tangermünde verbringen durfte. Dann beförderte der Kaiser mich zum Major und berief mich zurück ins Feld. Er hoffte, meine tiefen Kenntnisse über die Deutschen würden ihm in den Schlachten von Nutzen sein. Ich fürchte, ich habe ihn enttäuscht trotz meiner aufrichtigen Bemühungen. In meinem Herzen kämpfte ich ohnehin mehr für das Königreich Westphalen als für Frankreich oder den Kaiser. Es war uns gelungen, in Tangermünde den Geist der Revolution, der Ideen, des *code civil* zu leben. Beinah eine Republik, wenn auch mit einem Hauptmann. Eine Gesellschaft, die auch nach Fornets, Grouillots und meiner Abreise in den Krieg weiter reibungslos funktionierte.

Du wirst Dich fragen, wie sich die Dinge überhaupt so wunderbar entwickeln konnten. Schließlich taugte die Lage, in welcher ich mich beim Verfassen des letzten Briefes in jener schicksalhaften Nacht vor sechs Jahren befand, nun wirklich nicht zur Zuversicht. Du erinnerst Dich, ich saß an meinem kleinen Feuer in der Ruine der gerechten Burg und schrieb in unruhigem Geist einen Abschiedsbrief an Dich. Zwei Fackeln näherten sich meinem Lager, ich vermutete einen Angriff. Daher machte ich mich, zum Äußersten entschlossen und mit dem Degen in der Hand, bereit, die Sache ein für alle Mal auszufechten. Bis zum Tod!

Doch was erblickte ich im flackernden Schein der schwachen Feuer? Julianes Antlitz. Neben ihr ein junges Mädchen, dessen Gesicht mir wohl bekannt erschien, das ich jedoch nicht gleich zuzuordnen vermochte. Noch ehe ich meinem Erstaunen Ausdruck verleihen konnte, sank das Kind auch schon auf die nackten Knie und bat mich um Verzeihung. Mich! Den grauenerregenden Wüterich, der sich mit blutiger Waffe in der Hand zum wilden Sturm rüstete.

Trotz seiner offensichtlichen Panik sprach das junge Ding weiter. Zitternd vor Angst, doch aufrecht im Mute, als wäre sie überzeugt, dass nur ihre Worte die Erde vor dem Hereinbrechen sämtlicher Dämonen der Hölle bewahren könnten. Sie wolle sich entschuldigen für all das Grauen, das sie mit ihrer verzweifelten Tat für ihre Stadt und mich heraufbeschworen habe. Ich konnte nichts sagen. Auch Juliane schwieg. Nur das Mädchen sprach mit leiser, aber gut verständlicher Stimme.

Sie sei Rosemarie, die älteste Tochter des Müllers Wild. Dieser sei in jener unheilvollen Nacht wie so oft trunken, laut, polternd heimgekommen und habe die Kinder aus den Betten geschrien. Sie erblickten sein geschundenes Gesicht, welches in der Prügelei von mir heftig malträtiert worden war. Da wussten sie um seine für sie äußerst gefährliche Laune. Der Vater lachte wüst und präsentierte ihnen einen Degen. Das sei das Schwert des neuen französischen Großmauls, dem er heute ein paar ordentliche Begrüßungshiebe verpasst habe. Auf dass der dreckige Franzose Manieren lerne. Er habe dem Trottel außerdem noch seine Waffe stehlen können. Und nun wolle er, der Müllermeister Wild, auf diesen Franzmannhobel pissen. Einen richtig fetten deutschen gelben Strahl. Um ihm im Namen aller Tangermünder die Demütigung heimzuzahlen. Und alle Kinder sollten dabei zusehen und es später bezeugen. Von nichts anderem sollten die Leute reden.

Daraufhin befahl er seiner ältesten Tochter, also ihr, den Degen zu nehmen. Schlotternd vor Furcht habe sie die Waffe gehalten. Er schimpfte, sie solle nicht so herumwackeln. Und dann sei etwas in sie gefahren. Eine plötzliche Kraft, ein unbekannter Mut. All die unvorstellbare Pein, die er ihr schon in jungen Jahren zugefügt hatte. Die ständige Prügel für sie und ihre Geschwister, das Geschrei, die totgeschlagene Mutter, all dieser Schmerz sei schlagartig in ihre Faust gefahren. Es war, als hätte der Degen ihre Hand geführt und wie selbsttätig zugestoßen. Mit ungeheurer Wucht, mitten in das Herz ihres Vaters.

Die umstehenden Geschwister waren zugleich schockiert und erleichtert. Ein Bruder versuchte die Waffe aus dem Vater herauszuziehen, aber sie schien verkantet. Verzweifelt überlegten sie, was zu tun sei. Sie beschlossen, die Leiche im Schutze der Nacht mitsamt dem Degen in die Elbe zu werfen. Doch unterschätzten sie das Gewicht und die Unhandlichkeit ihres Erzeugers. Schon auf dem Marktplatz verloren sie den Elan. Es überkam sie die Furcht, entdeckt zu werden. Sie ergriffen wie von Sinnen die Flucht und ließen ihn dort liegen. So kam es, dass der Müller im Morgengrauen des nächsten Tages mit meiner Dienstwaffe in seinem Herzen auf dem Marktplatz aufgefunden wurde.

Fortan lebten die Kinder in Angst. Würde der Vatermord entdeckt werden? Was sollte ohne Eltern aus ihnen werden? Stündlich rechneten sie mit einer Katastrophe, aber nichts dergleichen geschah. Unter Führung der beiden ältesten Brüder waren sie tatsächlich in der Lage, die Mühle zu betreiben, ganz ohne Trunksucht, Prügel, Demütigung und Geschrei schien die Arbeit sogar weniger geworden zu sein, obwohl die beiden kräftigsten Hände fehlten. Niemand verdächtigte die Kinder, außer vielleicht dem Magistrat Kunboldt. Allerdings hatte der offensichtlich kein Interesse an einer Aufklärung des Falls, da ihm die offene Mörderfrage wohl anderweitig mehr nutzte. Niemand hatte den Müller gemocht, alle wollten die Kinder als unschuldige Opfer sehen. Ihr Fleiß und ihre Freundlichkeit imponierten den Menschen. Man half ihnen, damit sie die Mühle der Eltern weiterbetreiben konnten. Die Jungen und Mädchen des Müllers nahmen es als Wunder. Wenn eine solche Tat folgenlos war, konnte sie so böse nicht gewesen sein.

Doch blieb ihr Schicksal, ihre Befreiung, in der Stadt nicht unbemerkt. Angespornt von ihrem Beispiel, wagten nun auch die Söhne und Töchter anderer brutaler Väter den Ungehorsam. Einige Nächte später wollte der gleichfalls furchtbar vermöbelte, zornige Bäcker Nolde seine Wut an seinen Söhnen auslassen. Diese setzten sich unerwartet zur Wehr. Der Kampf artete aus, und als alle wieder leidlich bei Sinnen waren, lag der Bäckermeister leblos am Boden. Gewissermaßen ein Unfall, aber totgeschlagen hatten sie ihn wohl. Nun waren die Folgen der tödlichen Schläge der Buben nicht von den bei der Wirtshausschlägerei entstandenen Verletzungen zu unterscheiden. Daher beschlossen die Kinder, es so zu machen wie beim Müller Wild. Das kleinste von ihnen stieg ins Dienstzimmer des Hauptmanns ein. Wie erwartet, befand sich der Degen hinter der einzigen verschlossenen Schranktür, die sich mit einem gebogenen Nagel leicht öffnen ließ. Dann schleppten sie den toten Vater in der dunklen Nacht auf den Marktplatz. Sie benötigten mehrere Versuche, bis der Degen in der Brust versenkt war, der Rest der Geschichte ist bekannt.

Die Müllerstochter erläuterte mir schließlich auch noch die Tode des Tischlers und des Krämers, welche nach ähnlichem Muster abliefen. Da saßen wir schon zu dritt an meinem Feuer.

So hatte sich nun also manches zur Zufriedenheit der Kinder entwickelt, doch als Rosemarie Wild hörte, dass all diese Ereignisse den Hauptmann, also mich, in den nervösen Wahn getrieben hatten, plagte sie ihr Gewissen aufs Heftigste. Sie vertraute sich daher dem Fräulein Juliane an, das sie daraufhin bat, gemeinsam nach mir zu suchen.

Wir redeten noch lange weiter, und ich begriff in jener Nacht, dass die große Revolution, die wirkliche Befreiung, nicht mit dem Stürzen von Kaisern beginnt. Ohne das Ende der unmittelbaren Gewalt, der fortwährenden Angst, können wir weder Freiheit noch Sicherheit anstreben. Darin bestand der grundlegende Irrtum der Jakobiner.

Wir beschlossen, bei Sonnenaufgang gemeinsam nach Tangermünde zurückzukehren. Wenn wir unseren Freunden die gesamten Umstände in aller Ehrlichkeit und Offenheit darlegen würden, sollte sich gewiss eine Lösung finden.

Und so kam es tatsächlich. Ich denke, ich habe keinen Menschen auf Erden je glücklicher erlebt als meinen lieben Freund Fornet, nachdem ihm klar wurde, dass ich doch kein vom Irrsinn befallener Serienmörder war. Auch Grouillot war sehr erleichtert.

Einzig mit dem Magistrat Kunboldt hatten wir es nicht leicht. Es stellte sich bald heraus, dass er mir wohl doch nicht so ein guter Freund war, wie ich angenommen hatte. Nicht nur, dass er meine verhängnisvolle Trunksucht stets aus niederen Motiven anspornte. Er soll auch von den Müllerkindern ein Drittel der Gewinne der Mühle als Schweigegeld verlangt haben. Beweisen allerdings ließ sich ihm nichts. Er war stets äußerst vorsichtig.

Ich heiratete Juliane, und sie schenkte mir, wie schon erwähnt, zwei Töchter, die auch ihren Großvater, den mürrischen Wolter, oft zum Lachen brachten. Auch Fornet fand sein Liebesglück in Tangermünde und wollte bleiben. Grouillot hingegen drängte es zurück in seine Heimat, die Normandie, wo er noch einige Jahre als Bauer auf dem elterlichen Hof zu verbringen hoffte. Doch zuvor wurden wir noch einmal in die Schlacht gerufen. In einen Krieg, aus dem nur sein Name zurückkehren sollte.

Gegen Mittag des 18. Oktober entdeckten wir seinen Leichnam. Niedergestreckt auf dem Felde. Trotz aller Trauer regte Fornet geistesgegenwärtig an, den furchtbaren Verlust unseres Freundes Louis Grouillot nun wenigstens zu nutzen. Wenn man ihn für mich hielte, könnte ich so der Armee und weiteren Kriegen für immer entrinnen. Louis wäre nicht vollkommen umsonst gestorben.

Also tauschte ich mit dem toten Freund die Uniform und legte noch, um alle Zweifel an der Identität zu zerstreuen, den Degen der Gerechtigkeit neben ihn. Längst hatte meine Waffe eine gewisse Berühmtheit auch über Tangermünde hinaus erlangt. Sie fiel nun den Preußen in die Hände. Wahrscheinlich liegt der Degen heute in ihren Militärarchiven und führt nie wieder einen strafenden Hieb aus. Das dürfte auch das Beste sein.

Fornet und Grouillot, zu dem ich nun geworden war, ließ man schon kurz darauf nach Tangermünde zurückkehren. Dort angekommen, trafen wir in gebotener Eile die notwendigen Entscheidungen. Louis Grouillot ehelichte Juliane Wolter. Da Grouillots Gesicht in Tangermünde bekannt war, vollzog man die Trauung in aller Stille. Unmittelbar im Anschluss ging es mit den beiden Töchtern in die preußische Hauptstadt Berlin. Um uns dort das Leben zu erleichtern, deutschten wir den Familiennamen ein. Fortan waren wir also die Eheleute Ludwig und Juliane Grollow. Wir reisten mit leichtem Gepäck, nur ein kleines Bild hatten wir dabei. Einen echten Rembrandt immerhin.

Die restliche Kunst versteckten wir an einem Ort, der so sicher war, dass keine Soldaten Napoleons und auch keine hinterlistigen Tunichtgute wie der Magistrat Kunboldt sie finden würden. Denn welchen Sinn hatte Kunst, wenn sie nur dazu diente, einen weiteren Krieg zu finanzieren? Von dem Tangermünder Versteck aus würden wir die restlichen Kunstwerke im Laufe der Jahre unauffällig in die Welt zurückbringen.

Über alles Weitere beschlossen Fornet sowie Juliane und ich, Ludwig Grollow, in Kontakt zu bleiben.

Du siehst, liebste Amelie, die Dinge haben sich gefügt, und wahrlich nicht zum Schlechtesten.

Du wirst in Deinen Nichten Amelie und Roberta Grollow fortleben, die wie ihre Mutter als Wirtshauskinder aufwachsen werden. Denn wir haben bereits den Erwerb einer Lokalität im benachbarten Städtchen Charlottenburg in Aussicht, für die wir nur noch nach einem passenden Namen suchen.

Der alte Wolter, dem der Abschied von Juliane und vor allem von seinen beiden Enkelinnen wohl das Herz zerriss, schlug seiner Tochter hierzu nicht ohne Bitternis «Die Treulose Tomate» vor. Ich könnte mir vorstellen, dass wir seinen und den Schmerz aller unglücklich liebenden Menschen in dieser Weise ehren werden.

Doch nun, liebste Amelie, heißt es Adieu sagen.

Dein Dich ewiglich liebender Bruder, Major Philippe Robert, der im Felde sterben musste, um in Freiheit leben zu können.

Wer ewig lebt,
wird nie unsterblich

1

2043–08–22–13.41,17 Uhr

52–37–0 N 13–14–0 O (Berlin-Heiligensee)

Automatischer Protokollassistent der Kriminalkommissarin
Sperber, Kathrin
Achtung: Einträge des automatischen Protokollassistenten oder
andere unaufgeforderte Aufzeichnungen der implementierten KI
von Polizeibeamten erhalten erst rechtskräftige Gültigkeit, wenn
sie von den jeweiligen Polizeibeamten persönlich autorisiert werden. Bitte beachten Sie, dass Sie sich strafbar machen, wenn Sie
noch nicht autorisierte Einträge des implementierten Protokollassistenten lesen. Statt einer Autorisierung hat ein Beamter auch
immer das verfassungsmäßig zugesicherte Recht, einen Eintrag
zu löschen. Allerdings wird angezeigt, wenn eine Löschung statt-
gefunden hat.
Dieser Eintrag wurde noch nicht autorisiert.

Am 22. August 2043 um 12.34 Uhr erreichte Kriminalhauptkommissar Stanislav Pils mit Kriminalkommissarin Kathrin Sperber
den Tatort. Dieser befand sich auf einem Seegrundstück an der
Dorfaue 26 in Heiligensee (52–37–0 N, 13–14–0 O). Die Leiche lag

auf dem Rasen, kurz vor der Bootsanlegestelle im hinteren Teil des Gartens, ca. 1,53 Meter vom Ufer entfernt.

Bei dem Toten handelt es sich um den Kunst- und Antiquitätenhändler Helmfried zu Dolmen. Todesursache waren höchstwahrscheinlich ein oder mehrere Mückenstiche. Nach bisherigem Ermittlungsstand ist davon auszugehen, dass es sich hier um einen Mordfall handelt.

Originalmitschnitt des Gesprächs zwischen KK Sperber und KHK Pils, Beginn: 2043–08–22 — 13.44,37 Uhr

Pils: Wat machen Sie denn da jetzt schon wieder?

Sperber: Ich habe den automatischen Protokollassistenten aktiviert.

Pils: Oh nee, denn zeichnet der jetzt wieder jedes Wort auf?

Sperber: Ich kann das später durchgehen, bearbeiten und kürzen. Ist immer noch einfacher als die Berichteschreiberei.

Pils: Ich will nicht, dass man jedes Wort von mir archiviert. Geht das, was wir jetzt reden, auch schon alles aufs Band?

Sperber: Ich schneide das später weg.

Pils: Na hoffentlich.

Sperber: Sie benutzen den Assistenten noch immer nicht?

Pils: Funktioniert bei mir nicht.

Sperber: Gucken Sie sich das ruhig mal an. Das spart wirklich Zeit. Und die Videos und Audios sind hilfreich. Oft erinnert man sich selbst ja doch nicht so exakt.

Pils: Ach, alleine diese tausend Hinweise immer, bevor das mal richtig losgeht.

Sperber: Die können Sie alle deaktivieren.

Pils: Ja, und denn zwinkerste mal aus Versehen, und zack! ist die ganze – piep – wieder da.

Sperber: Sie können auch die Augen- und Zwinkersteuerung

deaktivieren. Sogar das Überpiepen unangemessener Wörter und Bezeichnungen könnten Sie abschalten.

Pils: Ach, und denn könnte ich wieder einfach so – piep –, – piep – oder – piep – sagen?

Sperber: Sagen können Sie das sowieso. Es wird nur im Protokoll überpiept. Spart auch Ärger. Ich finde es schick, wenn sich die Berichte von selbst schreiben. Die neue Software klingt auch nicht mehr so nach Technik-Sprech.

Pils: Schon klar, aber einiges Privates rutscht doch trotzdem immer wieder mit rein. Das ist dann für ewig auf Festplatte.

Sperber: Eben nicht. Vor dem Autorisieren lässt sich das löschen. Vollständig und endgültig.

Pils: Sagen die. Wissen Sie denn wirklich, wie vollständig und endgültig bei denen vollständig und endgültig ist?

Sperber: Da haben absolut integere Datenschutzorganisationen dran mitgewirkt. Nicht mal die Experten vom Chaos Computer Club oder dem Telegraphen hatten Bedenken.

Pils: Na, dann ist ja alles super. Aber was ist, wenn Sie nicht zum Autorisieren kommen?

Sperber: Das macht nichts. Solange es nicht autorisiert ist, wird es auch an keine Dienststelle gesendet. Und rein technisch könnte ich damit bis zu einem Jahr warten.

Pils: Da würde sich die Dienststelle aber freuen. Das gibt doch totalen Ärger.

Sperber: Ach, bis zu drei Wochen ohne autorisierte Berichte meckert keiner. Habe ich schon probiert. Dann kommen allerdings die ersten Nachfragen. Vorher hat niemand Einsicht in meine persönlichen, durch die Implantate erstellten Aufzeichnungen. Da geht nichts, bevor ich es nicht autorisiert habe. Und wie gesagt, wir haben das Recht, alles, wirklich alles, was wir löschen wollen, auch zu löschen. Das ist nicht nur uns, das ist jedem Bürger dieses Landes verfassungsmäßig garantiert.

Pils: Ja, ganz toll, diese Garantie. Es sei denn, Sie sind eben kein Bürger der ersten, zweiten oder dritten EU. Oder Ihnen wurden aus Verdachtsgründen per Gerichtsbeschluss Überwachungsimplantate eingesetzt.

Sperber: Ich habe nicht gesagt, dass es perfekt ist.

Pils: Und was ist überhaupt, wenn wir sterben?

Sperber: Wie?

Pils: Na, wenn wir sterben. Dann werden einfach alle Aufzeichnungen, persönlichen Gespräche und Gedächtnisprotokolle von irgendwelchen wildfremden Ermittlern oder sonst wem, der sich Zugriff verschafft, ausgelesen. Obwohl die alle nicht autorisiert sind.

Sperber: Ganz ehrlich, wenn ich gestorben bin, wäre mir das auch egal.

Pils: Natürlich, weil Tote ja keine Persönlichkeitsrechte mehr brauchen oder was?

Sperber: Vielleicht wäre ich froh, wenn sich nach meinem Tod noch einmal jemand mit mir, meinen Gedanken, womöglich sogar meinen Ermittlungen auseinandersetzt. Ungefiltert. Apropos, wie wäre es denn, wenn wir uns mal mit unseren Ermittlungen hier auseinandersetzen würden?

Pils: Wenn's denn sein muss. Was haben wir anhängig?

Sperber: Eher abgängig. Helmfried zu Dolmen, Generalkonsul der Volksrepublik Brasilien. Außerdem Kunst- und Antiquitätenhändler. Das Haus in Heiligensee gehört eigentlich seiner Ex-Frau. Die ist jedoch im Moment auf Madeira, und er, so heißt es, hat sich hier nur versteckt, da seine Villa in Lichterfelde aktuell von der Presse belagert wird.

Pils: Warum das?

Sperber: Illegaler DNA-Handel. Er soll eine der Schlüsselfiguren auf dem weltweiten Schwarzmarkt um genetisch optimierte DNA für künstliche Befruchtung sein.

Pils: Versteh ich sowieso nicht.

Sperber: Was?

Pils: Warum man das nicht einfach freigibt. Dann sind eben in Zukunft alle Menschen 2,50 Meter groß, hyperintelligent, topgesund, wahnsinnig stark und schnell. Was ist daran so schlimm?

Sperber: Diesen Gesprächsteil werde ich zum Beispiel aus dem Protokoll rausschneiden.

Pils: Sie meinen, für diese Meinung könnte ich schon Ärger bekommen?

Sperber: Nee, sie interessiert nur keinen.

Pils: Das ist schlimm. Dass man heute nicht mehr alles sagen kann, ohne dass es keinen interessiert. Aber gut, wieso ist der Herr DNA-Händler denn tot?

Sperber: Todesursache sind drei Mückenstiche auf den Fußknöcheln.

Pils: Das sind die fiesesten. Bodenseemücken?

Sperber: Wir dürfen die nicht mehr so nennen.

Pils: Alle nennen die Bodenseemücken.

Sperber: Ja, aber der Fremdenverkehrsverbund Bodensee hat gegen die Bezeichnung geklagt. Sie heißen jetzt Blaumeisenmücken.

Pils: Wieso das denn?

Sperber: Da die Blaumeisen ausgestorben sind, war der Name unbelastet und frei verfügbar. Aber die waren es nicht.

Pils: Wer?

Sperber: Die Blaumeisenmücken.

Pils: Wer?

Sperber: Hören Sie doch auf.

Pils: Darf man noch «Mücken, die erstmals in der Bodenseeregion entdeckt wurden» sagen?

Sperber: Wahrscheinlich schon.

Pils: Und Ursprungbodenseemücken?

Sperber: Nein, dann ist es ja wieder in einem Wort.

Pils: Aha, wie weit muss denn das Wort Mücken vom Wort Bodensee in einem Satz entfernt sein, damit man ihn sagen darf?

Sperber: Ich schneide das alles raus.

Pils: Eben. Das finde ich ja das einzig Tolle an dieser Gesprächsaufzeichnungsfunktion. Dass man auch Dinge, die man normalerweise niemals sagen würde, einfach mal trotzdem sagt, weil man sie rausschneiden kann.

Sperber: Außerdem reichen drei Stiche von Blaumeisenmücken nicht, um daran zu sterben. Das passiert normalerweise nicht mal bei zehn Stichen. Man würde höchstens ohnmächtig werden. Das hier waren gentechnisch veränderte Mücken.

Pils: Oh bitte nicht.

Sperber. Leider doch. Ich hole mal unsere Professorin Keul dazu.

Pils: Ist die auch hier?

2043–08–22 — 13.54,19 Uhr — KK Sperber lädt Prof. Ingrid Keul per police office intern call (poic) in das Gespräch von KK Sperber und KHK Pils ein.

Keul: Guten Tag, allerseits.

Pils: Sagen Sie bitte nicht, dass wir dieses Gespräch jetzt über poic-call auf dem Handy führen.

Keul: Wie sonst? Außerdem ist poic-call doppelt gemoppelt.

Pils: Kommen Sie jetzt gar nicht mehr an die Tatorte?

Keul: Warum sollte ich? Poic ist absolut zuverlässig und abhörsicher.

Pils: Nur vor Ort können Sie doch das sehen, was Ihren Drohnen nicht auffällt. Was sich nicht analysieren, auswerten oder messen lässt.

Keul: Dafür habe ich ja Sie, Herr Pils. Außerdem: Seien Sie unbesorgt, meinen Drohnen entgeht nichts. Sie sollten übrigens bei der Virenlast in Ihrem Rachenraum aufpassen. Da ist möglicherweise was im Anzug. Außerdem gefallen mir die Bewegungsabläufe Ihres rechten Armes nicht. Haben Sie sich da gestoßen oder überanstrengt? Wenn Sie mir den Zugriff auf Ihre Körperfunktionen und -werte gestatten, könnte ich während unseres Gesprächs einen kompletten Gesundheitscheck bei Ihnen durchführen. Wäre mal wieder fällig.

Pils: Unterstehen Sie sich. Was haben Ihre Quälgeister Ihnen denn über die Todesursache geflüstert?

Keul: Ohne Frage brachten die drei Mückenstiche dem ansonsten kerngesunden zu Dolmen den plötzlichen Tod. Wobei von denen auch einer gereicht hätte. Alles deutet darauf hin, dass es sich um gentechnisch modifizierte, speziell auf das Opfer abgerichtete Killermücken gehandelt hat. Meine Drohnen haben zwei tote Exemplare auf dem Gelände entdeckt. In Kürze habe ich die hier im Labor. Dann kann ich noch Genaueres sagen.

Pils: Was sind denn das plötzlich für Viecher?

Keul: Das sind im Labor gezüchtete Insekten, deren DNA so verändert wurde, dass ihr Stich für genau eine Person auf diesem Planeten tödlich ist. Die Person, deren Zellteilung durch die DNA-Injektion des Mückenstichs derart beschleunigt wird, dass sie innerhalb weniger Minuten innerlich extrem rasant altert und schließlich stirbt.

Sperber: So was ist möglich?

Keul: Eigentlich war das bislang nur eine Theorie. Die hier aber wohl in die Praxis umgesetzt wurde.

Sperber: Klingt grausam.

Keul: Rein vom Sterben her ist es sogar vergleichsweise sanft, beinah friedlich. Wenn es richtig gemacht wird, funktioniert es ja, als entschliefe man friedlich an Altersschwäche. Die Züchtung ist allerdings extrem aufwendig und hochgradig komplex. Eigentlich gibt es nur maximal vier Forscherinnen auf der ganzen Welt, die dazu in der Lage sein könnten.

Pils: Dann geben Sie uns doch mal einen Tipp.

Keul: Die einzige Frau in Europa, die das eventuell könnte, ist meine frühere Doktormutter, Professorin Ludmilla Pinteiro. Sie ist heute sogar ganz in der Nähe tätig. Soweit ich weiß. In den «Kunboldt Genetics Future Laboratories», kurz KungFu-Labs. Die befinden sich in der Nähe von Tangermünde.

Pils: Wo ist das denn?

Keul: Sachsen-Anhalt. Zwei Autostunden von Ihrem derzeitigen Standort. Dort kann Ludmilla wohl in Ruhe forschen. Also in extremer Ruhe. Sie ist seit Jahren nicht mehr in der Öffentlichkeit aufgetreten. Hier ist das letzte aktuelle Bild von ihr.

2043-08-22 — 13.58,53 Uhr — Prof. Keul teilt ein Foto über poic mit KK Sperber und KHK Pils.

Pils: Oh, das ist aber schon sehr alt, das Foto.

Keul: Warum?

Pils: Weil sie darauf noch eine ziemlich junge Frau ist.

Keul: Sie ist drei Jahre jünger als ich.

Sperber: Hatten Sie nicht gesagt, sie wäre Ihre Doktormutter gewesen?

Keul: Allerdings.

Pils: Ich dachte, Sie wären schon so ein wahnsinnig hochbegabtes Wunderkind.

Keul: Das dachte ich bis zu meinem vierundzwanzigsten Lebensjahr auch. Dann habe ich Ludmilla getroffen. Von ihr habe ich alles über meine damalige Ahnungslosigkeit gelernt. Dafür werde ich ihr auf ewig dankbar sein.

Sperber: Und Sie meinen, diese Ludmilla Pinteiro ist praktisch der

210

einzige Mensch in ganz Europa, der solche Killermücken züchten oder herstellen könnte?

Keul: Wahrscheinlich ja. Andererseits bin ich auch nicht auf dem allerneuesten Stand. Das wird nur sie sein. Ich kann mir nicht vorstellen, dass sie etwas mit diesem Mord zu tun hat. Dazu wäre sie nicht der Typ. Aber den Mörder finden können Sie wahrscheinlich auch nur, wenn Sie mit ihr sprechen.

Pils: Na dann tun war das doch mal.

Keul: Das wird nicht so einfach sein. Die KungFu-Labs schotten sich und ihre Mitarbeiter total ab. Solange sie an einem der streng geheimen Projekte beteiligt sind, dürfen sie keinerlei Kontakt zur Außenwelt haben. Sie werden zwar mit Tonnen von Geld und später auch Ruhm überschüttet, aber dafür unterschreiben sie Verträge mit bis zu zwölfjähriger Laufzeit, in denen sie sich praktisch verpflichten, wie auf einer Bohrinsel zu leben. Es gibt keinen Weg nach draußen. Vor allem keinen digitalen. Da es seit den Quantencomputern keine sicheren Verschlüsselungen oder undurchdringlichen Firewalls mehr gibt, ist der Kontakt mit diesen Laboren nur noch analog möglich. Die haben da keinen Breitband- oder Highspeedzugang. Höchstens ein Festnetztelefon. Alles andere ist denen zu unsicher.

Pils: Klingt für mich nach dem Paradies.

Sperber: Verstehe. Wer kennt nicht diese Slogans. «Die einzige wirkliche Sicherheit für Ihre Daten ist, sie nicht zu digitalisieren.»

Keul: Was natürlich bei derartig komplexen Projekten vollkommen unmöglich ist. Dann bekäme man ja überhaupt keine Forschungsergebnisse. Daher bleibt nur die zweite Möglichkeit, nämlich bei solchen Wissenschaftsparks jedwede Schnittstelle zum weltweiten Netz zu kappen. Ohne Ausnahme, konsequent, für immer.

Pils: Wie schön. Dann würde ich sagen, rufen wir da mal auf dem Festnetz an und vereinbaren ein persönliches Gespräch mit der Frau Professorin.

Keul: Na ja, normalerweise wird auch so was natürlich ausnahmslos abgelehnt. Also zumindest, was Interviews betrifft. Aber bei einer offiziellen polizeilichen Ermittlung machen die vielleicht eine Ausnahme.

Pils: Das haben die ja gar nicht zu entscheiden.

Keul: Ich fürchte doch. Die werden kaum an deutsches oder europäisches Recht gebunden sein. Das sollten ihnen die Bundesregierung und das Land Sachsen-Anhalt garantiert haben. Sonst hätten die den teuren Forschungspark ja niemals bei Tangermünde gebaut. Aber die wollen schließlich auch keinen Ärger oder Aufsehen. Wenn Sie freundlich fragen, wird man Ihnen vielleicht ein Zeitfenster einräumen.

Pils: Oh Mann, wenn ich das schon höre. Ich glaube, die – piep – mit ihren – piep –, – piep – und – piep – piep – haben sich das in ihren – piep – Gehirnen so fein gedacht. Aber den – piep – Fatzkes werden wir schon ihre – piep – Rechte ausklamüsern.

Sperber: Ich glaube, Kollege Pils will damit sagen, es wird besser sein, wenn ich die Anfrage an die KungFu-Labs stelle. Danke für den Hinweis.

Keul: Jederzeit gerne.

2043–08–22 — 14.07,09 Uhr
Ende der Konferenz zwischen KK Sperber, KHK Pils und Prof. Keul über poic.

2043–08–22 — 14.07,15 Uhr
Ende der Gesprächsaufzeichnung zwischen KK Sperber und KHK Pils.

2

2043–08–22 — 18.21,05 Uhr

52–32–0 N — 11–58–0 O (Kreis Tangermünde)

Die Anzeige des standardmäßigen Rechtshinweises zur Autorisierung wurde deaktiviert. Sie können ihn wieder aktivieren, wenn Sie nach dem Lesen dieses Hinweises dreimal mit dem rechten Auge zwinkern.

Achtung! Dieser Eintrag wurde noch nicht autorisiert.

2043–08–22 — 18.21,41 Uhr

Gedächtnisprotokoll von KK Sperber

Ich erstelle dieses Audio-Gedächtnisprotokoll unmittelbar nach der Befragung von Prof. Dr. Ludmilla Pinteiro in den KungFu-Labs bei Tangermünde. Aufgrund der Bestimmungen vor Ort war ich gezwungen, alle Augmentations-Implantate sowie sämtliche Aufzeichnungs-, Protokoll- und Analysefunktionen zu deaktivieren. Dieses gemäß den Bestimmungen sofort angefertigte Gedächtnisprotokoll soll daher als Nachweis zum Ergebnis der Befragung dienen. Das Gespräch führte ich gemeinsam mit KHK Pils, dessen Implantate und Aufzeichnungsfunktionen aus gesundheitlichen Gründen dauerhaft deaktiviert sind. Ein entsprechendes Attest liegt dem Amtsarzt vor.

Prof. Dr. Pinteiro empfing uns in einem Konferenzraum der KungFu-Labs. Anwesend war neben ihr, KHK Pils und mir noch die Anwältin Dr. Ricarda Stein. Ein juristischer Beistand ist bei allen Gesprächen von KungFu-Lab-Mitarbeitern und Außenstehenden durch die Arbeitsverträge vorgeschrieben.

Prof. Dr. Pinteiro informierte uns in einer kurzen, gut verständlichen wörtlichen Rede über die technische Möglichkeit und Funktionsweise eines Attentats mit genetisch manipulierten

Mücken. Tatsächlich reicht bei nötiger Fachkenntnis und entsprechender Laborausstattung eine kleine DNA-Probe des Opfers, um die Insekten in personalisierte Waffen zu verwandeln. Sie steuern ihr Opfer dann gezielt an. So als hätte man diesem einen Peilsender injiziert. Im Idealfall haben ihre Stiche allein auf ihr programmiertes Ziel eine tödliche Wirkung. Mit derselben Technologie wäre es jedoch auch möglich gewesen, das Opfer nur zu lähmen. Der schnelle Tod von zu Dolmen lässt also eindeutig auf einen bewussten Mordanschlag schließen. Rechtsanwältin Stein übergab uns im Anschluss an diese Ausführungen ein Schriftstück, in welchem die wissenschaftlichen Grundlagen der Ausführungen der Professorin noch einmal übersichtlich für die Polizei aufbereitet und zusammengefasst sind. Es liegt den Ermittlungsakten bei. (Beweisstück Nr. 5)

Die Frage, wer über die notwendigen Kenntnisse und die Ausrüstung für eine solche zielgenaue Manipulation von Insekten verfüge, beantwortete Prof. Dr. Pinteiro eindeutig. Nur fünf Personen, sie eingeschlossen, könnten dazu in der Lage sein. Auch die anderen vier befänden sich derzeit in ähnlichen geschlossenen Forschungseinrichtungen. Sollten diese ihre Verträge nicht vorzeitig gekündigt oder aus anderen Gründen die Einrichtungen vor Ablauf der Verträge verlassen haben, was jedoch schon aus rechtlichen Gründen praktisch unmöglich sei, könnte man ihre Beteiligung getrost ausschließen. Sie selbst wäre also die einzige infrage kommende Wissenschaftlerin, die sich derzeit nah genug am Tatort aufhalte, um einen solchen Anschlag durchzuführen.

Prof. Dr. Pinteiro kam somit zur Schlussfolgerung, dass sie selbst als Hauptverdächtige anzusehen sei. Die Anwältin kommentierte dies mit einem nervösen Lachen. Auf explizite Nachfrage von KHK Pils bestätigte Prof. Dr. Pinteiro jedoch nochmals ihre Einschätzung.

Nachdem Frau Dr. Stein daraufhin die Befragung sofort beenden wollte und der Professorin dringend riet, kein weiteres Wort mehr zu uns zu sagen, widersetzte sich Pinteiro diesem Rat und empfahl uns stattdessen, sie selbst, die Professorin Pinteiro, vorsorglich in Untersuchungshaft zu nehmen. Als wir dies ablehnten, bestand sie darauf. In plötzlich hoher Emotionalität. Hierdurch wandelte sich die bis dahin freundliche Atmosphäre zwischen der Anwältin, der Professorin und den ermittelnden Beamten zu einer Stimmung höchster Anspannung. Die Anwältin verständigte den Sicherheitsdienst, woraufhin die Professorin in heftigem und lautem Ton ihre sofortige Festnahme verlangte. KHK Pils entsprach schließlich dieser mit zunehmender Dringlichkeit vorgetragenen Bitte.

Nach Eintreffen der Sicherheitsleute ergab sich ein Handgemenge. KHK Pils und meine Person, KK Sperber, waren gezwungen, uns selbst zu verteidigen und die Gefangene zu sichern. Wir haben dabei in keiner Sekunde unsere Befugnisse überschritten oder die Dienstvorschriften verletzt. Dennoch steht außer Frage, dass sich die Situation insgesamt sehr schnell äußerst unübersichtlich und geradezu bizarr entwickelte. KHK Pils kettete die festgenommene Prof. Dr. Pinteiro mit alten mechanischen Handschellen an sich selbst. Diese führt er, laut spontaner Selbstauskunft, aus Sentimentalität nach wie vor mit sich. Dann ließ er den Schlüssel dergestalt im Intimbereich seiner Kleidung verschwinden, dass man ihm diesen nicht ohne strafbaren sexuellen Übergriff auf einen Polizeibeamten hätte entwenden können. Dies war zumindest seine persönliche Einschätzung, welche er gegenüber den Wachleuten in eventuell provozierender Fröhlichkeit mehrfach äußerte.

Die Anwältin Dr. Stein versicherte, Ludmilla Pinteiros Arbeitsvertrag sei eindeutig. Es sei ihr in jedem Falle untersagt, das Parkgelände vor Ablauf der Vertragszeit zu verlassen. Dieses Verbot umfasse auch polizeiliche Ermittlungen, Strafverfahren und Festnahmen. Sie stelle gerne eine Kopie des mehrere Hundert Seiten umfassenden Vertragswerks zur Verfügung. Der Berliner Polizei stehe es allerdings frei, einen Auslieferungsantrag zu stellen. Dies müsse jedoch vor dem Internationalen Gerichtshof geschehen, da der Forschungspark nicht dem deutschen Recht unterstehe. Daraufhin kam es zu einem ungewöhnlich heftigen Wortgefecht zwischen KHK Pils und der Anwältin, in welchem einige möglicherweise justiziable Beleidigungen und Schmähungen gegenüber der Anwältin vorgefallen sein könnten. Meines Erachtens waren die möglichen Begriffe jedoch aufgrund der hohen Anspannung, in der sie vorgetragen wurden, eigentlich nicht exakt zu verstehen. Es könnte sich auch um eine völlig unverfängliche Wortwahl gehandelt haben. Die Anwältin jedoch maß KHK Pils' Äußerungen einen gewissen Beleidigungsgrad bei. Es kam zu Klageankündigungen, was noch einmal zu einer Erhöhung der Intensität und Bildhaftigkeit von weiteren privaten Meinungsäußerungen durch KHK Pils führte, die nun, je nach Sensibilität, tatsächlich die Grenze zum persönlichen Angriff überschritten haben mögen. Sollte es konkret diesbezüglich zu Klagen kommen, bitte ich den enormen Stress, welchem KHK Pils in dieser Situation ausgesetzt war, zu berücksichtigen. Mein kollegialer Ratschlag, eine sofortige formlose Entschuldigung auszusprechen, hat die Situation leider auch nicht beruhigt – im Gegenteil. Dennoch möchte ich anmerken, dass die Kritik des KHK Pils an der Anwältin und der Gesamtsituation in Form und Ausdruck zwar unangemessen und unnötig persönlich, rein inhaltlich jedoch durchaus nachvollziehbar und für mich auch menschlich absolut verständlich war.

Der aktuelle Stand ist nun, dass ein provisorischer Arrestraum in den KungFu-Labs eingerichtet wird. Dort soll Prof. Dr. Pinteiro vom Sicherheitsdienst des Forschungsparks bewacht werden.

Der Polizei entstehen hierdurch keine Kosten. Weder auf Bundes- noch auf Landesebene.

Für ihre Arbeit in den KungFu-Labs darf die Professorin den Raum jederzeit verlassen. Allerdings stets unter Aufsicht des Sicherheitsdienstes. Der Arrestraum selbst gilt, obwohl er sich in den KungFu-Labs befindet, als Hoheitsgebiet der EU und damit der deutschen Bundespolizei. Ähnlich einer diplomatischen Vertretung der EU auf dem Gebiet der KungFu-Labs. Allerdings ist dem Sicherheitsdienst des Parks sowie auch dessen juristischer Abteilung jederzeit Zutritt zu gewähren. Insbesondere während der weiteren Verhöre mit Prof. Dr. Pinteiro, um jegliche Möglichkeit der Weitergabe von Firmengeheimnissen sowohl mündlich wie auch durch Dokumente oder Datenträger vollständig auszuschließen.

Das nächste Gespräch zwischen mir, KK Sperber und der nun als verdächtig eingestuften Ludmilla Pinteiro wurde bereits für heute, 22.00 Uhr, vereinbart. Bis dahin wird besagter neutraler Arrestraum eingerichtet sein, mit einer Schlafstatt, einem Tisch, mehreren Stühlen sowie einer kleinen Teeküche. Dies alles wird kostenfrei bereitgestellt durch die KungFu-Labs, welche auch die Audio- und Videoaufzeichnung der Verhöre durchführen und der Berliner Polizei im Anschluss zur Verfügung stellen werden. Die Einreise der jeweiligen Ermittler in den Arrestraum bedarf jedoch der Genehmigung des dortigen Sicherheitsdienstes. Für weitere Verhöre könnte mir aber später von den KungFu-Labs eventuell eine Art Dauervisum gewährt werden.

KHK Pils kann leider nicht an den weiteren Verhören mit Prof. Dr. Pinteiro teilnehmen, da es ihm nun durch eine gerichtliche Ad-hoc-Verfügung mit sofortiger Wirkung untersagt ist, sich den KungFu-Labs auf weniger als zwanzig Kilometer zu nähern. Gegen diese Verfügung ist, auch behördlicherseits, in den nächsten achtundvierzig Stunden kein Einspruch möglich, da dies unter die vertraglich vereinbarten Sondergesetze zwischen der Europäischen Union und den Kunboldt Genetics Future Laboratories fällt. (Stichwort: Unabhängiges Weltweites Unternehmensrecht, welches allen internationalen Unternehmen die Rechtssicherheit gegenüber willkürlicher nationaler Gesetzgebung durch Regierungswechsel oder unberechenbare Volksabstimmungen garantiert, siehe § 17.2.4 der multinationalen Nixda-Freihandelsvereinbarungen von 2034 – Rechtshinweis des automatischen Protokollassistenten)

2043–08–22 — 18.44,23 Uhr
Ende des Gedächtnisprotokolls von KK Sperber.

3

2043–08–22 — 21.42,21 Uhr
52–32–0 N — 11–58–0 O (Kreis Tangermünde)
Achtung! Dieser Eintrag wurde noch nicht autorisiert.
Gedächtnisprotokoll von KK Sperber.

Nur eine halbe Stunde bevor wir die strengen Einlasskontrollen zu den KungFu-Labs wieder durchschreiten werden, trat Wachtmeisterin Vanessa Helmholtz ihren Dienst bei mir an. Sie soll mich anstelle von KHK Pils bei den Verhören von Prof. Dr. Pinteiro unterstützen. Aus Zeitgründen hat man sie von der Polizei Stendal für diesen Fall abgestellt.

Unmittelbar nach ihrer Ankunft versicherte sie sich, dass all meine Implantate noch oder schon wieder deaktiviert waren. Dafür gewährte ich ihr kurz Einsicht in mein System. Im Anschluss informierte mich die Kollegin, dass sie nicht wirklich die Wachtmeisterin Helmholtz ist. Stattdessen gab sie sich als Evelyn Hamann, Mitglied der Gruppe Telegraph, zu erkennen. Sie setzte mich erstaunlich freimütig über ihren Plan in Kenntnis, Prof. Dr. Pinteiro aus den KungFu-Labs zu befreien, wie sie es nannte.

Dies sollte sehr unauffällig und gewaltlos in Form eines einfachen Austausches geschehen. Erst nach dieser Ankündigung wurde mir die enorme Ähnlichkeit zwischen den beiden Frauen bewusst. Zwar verschleierte Evelyn Hamann alias Wachtmeisterin Helmholtz diese durch Schminke, Perücke, Uniform, Gesichtsausdruck und Körperhaltung weitestgehend, aber bei genauerer Betrachtung war sie frappierend. Ich halte es keineswegs für ausgeschlossen, dass man hier womöglich sogar operativ nachgeholfen hat.

Frau Hamann setzte mich daraufhin, soweit sie es für notwendig erachtete, ins Bild. Der Telegraph hatte bei der tatsächlichen Wachtmeisterin Helmholtz eine hohe Bereitschaft zur geräuschlosen Kooperation erzwungen. Diese werde sich absolut ruhig verhalten, bis die gesamte Operation abgeschlossen sei.

Natürlich würde der Austausch nicht sehr lange unbemerkt bleiben. Doch schon wenige Stunden, die Ludmilla Pinteiro außerhalb der KungFu-Labs verbringt, könnten den entscheidenden Unterschied machen, um die Welt vor einer Katastrophe zu bewahren.

Frau Hamann versicherte mir, es sei eine edle Tat, Prof. Dr. Pinteiro zur Flucht zu verhelfen. Ich solle mir keine Sorgen machen. Meine moralische Integrität würde keinen Schaden nehmen.

Ich nahm dies kommentarlos zur Kenntnis, womit ich jedoch keinesfalls den Eindruck erwecken möchte, ich hätte ihr Glauben geschenkt.

Pinteiro sei natürlich eingeweiht, erklärte Frau Hamann mir weiter. Im Prinzip sei ohnehin alles ihr Plan, den sie schon vor Jahren ausgearbeitet habe.

Trotz größter Bedenken entschloss ich, KK Sperber, mich also zunächst, den Anweisungen der Frau Folge zu leisten. Zum einen, um nicht das Wohlergehen Unschuldiger zu gefährden. Zum anderen erschien mir dies eine naheliegende und erfolgversprechende Möglichkeit, echte Ermittlungsergebnisse zu erzielen.

Dennoch weiß ich zur Stunde weder, was die tatsächlichen Motive Ludmilla Pinteiros, noch, was die Interessen des Telegraphen sind.

Möglicherweise mache ich mich der Beihilfe zu einer besonders schwerwiegenden Form der Industriespionage oder Sabotage oder etwas noch Schlimmerem schuldig.

Doch nun werde ich in wenigen Minuten mit Evelyn Hamann alias Wachtmeisterin Vanessa Helmholtz auf das Gelände der KungFu-Labs zurückkehren und mich aus ermittlungstechnischen Notwendigkeiten an einer Straftat beteiligen.

2043–08–22 — 21.54,58 Uhr
Ende des Gedächtnisprotokolls von KK Sperber.

4

Nachdem er Sperbers zweites Gedächtnisprotokoll vom 22. August abgehört hatte, steckte sich KHK Pils eine weitere virtuelle Zigarette an. Die ganze Situation stellte sich sehr unübersichtlich dar. Er wusste nicht, wie viel Zeit ihm blieb. Ihm war nur klar, wenn er jemals der Wahrheit nahekommen wollte, musste er vorher sämtliche Aufzeichnungen von Kathrin Sperber gesichtet haben.

Beim Abaschen bemerkte er, dass im Aschenbecher schon ein Zigarettenhologramm verglomm. Diese Kippe hatte er wohl kurz vorher entzündet. Ihr virtueller Rauch kniff ihm herrlich authentisch in den Augen. Sosehr Pils auch alle sonstigen Errungenschaften der «augmented reality» ablehnte, die Konsumimplantate hielt er für die genialste Erfindung seit den kohlenhydratfreien Kohlenhydraten. Perfekt gaukelten sie dem Gehirn den Genuss von Tabakwaren, Alkohol und sogar härteren Drogen vor. Mitsamt den normalen Konsequenzen wie Rausch, Lallen, Husten, Übelkeit, Schwindel, Wahnvorstellungen, Albernheit und so weiter und so fort. Alles, was dazugehörte, ohne Wenn und Aber. So wie er es sich wünschte. Jedoch konnte man die Nebenwirkungen auch einfach, praktisch auf Knopfdruck, abschalten oder stufenlos reduzieren. Ganz nach Notwendigkeit und Bedürfnis. Genauso wie man auch komplett auf den Genuss verzichten und nur den Kater aktivieren konnte. Was Pils tatsächlich sehr viel häufiger tat, als er jemals vermutet hätte. Denn ein ordentlicher Kater war tatsächlich ein Gemütszustand, in dem er sich sehr zu Hause und geborgen fühlte. Das war ihm vorher nie bewusst gewesen. Diese Erkenntnis hatte sein Leben verändert. Das Wissen, dass auch ein Hangover oder Erschöpfung eine Art von Zuhause sein kann, hatte ihm eine neue Dimension von Glück geschenkt.

Doch im Moment benötigte er wirklich jedes bisschen Verstand, welches sein verbrauchtes Gehirn noch hergab. Längst hatte er das ungute Gefühl, dass die Rolle, die man ihm in diesem Spiel zugedacht hatte, sehr viel anspruchsvoller war, als er sich selbst das je ausgesucht hätte.

Pils spürte, wie sich die Müdigkeit in all seine Zellen eingenistet hatte. Die Intervalle zwischen den Sekundenschlafphasen wurden immer kürzer. Wahrscheinlich wäre es das Vernünftigste, wenn er sich jetzt eine Dosis komprimierten Schlafes gönnen würde. Doch er traute dieser Anwendung nicht. Wie so viele der Selbstoptimierungsangebote erschien sie ihm zweifelhaft. Wenn ein fünfminütiges Schlafsimulationsprogramm für sein Gehirn tatsächlich so erholsam wäre wie eine komplette Nachtruhe, konnte es doch eigentlich nur wie eine Droge funktionieren. Logisch, dass der Körper dann vollkommen aus dem Gleichgewicht gerät und sich irgendwann gar nicht mehr normal regenerieren kann. Die vielen Schlafjunkies in den Großstädten kamen ja nicht aus dem Nichts. Unfassbar, mit wie vielen kaputten Süchtigen die Gesellschaft sich inzwischen arrangiert hatte. Etliche seriöse wissenschaftliche Studien zeigten, dass rund drei Viertel der Bewohner der ersten, zweiten und dritten EU psychisch schwer abhängig sind von ihren kleinen elektronischen Helfern und den Implantaten.

Als vor drei Tagen bei einer jungen Frau in Bad Freienwalde die Funktion ausfiel, die ihr immer routinemäßig sofort die Virenlast aller anderen Passanten anzeigt, hatte dies direkt einen panischen Schub bei ihr ausgelöst. In völliger Alarmangst hatte sie sämtliche Sicherungen ihrer elektronischen Datenhandtasche deaktiviert und diese auf sofortigen Rundum-Schutz gestellt. Der Selbstverteidigungsautomatismus des Geräts attackierte daraufhin jeden Passanten, der ihr näher als anderthalb Meter kam. Woraufhin diese Personen natürlich ihre Datentaschen zur Verteidigung einsetzten. Es kam zu einer schnell aus dem Ruder laufenden, völlig absurden Handtaschenschlacht, die letztlich die gesamte Innenstadt von Bad Freienwalde in Schutt und Asche legte. Siebenundsechzig Menschen wurden verletzt, sechsundsechzig davon schwer. Einzig die alles auslösende Dame wurde, als ihr internes Stresslevel den kritischen Wert von fünfhundert überschritt, von ihren Implantaten in eine Art Notfalleuphorie versetzt, die sie irgendwie vor Schäden schützte.

Pils gönnte sich noch einen seiner klimaten Riegel. Seit er Klimatarier geworden war, also nur noch klimate, sprich klimaneutrale oder -positive Lebensmittel zu sich nahm, hatte er schon sechs Kilo abgenommen und fühlte sich auch allgemein gesünder. Vor allem psychisch. Dabei war er wirklich nur Kathrin Sperber zuliebe Klimatarier geworden. Offiziell, damit sie ihn nicht mehr länger nerven konnte. So hatte er ihr das gesagt. Doch inoffiziell wusste er es besser. Er mochte sie und wollte ihr einfach diese Freude machen. Natürlich ohne zuzugeben, dass er es für sie tat. Denn eine Freude konnte man anderen ja nur durch etwas machen, das man nicht für sie tat. Sonst wäre es ja mehr eine Bürde. «Wegen dir mach ich das!» Also letztlich eine Abwandlung von Schuld oder Verantwortung, welche man Menschen, die man mag, eben nicht zumuten sollte.

Über solche komplizierten zwischenmenschlichen Fragen hatten sie häufig gestritten. Ohnehin hatten sie praktisch immer im Disput miteinander gelegen. Ohne Rücksicht. Daher mochte er sie auch so sehr. Mit wem kann man denn schon streiten, ohne Rücksicht nehmen zu müssen?

Der Kriminalhauptkommissar versuchte, seine galoppierenden Gedanken wieder einzufangen. Er musste sich jetzt auf die weiteren Aufzeichnungen von Kathrin Sperber konzentrieren. Solange noch Zeit war. Doch wie lange war überhaupt noch Zeit? Und was würde geschehen, wenn keine Zeit mehr war? Wie die meisten Menschen ignorierte er routiniert, dass er auf keine dieser Fragen eine Antwort hatte, und öffnete die nächste Datei.

2043-08-23 — 00.17,14 Uhr
52-32-0 N — 11-58-0 O (Kreis Tangermünde)
Automatischer Protokollassistent der Kriminalkommissarin
Sperber, Kathrin
Achtung: Dieser Eintrag wurde noch nicht autorisiert.
Statusbericht.

Um 0.16 Uhr am 23. August 2043 wurden die Augmentations-
und Aufzeichnungsimplantate der Kriminalkommissarin Kathrin
Sperber reaktiviert.

Aktuell befindet sich KK Sperber in ihrem halbautomatischen
Fusionsenergie-Dienstwagen. Dieser bewegt sich mit einer berechneten Durchschnittsgeschwindigkeit von derzeit 63,4 km/h
von Tangermünde in Richtung Nordosten. Ein konkretes Ziel wurde nicht eingegeben. KK Sperber steuert den Wagen manuell. Mit
KK Sperber im Fahrzeug befindet sich Wachtmeisterin Vanessa
Helmholtz, bei der es sich aber tatsächlich um die Professorin
Ludmilla Pinteiro handelt, die die Identität von Vanessa Helmholtz angenommen hat.

Die Körperwerte und -funktionen von KK Sperber und
Prof. Pinteiro sind unauffällig. Abgesehen von leicht erhöhten
Adrenalinwerten sind beide bei guter Gesundheit und unverletzt.

Dieser Statusbericht wurde vom persönlichen Protokollassistenten von KK Sperber automatisch erstellt.
Achtung: Dieser Eintrag wurde noch nicht autorisiert.

2043-08-23 — 00.18,42 Uhr
52-32-0 N — 11-58-0 O (Kreis Tangermünde)
Originalmitschnitt des Gesprächs zwischen KK Kathrin Sperber
und Professorin Ludmilla Pinteiro. Für Zugriff auf die interne
Kameradokumentation drücken Sie «Shift/alt + cam».

Sperber: So, ich habe jetzt die Gesprächsaufzeichnung aktiviert. Wie Sie es gewünscht haben.

Pinteiro: Ich hatte keineswegs die Absicht, Ihnen Anweisungen zu erteilen.

Sperber: Aber schon, mich zur Mithilfe bei einer wahrscheinlich äußerst schwerwiegenden Form der Industriespionage zu zwingen.

Pinteiro: Es handelt sich hier nicht um Industriespionage.

Sperber: Um was denn dann? Landesverrat? Republikflucht?

Pinteiro: Das kommt der Sache schon näher.

Sperber: Wie haben Sie es gemacht?

Pinteiro: Was gemacht?

Sperber: Den Austausch.

Pinteiro: Sie waren doch dabei.

Sperber: Sehr lustig. Das Verhör hatte noch nicht einmal begonnen, als Wachtmeisterin Helmholtz, beziehungsweise Evelyn Hamann, was allerdings ja sicher auch nicht ihr richtiger Name sein dürfte, gleich mal zur Toilette musste. Kurz darauf gibt es einen Laboralarm. Sie verlassen mit den Wachleuten den Raum, und keine zehn Minuten später werden Frau Helmholtz und ich gebeten, die KungFu-Labs sofort wieder zu verlassen. Allerdings ist die Polizistin, die mich begleitet, nun eine andere Frau. Was jedoch niemand außer mir bemerkt. Weder ein Sensor noch eine Kamera noch die Wachleute.

Pinteiro: Manchmal braucht man eben auch einfach Glück.

Sperber: Oder einen guten Draht zum Sicherheitspersonal. Erpressen Sie die auch?

Pinteiro: Wir erpressen niemanden. Wir überzeugen. Man muss nur herausfinden, an was die jeweilige Person glauben möchte, und ihr genau das erzählen. Manche möchten glauben, dass man sie zu mehrfachen Millionären machen kann. Andere wollen sich als herzensgute Menschen fühlen. Die Nächsten träumen davon, furchtlose Helden zu sein. Jeder wünscht sich etwas anderes, das seinem Leben einen zufriedenstellenden Sinn geben könnte. Wenn man ihm das bieten kann, ist er dafür zu vielem bereit.

Sperber: Und womit meinen Sie, mich zu kriegen? Was, denken Sie, wünsche ich mir so sehr, dass ich zu allem bereit bin?

Pinteiro: Sie wollen denken, dass noch nicht alles verloren ist.

Es tritt eine Stille ein, die ungefähr 41,7 Sekunden anhält.

Sperber: Okay. Wofür wollen Sie mich denn benutzen?

Pinteiro: Für gar nichts. Im Gegenteil. Ich möchten Ihnen eine Möglichkeit bieten. Denn wir beide haben im Prinzip denselben Traum. Das verbindet uns. Dafür sind wir bereit, vieles zu opfern und weiter zu gehen, als wir es uns je vorstellen konnten.

Sperber: Oh, damit Sie nicht enttäuscht sind, sage ich es Ihnen lieber gleich. Ich habe sehr klare Grenzen, die ich niemals überschreiten kann.

Pinteiro: Das ist mir absolut bewusst. Genau deshalb brauche ich Sie, eine integere Gesprächspartnerin, der ich alles erklären kann. Die aus Überzeugung die perfekte Polizistin ist. Mit Haut und Haar sowie Herz und Gewissen.

Sperber: Wäre das nicht auch im Verhörraum der KungFu-Labs möglich gewesen?

Pinteiro: Leider nein. Ich brauche Ihren aktivierten automatischen Protokollassistenten. Denn der ist, verzeihen Sie mir die Taktlosigkeit, nicht so leicht zum Schweigen zu bringen wie eine einzelne Person. Er ist ewig. Bleibt ein verlässlicher Zeuge, auch wenn Sie sterben. Er ist praktisch unzerstörbar und nicht zu manipulieren. Keine Explosion, kein Feuer, kein Frost und keine Schrottpresse kann ihm etwas anhaben. So ist er konstruiert. Sogar entfernen lässt er sich nur nach Ihrem Tod. Bis dahin haben Sie allein Zugriff darauf. Nur Ihr lebendiges Hirn kann es entschlüsseln. Und sollten Sie sterben, kann man nur noch alles abspielen, aber nichts mehr bearbeiten oder gar löschen. Es ist der sicherste Datenträger der Welt.

Sperber: Der aber trotzdem in die falschen Hände geraten kann.

Pinteiro: Wir werden dafür sorgen, dass das nicht geschieht. Wohin fahren wir eigentlich?

Sperber: Zu einem sicheren Ort. Doch wir müssen noch an einer Ladestation halten. In zwei Minuten kommt eine, mit dem Fusionsakku dauert das Laden nur vierhundert Sekunden. So lange können Sie überlegen, wo Ihre Geschichte genau beginnt.

Pinteiro: Ist das so wichtig?

Sperber: Natürlich. Geschichten entstehen, indem wir ihnen einen Anfang und ein Ende geben. Damit heben wir sie aus dem allgemeinen Rauschen.

2043–08–23 — 00.29,02 Uhr
52–32–0 N — 11–58–0 O (Kreis Tangermünde)
Ende der Gesprächsaufzeichnung zwischen KK Kathrin Sperber und Prof. Ludmilla Pinteiro.

5

Pils schenkte sich noch einmal aus der Cafetiere nach. Die dicke schwarze Flüssigkeit war längst kalt. Er warf zwei Körner Erhitzungspulver in die Tasse. Schon dampfte es wieder. Seit man heißes Wasser nicht mehr mit Gas oder Strom herstellte, sondern mit dem zentral in Niedrigenergiefabriken umwelt-

227

schonend produzierten Erhitzungspulver, war der Energieverbrauch privater Haushalte um mehr als sechzig Prozent gesunken. Was natürlich nur möglich war, da auch die meisten Heizungssysteme nun mit diesem Granulat betrieben wurden. Wie es genau funktionierte, hatte Pils nicht verstanden. Irgendeine Fusion von irgendwas. Total natürlich, ungefährlich und unschädlich, wie versichert wurde. Dennoch hatte es schon viele schlimme Unglücke, Morde und Suizide mit diesem Zeug gegeben. Das hatte zu manch schlimmem Anblick von Opfern geführt, auf den Pils gerne verzichtet hätte. Nun erschienen ihm diese Bilder ungefragt und unerwünscht in unregelmäßigen Abständen in den Träumen. Wie so vieles andere auch. Insbesondere während des komprimierten Schlafs.

Aber es gab keine Alternative zur Pulverenergie. Alle sonstigen Rohstoffe waren so gut wie verbraucht oder zu teuer. Nur wer reich war, kochte noch mit richtigem Feuer oder zumindest mit elektronischer Hitze. «Man schmeckt den Unterschied», waren sich praktisch alle einig. Außer Pils. Der hatte schon lange Probleme, noch irgendwelche Unterschiede bei irgendwas festzustellen. «Alles wird immer gleicher und gleicher und gleicher», hatte er vor einigen Wochen mal zu Sperber gesagt. «Die einzigen Unterschiede, die es überhaupt noch gibt, machen wir selbst in unserem Kopf.»

«Das ist sehr tiefsinnig», hatte die geantwortet. Und dann gelacht. Richtig schön gelacht, wie nur sie lachen konnte. Wo man nie wusste, ob sie etwas ernst gemeint hatte oder eben gerade nicht. Nur dass sie es gut gemeint hatte, das wusste man bei diesem Lachen sofort.

Ihm fiel auf, dass zwischen dem Ende der letzten und dem Beginn der nächsten Aufzeichnungssequenz fast anderthalb Stunden lagen. War an der Ladestation etwas vorgefallen?

Hatte jemand oder etwas sie aufgehalten? Er konnte sehen, dass Sperber eine Aufzeichnung gelöscht hatte. Jedoch nicht, wie lang diese gewesen war. Ein Fehlversuch? Etwas, was sie lieber doch nicht archiviert haben wollte? Oder was Pinteiro noch mal anders zu formulieren gedachte? Pils machte eine Notiz wegen der Lücke und nahm sich dann das nächste Dokument vor.

2043–08–23 — 01.58,53 Uhr

52–55–0 N — 12–48–0 O (Kreis Neuruppin)

Automatischer Protokollassistent der Kriminalkommissarin Sperber, Kathrin

Originalaufzeichnung der ersten Verhörsequenz mit Ludmilla Pinteiro, der Hauptverdächtigen im Mordfall Helmfried zu Dolmen. Das Verhör findet im Dienstwagen der Kriminalkommissarin statt. Dieser bewegt sich mit einer berechneten Durchschnittsgeschwindigkeit von derzeit 67,2 km/h von Tangermünde in Richtung Nordosten. Ein konkretes Ziel wurde nicht eingegeben. KK Sperber steuert den Wagen manuell.

Achtung: Dieser Eintrag wurde noch nicht autorisiert.

Sperber: Sie können anfangen, die automatische Gesprächsaufzeichnung läuft.

Pinteiro: Also, mein Name ist Ludmilla Pinteiro, ich bin 44 Jahre alt, geboren in Luanda, Angola, und deutsche Staatsbürgerin. Gestern, am 22. August 2043, habe ich die Kriminalkommissarin Kathrin Sperber gezwungen, mir beim Entkommen aus den Kunboldt Genetics Future Labs bei Tangermünde zu helfen. Über die genauen Einzelheiten dieser Flucht werde ich später bereitwillig Auskunft erteilen. In diesem Gespräch jedoch möchte ich mich auf die Hintergründe konzentrieren, die diesen Ausbruch notwendig gemacht haben.

Sperber: Sie müssen jetzt auch nicht so reden, als würden Sie ein vorformuliertes Geständnis verlesen.

Pinteiro: Es fällt mir so aber leichter, mich kurz zu fassen.

Sperber: Wie Sie meinen.

Pinteiro: Der Grund für all diese Aktionen findet sich im Forschungsprogramm, das ich in den KungFu-Labs geleitet habe. Es handelt sich dabei um das wesentliche Projekt dieser Einrichtung. Für dessen Vollendung wurde der Forschungspark errichtet. Nun könnte der Durchbruch unmittelbar bevorstehen.

Sperber: Worum geht es?

Pinteiro: Das ewige Leben.

Sperber: Sie erforschen die Unsterblichkeit?

Pinteiro: Nein. Eben nicht. Es geht nicht darum, einen einzelnen Menschen unsterblich zu machen, den Tod zu besiegen oder so etwas. Das ist unmöglich. Wir leben, und wir werden sterben. Natürlich lässt sich die Lebenszeit etwas verlängern, vielleicht sogar erheblich, aber eben nicht unendlich, nicht einmal annähernd. Möglichst früh die eigene Sterblichkeit zu akzeptieren, ist nach wie vor der einfachste Weg, Lebenszeit zu gewinnen. In den KungFu-Labs hingegen arbeiten wir an einem deutlich komplizierteren, aber sehr viel ergiebigeren Konzept. Dem ewigen Leben. Wir verlängern das Leben nicht, wir verdichten es.

Sperber: Wie soll das gehen?

Pinteiro: Wir ermöglichen es einem Menschen, in seinem Leben viele Leben zu leben.

Sperber: Durch verschiedene Identitäten?

Pinteiro: Das wäre möglich, aber nicht notwendig. Unser Ansatz besteht darin, ein Implantat, einen Prozessor, direkt ins Gehirn, in die Amigdala, einzusetzen. So sind wir in der Lage, den individuellen Verstand auszutricksen. Wir können eine perfekte Illusion erzeugen, durch die ein Mensch innerhalb von nur zwanzig Stunden ein ganzes Leben von rund achtzig Jahren durchlaufen kann.

Sperber: Wie ein Computerspiel? Ein Virtual Reality Game?

Pinteiro: Im Prinzip. Jedoch sehr viel ambitionierter und realistischer. Es gibt kein Drehbuch, keinen Plan, nicht mal ein Gerüst. Allein das eigene Gehirn errechnet das zusätzliche, komplette Leben und lässt es dann wie im Zeitraffer ablaufen. Man durchlebt es wie einen Film. Aber in perfektem 3D und um ein Vielfaches beschleunigt. Wobei die Übersetzungsleistung des Gehirns dafür sorgt, dass es sich dennoch wie achtzig Jahre anfühlt. Langsam und nachhaltig machen wir die Erfahrungen. Obwohl, wie gesagt, in unserer Zeit nur zwanzig Stunden vergehen. Jede Ausbildung, jede Erkenntnis, jede Fähigkeit, jedes Instrument, jede Sprache, eben alles, was man in einem Leben lernt und trainiert, bleibt in unserer Erinnerung erhalten. Auch im Körpergedächtnis. Wie weit könnte sich unser Geist entwickeln, wenn wir in unserem einen Leben unzählige weitere komplette Leben leben könnten? In jeder Woche eines. Und das wieder und wieder und wieder?

Sperber: Daran haben Sie in den KungFu-Labs gearbeitet?

Pinteiro: Eigentlich hat das schon sehr viel früher angefangen. Im Jahr 2020. Da haben wir den ersten Versuch unternommen.

Sperber: Wer ist wir?

Pinteiro: Mascha Grollow, Paul Landmann, Jussuf Kappandreou und ich. Eine Gruppe von vier jungen Menschen, die der oft bizarre Humor des Schicksals für eine Weile aneinandergepappt hat.

Sperber: Mascha Grollow? Die administrative Leiterin der Kung-Fu-Labs?

Pinteiro: Genau die.

Sperber: Warum kommen mir auch die anderen beiden Namen bekannt vor?

Pinteiro: Jussuf war vor fast zwanzig Jahren in den großen «liberation hack» verwickelt. Als es einer Gruppe Anarchoprogrammierern gelungen war, praktisch zeitgleich die Codes von so ziemlich allen Kryptowährungen zu knacken.

Sperber: Was zur Abschaffung der Kryptowährungen und damit immerhin einem leichten Abbremsen des Klimawandels führte?

Pinteiro: Ganz genau.

Sperber: Was ist inzwischen aus ihm geworden?

Pinteiro: Keine Ahnung. Seit den Ereignissen damals ist er verschollen. Und zur Legende geworden. Jussuf gilt immerhin auch als Erfinder der Datengranate.

Sperber: Der ultimativen digitalen Waffe?

Pinteiro: Eigentlich ist es gar keine Waffe. Sondern mehr ein Instrument zur absoluten Verwirrung. Schließlich besteht sie ja nur aus extrem komprimierten Datenmassen. Allerdings mehrere Yottabytes. Ein Yottabyte sind eine Billion Terabytes.

Sperber: Das sind unvorstellbar große Mengen.

Pinteiro: Eben. Und Jussuf ist es gelungen, diese Datenuniversen in sehr kleinen digitalen Kapseln zu komprimieren. Die Datengranaten. Wenn man eine davon in ein System wirft und sie dort explodiert, schädigen diese Daten das System im Prinzip nicht. Sie machen es nur immer langsamer und ineffizienter. Irgendwann beschäftigt sich das System nur noch mit sich selbst und kollabiert.

Sperber: Datengranaten fluten Systeme also letztlich einfach mit sinnlosem Zeug und lähmen sie dadurch?

Pinteiro: Genau. Jussuf hat einmal gesagt: «Was mit dem Internet im Großen passiert ist, machen die Datengranaten im Kleinen.»

Sperber: Dabei wäre diese Komprimierungstechnologie doch sicher wahnsinnig wertvoll.

Pinteiro: Theoretisch ja, aber sie ist in der Praxis nicht wirklich zu nutzen, weil sie jedes System zum Zusammenbrechen bringt. Die Datengranaten sind relativ klein und können daher leicht und extrem schnell injiziert werden. Aber man kommt an die Datenmengen nur wieder ran, wenn sie explodieren. Und dann lässt es sich nicht mehr bremsen oder gar umkehren. Eine einmal platzierte Datengranate kann man nicht mehr entfernen oder entschärfen. Deshalb wurden die Dinger ja auch weltweit geächtet.

Sperber: Und der Vierte?

Pinteiro: Paul Landmann. Unser selbsternannter privater Investor, der das ganze Projekt finanzieren wollte. Den kennen Sie vielleicht aus den Kriminalakten. Beziehungsweise aus der Literatur.

Sperber: Stimmt. Nicht verraten. Ich weiß es. Paul Landmann war das erste Opfer von Sebastian Starck, dem berühmten Mörderschriftsteller. Dem Autor der Romane über den jungen Gennat.

Pinteiro: Haben Sie die gelesen?

Sperber: Nicht alle, aber ein paar.

Pinteiro: Ich auch. Fand ich gar nicht schlecht. Starck hat übrigens nie einen Mord begangen. Schon gar nicht den an Paul. Er war praktisch das erste Opfer in dieser Geschichte. Oder genau genommen das zweite. Das erste war natürlich Paul. Wobei das mehr ein Unfall war.

Sperber: Sie und die anderen drei wollten also schon 2020 dieses Spiel entwickeln?

Pinteiro: Noch mal, es ist sehr viel mehr als ein Spiel. Im Kern geht es hier um das Konzept menschlicher Entwicklung insgesamt. Der technologische Fortschritt der letzten zweihundert Jahre entwickelte sich exponentiell. Anders gesagt, unser Gesamtpotenzial, das Wissen der Menschheit, wächst heute in einer Stunde mehr als im 19. Jahrhundert in einem ganzen Jahr.

Doch der menschliche Geist ist lange schon nicht mehr in der Lage, mit diesem Tempo Schritt zu halten. Da müssen wir eben die Uhr anhalten. Oder zumindest bremsen. Wenn sich die Menge des Wissens, die wir in einem Jahr gewinnen, vervielfacht, müssen wir auch die Zahl der Leben, die wir haben, um dieses Wissen zu verarbeiten, erhöhen.

Sperber: Das war die Prämisse, mit der Sie, die fantastischen vier, 2020 an den Start gegangen sind?

Pinteiro: Zunächst waren wir nur zu dritt. Mascha kam erst später dazu. … Ist alles in Ordnung?

Sperber: Ich weiß nicht. Es könnte sein, dass wir erneut verfolgt werden.

Pinteiro: Noch eine Drohne?

Sperber: Ich bin mir nicht sicher. Reden Sie ruhig weiter, ich habe das im Blick.

Pinteiro: Wir hatten die Idee. Jussuf entwarf die Programme. Doch wir brauchten auch die Hardware, ein Labor und natürlich Versuchspersonen. So kamen wir zu Kunboldt Genetics. Die haben damals in wissenschaftliche Nachwuchstalente investiert wie Bundesligavereine in ihre Jugendmannschaften. Wir bekamen praktisch alles von denen, aber wenn wir nach zwei oder drei Jahren nicht geliefert hätten, wären wir auch einfach so wieder vor die Tür gesetzt worden. Ansonsten haben sie uns gewähren lassen. Niemand interessierte sich für gesetzliche Vorgaben oder Regeln. Zudem wussten die auch gar nicht genau, was wir da eigentlich veranstalten. Genau genommen war Kunboldt Genetics ja nicht mal ein Wissenschaftsunternehmen. Eigentlich war das nur ein Investmentfonds. Für Investoren, die Geld mit Zukunftstechnologien verdienen wollten. Wussten Sie, dass der Ursprung des Kunboldt-Imperiums angeblich im Kunstschmuggel und dem halblegalen Handel mit düsteren Antiquitäten liegt?

Sperber: Was sind denn düstere Antiquitäten?

Pinteiro: Mordwerkzeuge zum Beispiel. Vor allem wenn sie eine Geschichte haben. Besondere, berühmte Verbrechen machen bestimmte Waffen natürlich über Gebühr wertvoll. Der Revolver, mit dem Erzherzog Franz Ferdinand erschossen wurde, ist unbezahlbar. Vermeintlich lagert er im Militärmuseum Wien. Doch da gibt es auch andere Theorien. Genauso wie über das Messer, mit dem Charles Manson Sharon Tate erstochen hat. Solche Reliquien sind Millionen wert.

Sperber: Dafür gibt es einen Markt?

Pinteiro: Sie würden staunen. In jedem Falle umweht das Kunboldt-Imperium schon immer der Ruch des Zwielichtigen. Deshalb wollte Paul sich auch unbedingt wieder von denen trennen und uns komplett finanzieren. Er fantasierte stets von einem großen perfekten Plan, der alle unsere Geldprobleme in Luft auflösen würde. Doch es kam anders.

Sperber: Was ist passiert?

Pinteiro: Irgendwann hatten wir einen Prototyp des Prozessors. Doch was fehlte, war eine Versuchsperson. Wir hatten keine Ahnung, wo die hätte herkommen sollen.

Sperber: Sie konnten ja schlecht eine Annonce aufgeben.

Pinteiro: Ganz genau. Wir waren verzweifelt. Bis ich einen Anruf von Mascha Grollow bekam. Das war das erste Mal, dass ich ihre Stimme hörte.

Sperber: Woher hatte sie Ihre Nummer?

Pinteiro: Von Paul. Der ihr auch von unserem Projekt erzählt hatte. Sie erzählte von einem Koma-Patienten. Klinisch definitiv nicht mehr zu retten, aber noch nicht hirntot. Sie fragte, ob es eine Chance gebe, dass durch unsere Innovation für ihn vielleicht eine Zukunft möglich wäre. Zwar nicht körperlich, aber in seinem Kopf.

Sperber: Und Sie konnten nicht widerstehen.

Pinteiro: Natürlich nicht. Es erschien uns wie die perfekte Lösung.

Sperber: Was ist schiefgegangen?

Pinteiro: Das Unheil begann damit, dass Maschas Komapatient sich als Paul Landmann herausstellte. Daraufhin wollten wir eigentlich schon alles hinschmeißen. Letztendlich haben wir es dennoch versucht. Paul zuliebe. Haben wir uns zumindest eingeredet. So könnte er vielleicht noch mehrere glückliche Leben haben, glaubten wir.

Sperber: Sie haben dem klinisch toten Paul Landmann ihren Prozessor in die Amigdala gesetzt?

Pinteiro: Mitsamt Hyper-Bluetooth-Verbindung. So konnten wir von außen, quasi als Supervisors und Masterminds, an seinem zusätzlichen Leben teilnehmen.

Sperber: Das ging?

Pinteiro: Tatsächlich ja. Ich erspare uns mal die technischen Details. Aber im Prinzip konnten wir so innerhalb von Pauls virtueller Existenz jeder noch drei eigene zusätzliche Leben durchlaufen. Ich errang in meinem drei Doktor- und zwei Professorentitel, lernte vier Fremdsprachen, dazu Geige, Klavier, Saxophon, reiten, segeln und fliegen. Womöglich hätte es sogar noch weiter gehen können, wir hätten Lösungen finden können für eine Zukunft, in der die Menschheit den Klimawandel bewältigt und sich die Erde sogar erholt. Wenn nicht vorher alles kollabiert wäre.

17,3 Sekunden Stille.

Sperber: Möchten Sie eine Pause machen?

Pinteiro: Nein, dafür haben wir keine Zeit. Es nimmt mich nur einfach nach wie vor mit, mir die Ereignisse von damals zu vergegenwärtigen. Der Prozessor hat Pauls Gehirn mit der exponentiell wachsenden Datenmenge geflutet, wodurch es geradezu explodiert ist. Wenn er das wirklich erleben konnte, muss es für ihn das Höllenfeuer gewesen sein. Wir haben davon leider nichts mitbekommen, da wir ganz auf unsere eigenen virtuellen Erfahrungen fixiert waren. Erst als uns alles um die Ohren geflogen ist, sind wir langsam wieder in die Realität zurückgekehrt. Zunächst erinnerte ich mich noch an alles. Das gesamte Wissen, das ich erworben hatte. Doch dann begann es nach und nach zu verblassen. Sehr viel schneller, als man sonst Sachen vergisst. Dennoch reichte es immerhin für einige persönliche Erfolge. Ich wurde zur jüngsten Professorin in meinem Bereich. Visionär und bewundert. Den anderen beiden erging es ähnlich. Jussuf entwickelte sich zum wohl besten Programmierer und berüchtigtsten Hacker seiner Generation, und Maschas organisatorische, wissenschaftliche und kaufmännische Talente wurden legendär. Paul jedoch war nun endgültig tot. In jeder Hinsicht.

Sperber: Darum haben Sie Ihr Projekt abgebrochen und versucht, sämtliche Spuren zu verwischen?

Pinteiro: Ja, aber das war gar nicht so leicht. Zunächst einmal standen wir natürlich alle unter Schock. Und mussten trotzdem schnell und besonnen agieren.

Sperber: Warum haben Sie Pauls Leiche nicht einfach verschwinden lassen?

Pinteiro: Hinter Paul steht eine Familie. Die hätten nie aufgehört, nach ihm zu suchen. Dabei wären sie schnell auf uns und unser Projekt gestoßen, und das hätte die gesamte Lage bald unkontrollierbar gemacht. Zudem mussten wir unseren technologischen Durchbruch vor den KungFu-Labs verbergen.

Sperber: Weshalb Sie Landmanns Leiche und damit den Mord einfach seinem Nachbarn Sebastian Starck untergeschoben haben.

Pinteiro: Wir befanden uns in einem emotionalen Ausnahme-
zustand. Der enorme Handlungsdruck, gepaart mit dem im-
mensen Intelligenzschub, den wir gerade erst frisch bekommen hatten, setzte unseren ethischen Überzeugungen schon
mächtig zu. Um es mal so zu formulieren.

Sperber: Ich denke, ich verstehe, was Sie meinen.

Pinteiro: Nachdem es uns gelungen war, das Implantat rück-
standsfrei aus Paul zu entfernen, hat sich Mascha um alles
Weitere gekümmert. Jussuf und ich waren einfach nur froh, ihr
das Ganze überlassen zu können, und haben keine Fragen gestellt.

Sperber: Was haben Sie Kunboldt Genetics erzählt?

Pinteiro: Gar nichts. Wir haben denen nur mitgeteilt, dass unser
Projekt gescheitert ist und wir auch keinen Versuch mehr unternehmen wollen. Das haben die achselzuckend hingenommen. Sich offensiv desinteressiert die gesamte Dokumentation
gekrallt und in den Giftschrank gesperrt. Wir waren überzeugt,
dass sich niemals wieder jemand mit unserem Rohrkrepierer
befassen würde. Und genau das wollten wir damals auch. All
das sollte einfach nur verschwinden.

Sperber: Zu einem Preis, den dann Sebastian Starck zu zahlen
hatte.

Pinteiro: Unser Plan war anders gewesen. Wir haben seine Karriere massiv gefördert. Insbesondere Jussuf mit seinen besonderen Talenten, die sozialen Netzwerke zu nutzen und zu lenken.
Vor allem aber sollte er spätestens nach zwölf Monaten frei-
kommen. Für all die Möglichkeiten, die er dann gehabt hätte,
all den Ruhm, wäre das ein akzeptabler Preis gewesen. Doch
dann ist viel passiert.

Sperber: Wenn ich recht unterrichtet bin, sitzt Starck nach wie vor
in Haft.

Pinteiro: Im hybriden Hochsicherheitstrakt in Erkner, ja. Leider glaubte Mascha zum Zeitpunkt seiner ersten Entlassung, es würde Sebastians Seelenfrieden guttun, wenn er wüsste, dass er eigentlich unschuldig ist. Was erneut zu einer Kette katastrophaler Entwicklungen führte.

Sperber: Begreift diese Mascha wirklich nicht, wie unglaublich anmaßend das ist, in jemandes Leben auf solch eine monströse Art und Weise einzugreifen?

Pinteiro: Mittlerweile ist uns das allen klar. Aber damals waren wir eben kleine Monster, die ihre eigene Grausamkeit nicht bemerken und sich stattdessen für auserwählt halten.

Sperber: Mit dieser Aussage bringen Sie Mascha Grollow in richtig große Schwierigkeiten.

Pinteiro: Selbstverständlich. Aber relativ gesehen, gehört das zu den unbedeutenderen Problemen, die ich ihr in den nächsten Stunden bereiten werde. Ich habe vor, sämtliche Forschungsdaten der KungFu-Labs zu löschen.

Sperber: Und wie wollen Sie das anstellen?

Pinteiro: Mascha ist vor einigen Jahren bei Kunboldt Genetics eingestiegen. Damit hatte sie Zugriff auf den Giftschrank. Kurz darauf versuchte sie, mich anzuwerben. Zu dem Zeitpunkt konnte ich nur ahnen, was sie wirklich vorhatte. Ich wusste aber, wenn ich ablehnte, würde sie es trotzdem tun. Ohne mich. Die einzige Chance, mehr über ihren Plan zu erfahren, war, das Angebot anzunehmen und zu versuchen, ihr Vertrauen zu gewinnen. Dadurch konnte ich Kontrolle über das Projekt und die Gefahren behalten. Also verpflichtete ich mich für sechs Jahre als leitende Wissenschaftlerin bei den KungFu-Labs. Allerdings mit Exitstrategie.

Sperber: Die Killermücken.

Pinteiro: Ja, genau. Eine uralte Schuld.

Sperber: Eine Schuld?

Pinteiro: Erinnern Sie sich vielleicht an den großen Kunstraub bei

Helmfried zu Dolmen und die darauffolgenden Monsterde-
monstrationen in Berlin?

Sperber: Wer erinnert sich da nicht dran?

Pinteiro: Zu Dolmen hat sich damals nicht nur Bilder, sondern
auch Dokumente stehlen lassen. Solche, die ihm gar nicht
gehörten und mit denen die tatsächlichen Eigentümer dann
vom Telegraphen erpresst wurden.

Sperber: Woher wissen Sie das?

Pinteiro: Von Mascha. Die hat mir auch erzählt, dass die betroge-
nen Herren sich unbedingt an Helmfried zu Dolmen rächen
wollten. Aber eben nicht, indem sie ihn töten. Das wäre denen
viel zu milde gewesen. Stattdessen machten sie ihm diskret
das Leben zur Hölle. Er verlor sein gesamtes Vermögen und
seine Kunst, musste sich mit zwielichtigen Geschäften durch-
schlagen, die aber nie funktionierten, wurde gesellschaftlich
geächtet und lächerlich gemacht; seine Frau begann ihn zu
hassen. Irgendwann durchschaute Helmfried zu Dolmen das
bösartige Spiel. Er litt unglaublich, aber da er seinen Zwillingen wenigstens das Geld aus seiner Lebensversicherung hinterlassen wollte, konnte er sich nicht selbst töten. Vielleicht
fehlte ihm auch der Mut dazu. Er bat also den Telegraphen um
Hilfe. Er meinte, wir seien es ihm schuldig. Wir haben dem zu-
gestimmt und ihm versichert, dass es unerwartet geschehen
würde.

Sperber: Mit Killermücken?

Pinteiro: Er wusste nichts davon, und mir kam es zupass. Ich
konnte so zwei Fliegen mit einer Klappe schlagen. Auch wenn
dieses Bild hier vielleicht etwas unsensibel daherkommt. Kurz
vor einem möglichen Durchbruch in den KungFu-Labs musste
etwas passieren, durch das ich Kontakt zur Außenwelt bekäme. Trotz der superstrengen Sicherheitsvorschriften. Ein mys-
teriöser Mordfall war die einzige Möglichkeit.

Sperber: Was denken Sie, warum Mascha Grollow das Projekt wieder aufgenommen hat?

Pinteiro: Wahrscheinlich übt die Idee nach wie vor einen gewissen Reiz auf sie aus.

Sperber: Dem Sie auch erlegen sind?

Pinteiro: Ich möchte mir gerne einreden, dass ich Maschas Werben nur gefolgt bin, weil ich Schlimmeres verhindern und die Kontrolle behalten wollte. Aber ich gebe zu, dass das alte Feuer der Begeisterung für diesen Traum nie ganz erloschen ist.

Sperber: Haben Sie es diesmal geschafft?

Pinteiro: Wir sind höchstwahrscheinlich sehr, sehr kurz davor.

Sperber: Aber?

Pinteiro: Im Prinzip ist es das uralte, ewige Dilemma jeglicher bahnbrechenden Wissenschaft. Was, wenn die Ergebnisse in die falschen Hände fallen? Sie für Kontrolle, Machterhalt und Unterdrückung missbraucht werden?

Sperber: Friedrich Kunboldts Hände sind die falschen?

Pinteiro: Falscher könnten sie kaum sein. Es geht immerhin um das Schicksal der Menschheit als Ganzes.

Sperber: Uihh, kleiner hamm wir's wohl nicht?

Pinteiro: Spotten Sie nur. Aber wir sind trotzdem verpflichtet, uns die Frage zu stellen, ob die Menschheit wirklich die nötige Reife besitzt, dass man ihr ein derartiges Wissen anvertrauen möchte.

Sperber: Weshalb Sie nun also eine einsame, endgültige Entscheidung für die ganze Menschheit treffen. Indem Sie dieses Wissen vernichten. Weil das ja bislang auch immer so gut geklappt hat, wenn Sie Entscheidungen für andere treffen!

Pinteiro: Ich weiß, es scheint widersprüchlich, aber es ist das einzig Richtige. Und ich versichere Ihnen, es wird niemand bei meinem Plan zu Schaden kommen. Es werden nur mithilfe eines elektromagnetischen Sprengsatzes sämtliche Daten von allen Computern und Implantaten in den KungFu-Labs gelöscht.

Sperber: Was hindert Kunboldt daran, es gleich noch einmal zu versuchen?

Pinteiro: Alle Daten werden verloren sein. Zudem hat er weder mich noch Mascha. Da wird es sehr schwierig, in den nächsten zehn Jahren auch nur einen Anfang zu finden.

Sperber: Kunboldt wird Mascha auch verlieren?

Pinteiro: Da kommen Sie ins Spiel. Beziehungsweise die Aufnahme Ihres automatischen Protokollassistenten. Damit können wir Kunboldts Ambitionen ausbremsen.

Sperber: Ich fürchte, so einfach ist das nicht. Wenn ich die Aufnahme autorisiere, wird sie sofort offiziell, und es wird damit gegen Frau Grollow und auch gegen Sie ermittelt. Autorisiere ich sie allerdings nicht, könnte man mich jederzeit zwingen, das gesamte Gespräch zu löschen oder zu bearbeiten.

Pinteiro: Das ist leider wahr. Und daher kommt jetzt auch der Moment, wo ich Sie mit dem größten Schwachpunkt, sozusagen dem dunklen Herz, meines Planes konfrontieren muss.

Sperber: Was?

Pinteiro: Ich bin leider gezwungen, etwas zu tun, das ich mir ganz gewiss niemals verzeihen werde. Ich muss Sie noch heute töten.

Ende der Gesprächsaufzeichnung zwischen KK Kathrin Sperber und Prof. Dr. Ludmilla Pinteiro.
2043–08–23 — 02.49,31 Uhr
53–07–0 N — 13–30–0 O (Kreis Templin)

6

KHK Pils atmete tief durch. Das war die letzte Aufzeichnung von Kathrin Sperber gewesen. Zwei Stunden später war ihr Tod offiziell festgestellt worden. Oder ihr nicht reparables Betriebsende, wie es bei Polizeicyborgs wie ihr ja eigentlich offiziell hieß.

Es klopfte. Ohne eine Antwort abzuwarten, trat Ludmilla Pinteiro in sein Arbeitszimmer.

«Ich nehme an, Sie hassen mich immer noch?»

Pils schaute sie an. Seit diese Frau vor anderthalb Stunden bei seinem Haus in Templin angekommen war, hatten ihn die Abläufe von einer Überforderung in die nächste gestürzt.

«Sie haben sie einfach abgeschaltet. Abgeschaltet und gelöscht. Als wäre sie nichts weiter als eine Maschine gewesen.»

Pinteiro versuchte einen Schritt auf ihn zuzugehen: «Eine Maschine war sie ohne Frage. Aber eben eine mit einer eigenständigen, echten, sehr besonderen Persönlichkeit.»

«Die Sie getötet haben.»

«Getötet ist wirklich das falsche Wort. Ich habe nur die Maschine abgestellt. Was schlimm genug ist. Ihre Seele jedoch haben wir erhalten.»

«Ach, dann kann man jetzt also auch schon eine Seele in Dateien speichern?»

«Die von Maschinen schon.»

«Denken Sie nicht auch manchmal, wir haben alle den Verstand verloren?»

«Jeder Mensch, der bei Verstand ist, denkt das.»

«Das ist doch alles absurd. Weil die Arbeit von Polizisten viel zu komplex, gefährlich und unübersichtlich geworden ist, stellen wir ihnen Cyborgs zur Seite. Um sie zu entlasten, zu schützen und wohl auch zu überwachen. Aber damit sich das nicht seltsam für die Beamten anfühlt, machen wir diese Roboter dann so menschlich, wie es nur eben geht. Mit Erfolg. Kathrin Sperber war definitiv der beste Mensch, dem ich je begegnet bin. Gerade weil sie auch Schwächen hatte. Und um die Illusion, also unser Wohlfühlerlebnis, perfekt zu gestalten, programmieren wir die Cyborgs dann wieder so, dass sie so tun, als wenn sie nicht wüssten, dass sie Roboter sind.»

Pinteiro nickte. «Dabei wissen sie es ganz genau.»

«Sie verheimlichen ganz bewusst vor uns, dass sie sich über die Art ihrer Existenz voll und ganz im Klaren sind. Damit wir uns überlegen und heimelig mit ihnen fühlen können. Das ist doch krank.»

Die Professorin legte den Kopf schräg. «Meines Erachtens ist das eine Form der Zuneigung. Wir haben die Roboter so programmiert, dass sie uns lieben. Und wir sie auch. Nicht Gehorsam, Kontrolle oder Macht ist der Schlüssel zu einer friedlichen Koexistenz mit der künstlichen Intelligenz, sondern Liebe. Wie bei allem auf der Welt.»

Der Kriminalhauptkommissar lachte bitter. «Und alles, was wir lieben, töten wir über kurz oder lang, was?»

Ludmilla schnaufte leicht. «Nicht unbedingt. Wenn es Ihnen lieber ist, könnten wir statt von Liebe auch von Kontrolle durch Zuneigung sprechen. Wie bei Eltern vielleicht. Nur dass nicht klar ist, wer bei Menschheit und künstlicher Intelligenz das Kind ist.»

«Na ja», griente Pils, «zumindest sind wir ziemlich sicher nicht die Erwachsenen.»

Noch ehe Pinteiro ihm antworten konnte, ertönte ein schriller Dreiklang vom Monitor-Pad in ihrer Hand. Sie wischte mit einem routiniert gezielten Blick über den Bildschirm, und schon erschien das nach wie vor jugendlich-pfiffige Gesicht von Mascha Grollow auf der Oberfläche.

«Hallo, Milla, du wolltest mich sprechen?»

«Allerdings, Mascha, es bleibt nicht mehr viel Zeit.»

«Du meinst, wegen deinem elektromagnetischen Sprengsatz?»

Prof. Pinteiro schwieg. Das war offensichtlich nicht der Satz, den sie erwartet hatte.

«Was ist denn, Milla? Hat es dir die Sprache verschlagen? Dachtest du im Ernst, *du* könntest *mich* austricksen?»

«Mascha, das ist jetzt wirklich nicht der richtige Moment, um unsere ewige ‹Wer ist schlauer›-Rivalität auszufechten.»

«Oh, das ist sogar genau der richtige Moment. Dann lernst du vielleicht mal, dass ich dir stets einen Schritt voraus bin. Glaubst du im Ernst, ich hätte nicht von Anfang an gewusst, warum du meine Einladung zu diesem Projekt angenommen hast?»

«Ich wusste, dass du es weißt.»

«Klar, aber du dachtest, du könntest mich mit deinem albernen Plan austricksen. In dem Moment, wo diese Polizisten hier wegen deiner Killermücken aufgetaucht sind, war mir alles klar. Helmfried zu Dolmen. Die alte Schuld. Dann dieser lächerliche Austausch. Meinst du etwa, du hättest entkommen können, wenn ich es nicht zugelassen hätte?»

Genervt schlug Pinteiro die Augen nieder. Sie sammelte sich kurz, ehe sie das Gespräch wieder aufnahm. Mascha Grollow registrierte das mit größter Genugtuung.

«Was ist denn, Milla?»

«Warum hast du mich entkommen lassen?»

«Damit ich alles von dir erfahre. Deinen ganzen erbärmlichen Plan. Im Verhör, unter Folter, selbst unter Drogen hättest du mir wohl nie etwas verraten. Dazu bist du viel zu ausgebufft, und wahrscheinlich bist du auch darauf vorbereitet. Also habe ich dich eben denken lassen, deine Jahrmarktfinten hätten funktioniert, damit ich stressfrei zuhören kann, wie du alles dem Polizeiroboter erzählst.»

«Ich habe den Wagen bei unserer Abfahrt aus den Kung-Fu-Labs auf Mikros oder Sender gescannt. Da war definitiv nichts, und die Drohnen haben wir abgeschossen.»

Mascha jubelte. Ihre Freude schien sich aus einem aufrichtigen, unschuldigen Glück zu speisen. «Genau. Was war das schön! Fast zu einfach. Lass sie zwei Drohnen bemerken und abschießen, damit sie nicht darauf achtet, wie der Ladestellenassistent ihr ein flaches Klebemikro unter die Schuhsohle wirft. Ablenkung ist alles. Erinnerst du dich?»

«Du hast den Ladestellenmieter bestochen?»

«Es war völlig logisch, dass Frau Sperber zu ihrem Kriminalhauptkommissar fahren würde und ihren Akku auffrischen musste. Ihre letzte Aufladung bei uns in den Kung-Fu-Labs war ja schon über acht Stunden her. Aber den Begriff Bestechung halte ich für übertrieben. Wer in einer Ladestation wohnen muss, ist nicht sehr kostspielig, wenn man eine einfache Dienstleistung von ihm möchte.»

«Woher wusstest du, an welcher Ladestation wir halten?»

«Hörst du mir nicht zu? Ich konnte es mir problemlos leisten, sämtliche Ladestellenbewohner an der Strecke zu engagieren. Allen Frauen, die in der letzten Nacht zu zweit unterwegs waren und zwischen Tangermünde und Templin einen Akku aufgeladen haben, klebt jetzt ein Mikro am Schuh. Doch nur ein einziges Gespräch war wirklich interessant. Eures. Darauf dürft ihr gerne ein wenig stolz sein.»

Ludmilla setzte sich auf einen Stuhl. Sie registrierte sehr wohl die äußerst sorgenvolle Miene von Pils. Betont sachlich sagte sie an Mascha gewandt: «Kathrin Sperber ist unwiederbringlich abgeschaltet, ihr Datensatz gesichert. Man wird meine eidesstattliche Aussage nie mehr ändern oder manipulieren können. Zudem befindet sie sich in den Händen eines absolut integren Polizisten. Du wirst kooperieren müssen.»

«Ich muss gar nichts. Und was diesen sichersten Speicher der Welt angeht. Dazu wird mir schon etwas einfallen, wenn ich mit unserem Prozessor so einige Leben durchlaufen habe.»

«Es wird keinen Prozessor geben.»

«Du meinst, wegen deines elektromagnetischen Sprengsatzes? Keine Sorge, den haben wir gefunden. Wirklich kein schlechtes Versteck zwischen den Wasseruhren der Sanitärversorgung. Wäre normalerweise niemals jemandem aufgefallen. Aber leider bin ich ja nicht normal und kenne dich sehr lange.»

«Wenn schon. Du kannst ihn nicht entschärfen oder stoppen.»

«Das stimmt. Macht aber nichts. Es reichte mir, rechtzeitig davon erfahren zu haben, ihn zu finden und die Anzeige des Wasseruhrzünders zu entschlüsseln. So wusste ich, dass ich noch genügend Zeit hatte, das dreistündige Notfallprotokoll zu aktivieren.»

«Du hast evakuiert?»

«Ganz genau. Und zwar alles.»

«So schnell geht das nicht.»

«Na ja, wir konnten vielleicht nicht sämtliche Sicherheitsprotokolle bis ins letzte Detail durchlaufen lassen. Womöglich ist daher sogar die ein oder andere Datei ein wenig beschädigt. Doch das wird nichts sein, was man nicht rekonstruieren kann. Sieh es ein. Ich habe gewonnen.»

Ludmilla Pinteiro ließ eine lange Pause und holte tief Luft. Dann flüsterte sie mit der sanftesten, freundlichsten Stimme, die ihr zur Verfügung stand: «Mascha, bitte. Was für ein Sieg soll das sein? Du darfst doch Kunboldt nicht den Zugriff auf diese Technologie gestatten. Das bist doch nicht du.»

Mascha entspannte sich und legte ihr unendlich charmantes, spitzbübisches Lächeln auf. Ludmilla begriff wieder, warum ihre alte Freundin am Ende immer alles bekam, was sie wollte.

«Milla, warum denkst du denn, du weißt, wer ich bin?», sagte Mascha. «Vertraue mir. Kunboldt wird nie Zugriff bekommen. Das schaffe ich auch locker ohne dich. Doch nun muss ich wirklich Schluss machen. Ich denke, ich werde heute noch ein wenig Geschichte schreiben. Adieu.»

Nicht einmal eine Zehntelsekunde nach der letzten Silbe verschwand ihr Gesicht vom Bildschirm.

7

Pils brachte ein Tablett mit einer Teekanne und zwei Tassen auf die Ostterrasse. Die sanfte Morgensonne zeigte sich von ihrer besten Seite. In solchen Momenten, dachte er, fühlte sich das Wetter fast noch mal so an wie vor dreißig Jahren. Pinteiro und er genossen diesen kostbaren Moment, bevor die gewohnte Hitze heraufzog. «Entschuldigen Sie bitte, ich bin es wirklich nicht mehr gewohnt, menschliche Gäste zu haben. Der Tee ist mit echtem Feuer aufgebrüht. Ich hab mir für besondere Anlässe noch ein paar Kartuschen Siebenunddreißiger-Erdgas im Keller gebunkert. Und wann, wenn nicht jetzt, sollte ich mal eine davon öffnen. Wie geht's denn unserer Patientin?»

Ludmilla strahlte über das ganze Gesicht. «Ist das etwa echter Kandis?»

«Ja, original aus den Zwanzigern. Der hält sich ewig.»

«Und richtiger Honig?»

«Um Gottes willen, nein. Was denken Sie, was man bei der Berliner Polizei verdient? Der ist synthetisch. Wenn ich richtigen Honig hätte, würde ich den gegen eine Eigentumswohnung in Berlin eintauschen.»

«Alle Werte sind super», beantwortete die Professorin seine Frage. «Noch ein paar Stunden Ruhe, und Sie haben Ihre Kollegin wieder.»

Stanislav Pils schüttelte den Kopf. «Das wird nicht die echte Kathrin Sperber sein.»

«Natürlich nicht. Sie werden sich wohl noch einmal an einen anderen Menschen gewöhnen müssen. Aber dieser Mensch wird Sie an Kathrin Sperber erinnern.»

«Diese Persönlichkeit in einem Roboter, meinen Sie.»

«Ich würde trotz allem bei Kathrin Sperber weiterhin von einer Seele sprechen wollen.»

Beide nahmen einen großen Schluck aus ihren Teetassen und schmeckten ihm in aller Seelenruhe nach. Eine Weile schauten sie auf die weite grün-braune Steppe vor dem Haus. An windstillen Tagen wie diesem, wo es fast gar nicht staubte, war sie von atemberaubender Schönheit. Oft schon hatte Pils versucht, Worte zu finden für die Anmut, welche es auch im Verfall zu entdecken gab. Noch nie war es ihm gelungen.

«Gab es denn wirklich keinen anderen Weg?», richtete er schließlich noch einmal das Wort an die Professorin.

«Leider nein. Oder zumindest keinen, für den ich klug genug gewesen wäre.»

«So ein Superhirn wie Sie? Das sogar unter extremer Beobachtung und mit derart begrenzten Mitteln im Labor einen elektromagnetischen Sprengsatz bauen kann?»

«Konnte ich gar nicht.»

«Bitte?»

«Niemand könnte das. Aber es geht ja auch nur höchst selten darum, was jemand kann. Wichtiger ist, dass andere glauben, man könnte es. Hauptsache, das, was ich da aus Wasseruhren und noch einigem anderen Zeug gebaut habe, sieht aus wie eine elektromagnetische Bombe, die niemand entschärfen kann. Das reichte völlig.»

«Wofür?»

«Damit Mascha das Notfallabbruchprogramm aktiviert und auf die Sicherheitsprotokolle pfeift, wenn sie evakuiert. Denn dort war mein wirklicher Angriff versteckt. Ein kleiner unscheinbarer Löschbefehl, der sämtliche Daten bei der Übertragung vernichtet. Nichts Auffälliges, sondern praktisch nur ein einfaches «delete files». Leicht zu finden, wenn man sorgfältig guckt. Daher musste ich dafür sorgen, dass niemand mehr die Zeit haben würde, sorgfältig zu gucken. Ablenkung ist alles. Letztlich ist die ganze Welt nur eine einzige Ablenkung. Das hat Mascha selbst immer gesagt.»

«Deshalb waren Sie die ganze Zeit so entspannt.»

«Genau, also außer während des Gesprächs mit Mascha, hoffe ich.»

«Da das glaubwürdig wirken musste.»

«Exakt. Sonst wäre alles umsonst gewesen. Ihre Geschichte muss Kunboldt gegenüber wasserdicht sein.»

«Also war auch Mascha Grollow bei der ganzen Chose nur ein Opfer?»

«Ein Opfer ist Mascha nie, aber sie befand sich tatsächlich in großer Bedrängnis. Als Kunboldt sie rekrutieren wollte, wurde ihr schnell klar, dass er unseren Schatz von 2020 in seinem Giftschrank gefunden hatte. Und nachdem sie begriffen hatte, wie weit er gehen würde, ahnte sie die Gefahr, die da aufzog. Am Ende hatte sie nur eine Möglichkeit, Kunboldt zu stoppen. Indem sie selbst die Leitung des Projektes übernahm. Da sie sich selbst allerdings nicht vollends traute, hat sie auch noch mich angeworben.»

Pils rümpfte die Nase. «Dann war letzten Endes eigentlich alles der Plan von Mascha Grollow? Sogar der Teil, wo sie selbst ausgetrickst wird?»

Ludmilla nickte.

Der Kriminalkommissar schüttelte den Kopf. «Na, da soll noch einer durchblicken. Sie sind mir schon so Genies. Wie dicht waren Sie denn jetzt wirklich dran, Ihr Projekt vom ewigen Leben zu verwirklichen?»

Ludmilla zuckte die Schultern.

«So ganz genau weiß ich das gar nicht. Möglicherweise waren wir nirgendwo. Eventuell auch unmittelbar vor dem Durchbruch. Jedenfalls wurde es einfach zu gefährlich.»

«Was denn?»

«Dass wir die Kontrolle verlieren. Dass Kunboldt den Braten riecht. Er uns rauswirft und sich dann jüngere, bessere, vor allem aber skrupellosere Wissenschaftler sucht, die vollenden, was wir vorbereitet haben. Dies galt es um jeden Preis zu verhindern. Wir mussten diese Sache jetzt ein für alle Mal cleanen. Oder dirten, wie Mascha es nannte.»

Pils schenkte sich und Pinteiro noch einmal Tee nach. Plötzlich sprang er auf und fuchtelte hektisch mit dem Finger in der Luft herum.

«Da! Da! Sehen Sie!»

Erschrocken schaute die Professorin hoch. «Was ist das? Eine Drohne?»

«Nein.» Pils zitterte vor Aufregung. «Das ist eine Schwalbe. Eine echte.»

«Im Ernst? Ich habe seit über zehn Jahren keine mehr gesehen.»

«Eben. Deshalb sag ich's ja. Die haben angeblich schon

über zwanzig im Landkreis gezählt. Die siedeln sich hier wieder an. Das ist der Hammer.»

Ludmilla lächelte. «Sie haben es wirklich hübsch in Templin.»

Pils nickte. «Ja, das stimmt. Auf seine Art ist das schon schön in Templin. Aber wo ist es schon nicht schön auf seine Art.» Er nahm wieder Platz. «Ich fürchte, ich habe den Faden verloren. Was war jetzt eigentlich Ihr Plan?»

Ludmilla atmete tief durch. «Kurz gesagt, wir wollten, dass alle Welt denkt, wir hätten eine Lösung gefunden, diese gestohlen und wären damit auf der Flucht.»

«Wieso?»

«Da wir alle Basisdaten und Ergebnisse von den Computern der KungFu-Labs gelöscht haben, würde es wohl locker zehn oder noch mehr Jahre dauern, bis man das auch nur annähernd rekonstruiert hat. Ohne eine von uns sogar noch länger. Niemand nimmt so was in Angriff, wenn er weiß, irgendwo auf der Welt gibt es die Lösung schon. Man muss sie nur finden. Also die Diebe.»

«Sie haben das getan, damit niemand mehr in diesem Feld forscht und alle stattdessen nur nach Ihnen suchen?»

«Und damit Mascha keinen Ärger kriegt. Den sie sicher bekommen würde, wenn Kunboldt erfährt, dass wir nach wie vor zusammenarbeiten.»

«Vielleicht ahnt er das trotzdem.»

«Aber er kann es ihr nicht beweisen.»

«Er kann jedoch von ihr verlangen, die Forschung wieder aufzunehmen und den Prozessor noch mal zu entwickeln.»

«Da kommen Sie ins Spiel, lieber Herr Pils, Sie haben jetzt meine Aussage auf Kathrin Sperbers Speicher. Damit werden Sie Anklage gegen Mascha erheben und bekommen sie so aus den KungFu-Labs raus. Sie geht sozusagen in Schutzhaft.»

«Aber auch in den Knast.»

«Sorgen Sie einfach dafür, dass sie ins Gefängnis muss. Um den Rest kümmern wir uns dann. Jussuf hat bereits alles geplant.»

«Jussuf Kappandreu? Der ist immer noch in Ihrem Team?»

«Wie eh und je.»

Pils schaute traurig. «Na, dann haben ja nun alle, was sie wollten. Außer Kathrin Sperber, die leider für diesen Plan sterben musste. Als Kollateralschaden.»

Ludmilla stöhnte auf. «Es ging nicht anders. Außerdem, zum hundertsten Mal, sie ist nicht gestorben. Wir mussten sie nur vollständig rebooten, damit wir alle ihre Daten sowie ihre gesamte Seele entfernen konnten.»

«Aber warum?»

«Um Platz zu schaffen. Schließlich haben wir eine Datengranate mit all unserem Forschungsmaterial und der Grundlagenforschung in ihr System injiziert. Wenn die dort explodiert wäre, wäre sie sonst kollabiert. Das hätte sie wirklich getötet.»

«Wieso haben Sie denn diese Datengranate ausgerechnet bei ihr injiziert?»

«Weil wir nur so unsere Forschungsergebnisse retten konnten. Es gab keinen anderen Weg, unser gesamtes Material sicher aus den KungFu-Labs rauszukriegen. Nur eine klitzekleine Datengranate, von der niemand erwartet, dass wir sie haben, und noch weniger, dass sie sich in der Akkuaufladestation für Roboter verbirgt. Sie kann mehrere Zettabytes in Sekundenbruchteilen übertragen. Und nur das System eines Polizeicyborgs ist in der Lage, diese Datenmengen nach der Explosion der Datengranate zu verarbeiten. Wenn es zuvor komplett geleert wurde. Diese bahnbrechende Grundlagenforschung wirklich für alle Zeit zu vernichten, wäre doch eine

Barbarei gewesen. Wer weiß denn, ob dieses Wissen nicht schon bald auch wieder die letzte Chance der Menschheit ist? Dann müssen wir sie trotz aller Risiken einsetzen. Um überhaupt überleben zu können. Nun, da wir Kathrin Sperbers Speicher komplett geleert haben, können wir die Datengranate zünden. Es wird mehrere Wochen dauern, bis sich alles wiederhergestellt hat.»

Pils sank in sich zusammen. «Dann ist Kathrin jetzt nur noch ein Datenspeicher?»

«Der sicherste der Welt. Aber es ist nicht mehr Kathrin Sperber. Sie ist quasi eine wandelnde Bibliothek, die sich an kein Netz mehr anschließen wird und ihr Wissen erst preisgibt, wenn die Menschheit es wirklich dringend benötigt. Unsere Kathrin Sperber gibt es nicht mehr. Es existiert nur noch ein Echo ihrer Seele, welche fast digitalisiert ist, sodass wir es in Ihre neue Kollegin, den frischen Cyborg, hochladen können. Doch sie wird ohne Frage eine ganz eigenständige Persönlichkeit sein.»

«Ich hatte sie so unglaublich gern. Ich habe mir manchmal vorgestellt, dass sie lange nach meinem Tod noch hier sitzen wird und für mich in die Landschaft schaut.»

«Das wird sie. Solange Sie sich an sie erinnern. Wenn Sie Ihrer neuen Kollegin alles über Kathrin Sperber erzählen, wird sie ewig leben.»

Mit diesen Worten stand Ludmilla auf, klopfte ihm wie zur Entschuldigung noch mal auf die Schulter und ging nach drinnen.

Stanislav Pils blieb zurück. Gedankenverloren ließ er seinen Blick über die grandiose Steppe schweifen, die unter der schmetternden Sonne funkelte. Seine Augen wanderten bis hin zum Rest des toten Waldes, dessen Bäume vor rund zehn Jahren die Wassersuche aufgegeben hatten und dennoch voll wundersamem Stolz aufrecht in der Landschaft verharrten. Kurz dachte er: Wir sehnen uns nach dem ewigen Leben, um die Ewigkeit sterben zu sehen.

Er wartete ein paar Sekunden und flüsterte schließlich enttäuscht: «Wieder nicht.»

Jedes Ende beginnt mit
einem Anfang

1

Wirkliche Geborgenheit gaben ihm eigentlich immer nur die Orte, an denen er sich fremd fühlte. Insofern mochte Paul die Treulose Tomate. Früher hatte er häufig in diesem legendären Lokal herumgelungert. In der Hoffnung auf irgendwas. Doch dann entwickelte sich sein Leben in andere Richtungen. Mehr oder weniger absichtlich hatte er diesen Teil seiner selbst auf Distanz halten wollen. Hätte er darüber nachgedacht, wäre er wohl zu dem Schluss gelangt, dass das nicht funktionieren kann.

«Entschuldigung, kann ich den Stuhl haben?» Die freundliche Stimme einer jungen Frau riss ihn aus seinen Gedanken. Keck stand sie vor seinem Zweiertisch und hatte die Hand bereits an der hölzernen Lehne des wohl schon antiquarischen, aber auch ziemlich verschlissenen Sitzmöbels. Während sein überraschtes Hirn noch nach einer schlagfertigen, humorvollen Antwort kramte, antwortete der graue Kommunikationssachbearbeiter aus seinem Bauch schon routiniert: «Ja klar, kein Ding.»

«Super.» Unter ihren wilden roten Locken strahlte sie ihn an, zog den Stuhl ein kleines Stück zurück und setzte sich zu ihm an den Tisch. Er war perplex.

«Ich hatte eigentlich gedacht, Sie würden den Stuhl nehmen und sich woanders hinsetzen.»

«Wohin denn?»

«Was?»

«Na, ich meine, die anderen Tische sind ja auch alle besetzt. Ich bin nicht nur auf der Suche nach einer Sitzgelegenheit, sondern auch nach einem Platz, wo ich mich niederlassen kann. Bin ich nicht willkommen?»

Die vielen Sommersprossen gaben ihrem Gesicht eine natürliche Fröhlichkeit. Sofort fiel ihm ihre unglaublich gerade Haltung auf. Obwohl sie komplett entspannt wirkte. Völlig geerdet sah das aus. So muss man auch erst mal sitzen können, dachte Paul. Erst recht auf diesen Stühlen. «Doch, doch», lavierte er, «es ist nur …»

«Sie wären lieber allein?»

Aus guten Gründen traute er sich nicht, einfach «ja» zu sagen. Schließlich wusste er ja nicht einmal, ob er allein sein wollte. In jedem Falle war er hier, um einen Kontakt herzustellen. War diese höchst interessante Frau die Richtige? Für ihn und seine Interessen? Zudem war er sich plötzlich gar nicht mehr sicher, ob seine Interessen wirklich in seinem Interesse waren. Selbst wenn die Frau nicht die Richtige wäre, könnte ein Gespräch mit ihr gewiss reizvoll sein. Er war definitiv weder mit Gedanken geschweige denn Tätigkeiten beschäftigt, die für ihn oder irgendjemanden auf der Welt auch nur die geringste Bedeutung hatten. Dennoch fürchtete er, in seinem Warten gestört zu werden.

«Vorschlag!», beendete sie nun schwungvoll sein gelähmtes Schweigen. «Sobald Sie sicher sind, dass meine Anwesenheit die Qualität Ihres Aufenthaltes hier beeinträchtigt, teilen Sie mir das formlos mit, und ich werde ohne jede Diskussion oder Nachfrage den Tisch verlassen.»

Paul gelang ein Lächeln. Er war erleichtert. Die junge Frau hatte eine Lösung gefunden. Alles in allem war das fast gar nicht peinlich gewesen.

«Ich bin übrigens Mascha», stellte sie sich vor, während sie ihr Weinglas auf dem Tischchen absetzte, «aber keine Angst, ich werde Sie jetzt nicht vollquatschen. Versprochen.»

«Ach, das ist schon okay», hörte Paul sich antworten. «Ehrlich gesagt, imponiert mir Ihr Mut.»

«Weil ich mich zu einem fremden Mann an den Tisch setze?»

«Nein, weil Sie hier Wein trinken. Nach meinen Informationen soll der schon in Suchtkliniken eingesetzt worden sein. Also um Alkoholikern beim Entzug zu helfen.»

Mascha lachte. «Ja, schmeckt wie Holzknüppeldresche. Aber andererseits erinnert er mich eben auch an Zuhause.»

«So eine schlimme Kindheit?», fragte Paul schmunzelnd und fühlte sich regelrecht von seinem eigenen Charme überrumpelt. Als löste diese Frau eine Veränderung in ihm aus.

«Ja, genau. Das Schlimmste an meiner Kindheit war der Wein. Nee, im Ernst, der Geschmack erinnert mich an die Sorte, die uns in Tangermünde unser Lieblingslokal bei großen Pizzabestellungen immer geschenkt hat.»

«Euer Lieblingslokal?»

«Ja, bei denen war echt immer alles super. Außer dem Wein.»

«Wie viele Pizzerien gibt es denn in Tangermünde?»

«Hm, schwer zu sagen. Zählen auch Imbisse oder sonstige Lokale, die so nebenbei unter anderem Pizza anbieten?»

«Nein.»

«Okay, dann sind es so, alles in allem, insgesamt wohl grob überschlagen null.»

«Es gibt kein einziges italienisches Restaurant in Tangermünde?»

«Kommt drauf an.»

«Worauf?»

«Ist ein italienisches Restaurant nur dann ein richtiges italienisches Restaurant, wenn es von Italienern betrieben wird?»

«Natürlich nicht. Es kommt auf die Küche an, nicht auf die Nationalität des Kochs oder der Köchin.»

«Okay, aber wie ist es, wenn das Restaurant zwar Gerichte der italienischen Küche anbietet, die Köchin diese aber bulgarisch zubereitet?»

«So ein Lokal gibt es in Tangermünde?»

«Ehrlich gesagt, nein. Ich wollte nur was Originelles oder Lustiges sagen. Sorry. Wenn ich unsicher bin, mache ich immer schlechte Witze.»

«Die helfen gegen Unsicherheit?»

«Sie lenken davon ab. Außerdem bin ich sehr gut im Schlechte-Witze-Machen. Das kann ich ohne große Anstrengung. So lange ich will. Und genau das soll man ja tun, wenn man unsicher ist. Sich erst mal ganz auf das konzentrieren, was man richtig gut kann.»

«Ich glaube, von Ihnen kann man viel lernen.»

«Solange es einem egal ist, ob einem das Gelernte was nützt oder nicht, stimmt das sogar womöglich.»

«Tut mir leid.»

«Was tut Ihnen leid?»

«Na das, was Ihnen dieser Wein antun wird. Also morgen früh.»

«Muss es echt nicht. Das hilft mir gegen Heimweh.»

«Indem es Sie daran erinnert, dass es gute Gründe gab, von dort fortzugehen?»

«Auch. Doch vor allem geben mir die Kopfschmerzen ein Gefühl von Zuhause.»

«Wie das?»

«Ich finde, dass Heimat auch eine vertraute Form von Kopfschmerz sein kann.»

«Das ist ziemlich tiefsinnig.»

«Wenn Sie Dinge, die ich sage, für tiefsinnig halten, lässt mich das vermuten, dass Sie sie nicht verstanden haben.»

«Das finde ich noch tiefsinniger.»

«Wir reden aneinander vorbei.»

Grinsend lehnte sich Paul zurück. «Oh Mann, jetzt haben wir so viel über Essen geredet, dass ich richtig Hunger bekommen habe.»

«Ei, das wäre mal wirklich mutig.»

«Was?»

«In der Treulosen Tomate etwas zu essen zu bestellen. Man erzählt sich, die Soleier in dem Glas auf dem Tresen sollen noch Ernst Gennat persönlich gekannt haben. Unter Sammlern antiker Speisen müssten die Tausende von Euros wert sein.»

«Dann sind die gar nicht mehr zum Verspeisen, sondern nur noch als Wertanlage gedacht? Wie sehr, sehr alter Wein?»

«Genau so. Nur, dass sie nicht so gut nach Weinessig riechen, sondern viel schlimmer.»

«Oh, das ist dann allerdings wirklich bitter.»

«Warum?»

«Weil ich genau das bestellt habe. Zwei Soleier und ein Glas Überseerum.»

Mascha wurde plötzlich ernst. «Ich weiß.»

Ihr Gegenüber zog die Augenbrauen hoch. «Sind Sie deshalb an meinen Tisch gekommen?»

«Könnte schon sein. Wie kommen Sie auf so eine Bestellung?»

«Ein Tipp meines Ururgroßvaters. Also sozusagen.»

«Der war auch schon zu Gast in der Treulosen Tomate?»

Betont langsam ließ sich Paul in die Lehne der Sitzbank sinken. Kurz schien er sinnierend an einen entfernten Punkt zu blicken, dann jedoch hob er an. «Es ist eine Geschichte, die seit Generationen in unserer Familie erzählt wird. Wie er in dieses Lokal ging. Zwei Soleier mit einem Bierglas voll Überseerum verdrückte und so die Aufmerksamkeit des Telegraphen erlangte. Womit alles begann.»

Seine Gesprächspartnerin lächelte, während sie sich eine Strähne ihrer roten Locken aus dem Gesicht pustete.

«Wer war Ihr Ururgroßvater?»

«Rüdiger Freiherr zu Dolmen.»

«Sie wollen ein zu Dolmen sein?»

«Aber hallo. Also zumindest von der Abstammung her. Die Last des Namens hat aber schon meine Großmutter Elfriede zu Dolmen abgeworfen, als sie Josef Landmann heiratete und dessen Namen annahm. Gestatten, Paul Landmann.»

Mit funkelnden Augen musterte Mascha den seltsamen Gast interessiert.

«Sie glauben also an Legenden?»

«Warum?»

«Die Legende des Telegraphen.»

«Ich glaube an meinen Urahn. Und der war gewiss keine Legende. Vielleicht legendär, aber es gab ihn in Fleisch und Blut. Zudem war er durch und durch Pragmatiker. Er stand mit beiden Beinen fest auf der Erde.»

«Klingt imposant.»

«Er hat allen Tieren auf dem heimatlichen Landgut militärische Dienstgrade verliehen. Ein Huhn wurde nach dem zweitausendsten Ei zum General befördert, und es gab einen Zuchtbullen, der dreimal den vaterländischen Orden für außergewöhnliche Tapferkeit vor dem Feind erhielt.»

«Jetzt bin ich wirklich beeindruckt.»

«Außerdem hat er meiner Großmutter immer wieder schier unglaubliche Geschichten erzählt. Wie er Ernst Gennat kennenlernte, den kleinen Konrad Zuse auf die Idee mit dem Computer brachte oder durch die Aufzeichnungen eines Gutsverwalters und Halunken namens Kunboldt auf ein Lager mit napoleonischer Raubkunst stieß. Meine Lieblingsgeschichte von ihm ist aber, wie er einmal den schon recht betagten Fürsten Bismarck mit einem schlüpfrigen Witz so dermaßen zum Lachen brachte, was damals wirklich nicht leicht war, dass dieser einen leichten Kollaps erlitt, medizinischer Behandlung bedurfte und daraufhin unverzüglich Krankenversicherung samt Sozialgesetzgebung einführte.»

«Klingt, als wäre Ihr Ururgroßvater ein großer Redner gewesen.»

Paul nickte. «Das war er ohne Frage. Doch die für uns heute bedeutsamste seiner Heldensagen ist natürlich die, wie er mit dieser Frau vom Telegraphen das Kunstimperium der zu Dolmens aufgebaut hat.»

Obwohl sie grinste, schien Mascha nicht sonderlich amüsiert. Wie eine kritische Journalistin hakte sie nach.

«Und Ihre Oma hat diese Geschichten dann wiederum an Sie, den kleinen Paul, weitergereicht?»

«Genau. Auch meine grand-mère war eine grandiose Erzählerin. Wobei ich die spektakulärsten Episoden noch gar nicht erwähnt habe.»

«Ist Ihnen nie der Gedanke gekommen, dass sie ihren Enkel nur mit fantastischen Märchen über den Ururgroßvater beglücken wollte?»

«Natürlich. Bis sie mir den Degen gezeigt hat.»

«Welchen Degen?»

«Wenn Sie die sind, für die ich Sie mittlerweile halte, wissen Sie längst ganz genau, welchen Degen ich meine. Und wenn Sie es nicht sind, wird es Ihnen auch nicht weiterhelfen, wenn ich Ihnen sage, wer einmal der Besitzer dieses französischen Offiziersdegens war.»

Mascha sah ihrem Gesprächspartner tief in die Augen.

«Schreiben Sie Ihre Telefonnummer auf meinen Bierdeckel. Damit man Sie erreichen kann, falls Sie sich als würdig erweisen.»

Paul zückte seinen Kugelschreiber und griff sich den Bierdeckel. Dieser musste schon sehr alt sein. Als Aufdruck hatte er eine Werbung für Paech-Brot: «Drückt's im Magen übel immer, macht es Paech-Brot noch mal schlimmer.» Na gut, vielleicht war es auch keine echte historische Werbung, sondern nur eine lustige Bierdeckel-Sonderedition der Treulosen Tomate. Paul notierte seine Nummer und schob sie Mascha rüber. Die griff danach, nickte ihm kurz zu, machte eine Handbewegung in Richtung Tresen und verschwand dann geschwind wie von Zauberhand im hinteren Teil des Lokals. Nicht einmal eine Minute später trat der Kellner an seinen Tisch und servierte ihm wortlos zwei Soleier aus dem Glas auf dem Tresen und ein halb volles Bierglas mit vermutlich sehr altem Überseerum.

Unmittelbar nachdem er seine Aufgabe erfüllt hatte, bekam er eine SMS: «Treten Sie aus der Treulosen Tomate und gehen dann genau einundsechzig Schritte nach rechts. Keine Sorge wegen der Rechnung. Wir schreiben das auf Ihren Deckel.»

Offensichtlich hatte er sich als würdig erwiesen. Schon im Aufstehen musste er allerdings aufstoßen und erinnerte sich so gezwungenermaßen sofort an die alte Berliner Weisheit: «Soleier riechen immer dreimal. Mindestens.»

Sobald er die erste Anweisung erfüllt hatte, kam die zweite

Nachricht. «Sie stehen nun vor einer Hofdurchfahrt. Gehen Sie hinein und dann so lange geradeaus, bis Sie an eine Mauer gelangen.»

Vorbei an Autowerkstätten, Künstlern mit Schweißgeräten und kleinen Gruppen kiffender Rentner schlich er durch das wilde Gelände, bis er die rund zweieinhalb Meter hohe, gemauerte Abgrenzung des Hofes erreichte. Dort blieb er stehen und wartete geduldig auf die nächste SMS. Die kam erst nach einigen Minuten und war erstaunlich schroff: «Na los, klettern Sie endlich über die Mauer.»

Nachdem er sich aus dem herumliegenden Gerümpel eine Steighilfe gestapelt hatte, gelang es ihm irgendwie, seinen untrainierten Körper hoch auf die Mauer zu hieven. Leider musste er oben feststellen, dass es auf der anderen Seite genauso tief hinunterging, wie es hier hochgegangen war. In seiner Not ließ er sich lang runterhängen und schließlich ungelenk auf den sandigen Boden fallen. Eine weitere Gruppe Rentnerinnen beobachtete ihn kopfschüttelnd dabei. Als Paul sich keuchend wieder aufrichtete und notdürftig den Dreck von seinen Sachen abklopfte, sprach ihn eine der Damen an.

«Sie wissen schon, dass es zwanzig Meter links einen Durchgang zwischen diesen beiden Höfen gibt?»

Paul guckte verdutzt, aber da hatte sie schon das Interesse verloren und wandte sich wieder ihren Gefährtinnen zu.

Noch ehe er darüber nachdenken konnte, kam die nächste SMS: «Durchqueren Sie diese Seite des Hofes und treten Sie wieder auf den Bürgersteig.»

In der Folge wurde er eine halbe Stunde lang durch diverse Straßen Berlins geleitet, musste immer wieder rechts oder links abbiegen, bis er endlich die ersehnte Meldung bekam: «Sie haben Ihr Ziel erreicht.» Er schaute auf und stellte fest, dass er zurück bei der Treulosen Tomate war. Direkt vor der Eingangstür.

Mascha trat heraus und strahlte ihn an. «Tut mir leid. Ich musste noch etwas erledigen und wollte nicht, dass Sie sich so lange langweilen. Ich bringe Sie jetzt zum Telegraphen.»

Keine zehn Minuten später erreichten sie den Schlosspark Charlottenburg. Paul, der während des ganzen Weges beleidigt geschwiegen hatte, begriff langsam, dass diese Strategie ihm nicht weiterhalf. Also beschloss er, stattdessen doch lieber so zu tun, als stünde er über allem, und das Ganze machte ihm nichts aus.

«Witzige Idee. Also das mit dem Geheimagenten-SMS-Weg, der dann aber zu gar nichts führt.»

«Es führt nie etwas zu gar nichts. Auch Dinge, die nichts verändern, verändern uns.»

«Ist das von Laotse?»

«Nein, von Rolf Zacher. Ein Stammgast in der Treulosen Tomate.»

«Man könnte auch schlussfolgern, dass wer den Anweisungen folgt, immer nur an seinen Ausgangspunkt zurückkehren wird.»

«Sehen Sie.»

«Sehe ich was?»

«Das entscheiden Sie selbst.»

«Was entscheide ich selbst?»

«Na, was Sie sehen.»

«Aha. Sehe ich jetzt gleich den Telegraphen?»

«Hat Ihnen Ihre Großmutter nicht gesagt, dass es den Telegraphen gar nicht gibt?»

«Doch, natürlich. Also es gibt ihn nicht als Person. Aber durchaus als Idee.»

«Wie dem auch sei. Was ist denn jetzt Ihre Idee, die Sie dem Telegraphen vorstellen wollen.»

«Wie jetzt, hier? Im Park? Beim Spazierengehen?»

«Natürlich. Im Grünen können wir ungestört reden. So ist es am sichersten. Gucken Sie denn nie Agentenfilme?»

«Warum sollte ich?»

«Damit Sie sich nicht so unbedarft anstellen, wenn Sie selbst als Geheimagent agieren müssen.»

«Als ob Geheimagenten sich ihre Verhaltensweisen aus Filmen abgucken würden.»

«Haben Sie eine Ahnung. Aber egal. Was haben Sie denn jetzt dem Telegraphen anzubieten?»

Paul atmete tief durch. «Den perfekten Raubüberfall.»

Mascha lachte. «Im Ernst? Für so was verschwenden Sie meine Zeit und quälen sich zwei Soleier und ein halbes Glas Überseerum rein? Wissen Sie, wie oft wir Ideen für perfekte Raubüberfälle bekommen?»

Paul Landmann schüttelte den Kopf. «Dieser hier ist anders. Er ist nämlich speziell für den Telegraphen perfekt. Das Opfer ist mein Cousin Helmfried zu Dolmen, und die Beute sind jede Menge Kunstwerke, von denen ein Großteil von Rechts wegen ohnehin der Organisation des Telegraphen zusteht. Da mein Ururgroßvater Rüdiger zu Dolmen sie vor hundertdreißig Jahren aus den Verstecken des Hauptmanns Robert gemopst und sie dann mithilfe des Telegraphen zum rechtmäßigen Eigentum der Familie Dolmen gemacht hat. Er hat sie gleich mehrfach behumpst. Und darauf gründet sich das Kunstimperium, welches Helmfried mittlerweile verwaltet.»

Mascha schaute ihn zweifelnd an. «Ehrlich gesagt bin ich mir nicht sicher, ob ich begreife oder begreifen will, wovon Sie da gerade reden.»

Obwohl Paul versuchte zu flüstern, überschlug sich nun seine Stimme: «Ich rede hier vom spektakulärsten und elegantesten Kunstraub der Berliner Kriminalgeschichte. Der durch unsere Zusammenarbeit möglich wird. Sie haben die Spezialisten, ich habe die Informationen. Ich weiß alles über Helmfried zu Dolmen, die Villa, die Sicherheitssysteme, seine familiäre Situation und die miesen Geschäfte, in die er verstrickt ist. Ich kenne die Aufhängung jedes einzelnen Gemäldes und weiß, was sie wert sind. Ich habe sogar jede Menge Fotos vom Wohnungsinneren und kann unauffällig noch viel mehr machen. Zwar bin ich mit dem Idioten Helmfried zerstritten, aber seine Frau Veronika hat den absurden Traum, die kaputte Sippe der zu Dolmens wieder zu versöhnen. Über ihren guten Willen kann ich mir jederzeit eine Einladung ins Haus organisieren.»

Abrupt blieb Mascha stehen. «Geht es bei der ganzen Sache nur darum, Ihrem Cousin eins auszuwischen?»

Paul verzog das Gesicht. «Das ist ein schöner Nebeneffekt. Vor allem aber geht es um Träume.»

«Was denn für Träume?»

«Haben Sie nie davon geträumt, mal einen Plan für den perfekten Raub zu schmieden und den dann auch durchführen zu dürfen?»

«Davon träumt doch jeder.»

«Eben. Ich will diesen Traum jetzt leben. Und mit dem Geld, das ich damit verdiene, kann ich mir dann sogar einen weiteren Traum erfüllen.»

«Der da wäre?»

«Davon erzähle ich Ihnen vielleicht, wenn wir uns besser kennengelernt haben.»

«Also nie.»

Erschrocken starrte Paul sie an.

«Heißt das, Sie haben wirklich kein Interesse?»

Mascha lächelte. «Na ja, an ihrem Plan vielleicht schon. Wäre es möglich, dass Sie mir den zumindest in ganz groben Zügen umreißen?» Unvermittelt setzte sie sich wieder in Bewegung.

Paul brauchte einen Moment, um alles zu verarbeiten. Dann spürte er die Erleichterung durch seinen Körper sickern. Noch ehe sie die Füße erreicht hatte, jagte ihr bereits eine überfallartige Euphorie hinterher, der seine Selbstkontrolle nichts mehr entgegenzusetzen hatte. Aufgeregt hoppelte er der jungen Frau hinterher und plapperte so gedämpft, wie es der Endorphinsturm in seinem Innern zuließ, auf sie ein: «Also als Erstes brauchen wir einen Tag mit einer Regenwahrscheinlichkeit von null Prozent. Dann beginnt es damit, dass wir am Morgen Veronika entführen und unmittelbar danach ihr Auto vor der Dolmenvilla explodiert ... Bumm! ...»

2

Konzentriert beobachtete sie im Rückspiegel ihres Renault Trafic, wie immer mehr Polizisten hinter dem quer auf der Straße stehenden Streifenwagen auftauchten. Auch vorn wuchs die Zahl ihrer Verfolger. Sie saß in der Falle. Das wussten auch ihre Jäger. Gespannt schienen diese auf ihre nächste Aktion zu warten. Doch Mascha musste sich weiter in Geduld üben. Noch waren nicht alle da. Erst wenn die Gruppe komplett war, durfte sie ihren Zug machen.

Sie zählte ein weiteres Mal von sechzig auf null runter. Immer im selben Rhythmus. Wenn man ihr als Jugendliche gesagt hätte, dass sie als Erwachsene einmal monatelang das Rückwärtszählen trainieren würde, mehrfach täglich, dann hätte sie die Volljährigkeit abgelehnt. Nun verhalf ihr die ständige monotone Wiederholung der Zahlen tatsächlich zur inneren Einkehr. Zu Klarheit, Ruhe und Konzentration. Selbst in einer derart angespannten Situation.

Endlich tat sich im Rückspiegel etwas. Eine neue Gruppe kämpfte sich nach vorne. Angeführt von einer Frau, die Mascha sofort erkannte. Hauptkommissarin Feil. Neben ihr Töpitz und sogar Helmfried zu Dolmen. Damit waren sie endlich komplett.

Sie beobachtete, wie Feil nach dem Megafon griff, das ihr ein Kollege reichte. «Hier spricht Hauptkommissarin Feil», rief sie. «Ich habe die Leitung dieses Einsatzes. Bitte kommen Sie mit erhobenen Händen aus dem Fahrzeug und gehen dann langsam auf uns zu. Ihnen wird nichts passieren. Wir wollen nur Ihr Fahrzeug kontrollieren.»

Das war quasi der Startschuss. Mascha atmete tief durch und drückte den Knopf auf der Fernbedienung. Dann begann sie zu zählen. 60, 59, 58 …

Sorgfältig richtete sie ein letztes Mal die Elon-Musk-Maske auf ihrem Kopf, machte den Motor des Transporters aus, legte die Fernbedienung auf den Beifahrersitz und schnallte sich ab. 52, 51, 50 …

Dabei ließ sie weder die Szene vor sich noch die im Spiegel aus den Augen. Sie wartete. Frühestens bei 36 durfte sie draußen sein. 44, 43, 42 …

Ganz langsam öffnete sie die Tür, drehte sich zur Seite, um dann praktisch freihändig, also mit erhobenen Händen, aus dem Trafic zu hüpfen. Kurz musste sie nachwippen, um sich wieder auszutarieren. 35, 34, 33 …

Schnell warf sie einen Blick auf die Straßensperre vorne.

Niemand näherte sich. Das war gut. So reichte der Abstand locker. Auf keinen Fall durfte jemand dem Transporter vor der Explosion näher als fünf Meter kommen. Dann wäre sie gezwungen, denjenigen zu warnen und damit wohl ihren eigenen Fluchtplan zu vereiteln. 23, 22, 21 ...

Genau bei 18 würde sie losgehen. Exakt vierzehn Schritte. Stehen bleiben und die letzten drei Zahlen nutzen, um sich flach auf den Boden zu legen. 15, 14, 13 ...

Sie genoss es, federnd, fast tanzend voranzuschreiten. Genau so, wie sie es seit Wochen geprobt hatte. Ein letzter Blick nach hinten und nach vorne. Niemand rührte sich. Perfekt. 5, 4 ... und los.

Wie ein edles, zähflüssiges Olivenöl ließ sie sich auf den Boden fließen. Genau in dem Moment, als sie die Hände über ihren Hinterkopf legte, gab es den ersten großen Knall. «Chapeau!», gratulierte sie sich selbst. «Besser kann man nicht zählen.»

Die ersten beiden Explosionen hatten schnell die ganze Straße eingenebelt. Bei der dritten und gewaltigsten Explosion befand Mascha sich schon hinter der Hecke des vorher gründlich erkundeten Gartens hinter dem Bürgersteig. Eine solide gezählte 2 zwischen den ersten beiden Detonationen. Eine ordentliche 4 vor der dritten. Eben genau die Zeit, die sie brauchte, um aus dem Liegen im geduckten Sprint unauffällig hinter die Hecke zu kommen. In der Zeit, als noch alle im dichten Rauch auf der Straße nach ihr Ausschau hielten, huschte sie schon unbemerkt über das Grundstück der benachbarten Villa davon. Schnell war sie an der Niedwaldener Zeile, der Parallelstraße auf der anderen Seite des Grundstücks, angekommen und sprang in das wartende Carsharing-Auto.

«Da bist du ja endlich.»

«Laber nicht und fahr los.»

Grinsend startete Paul Landmann den Wagen. «Sei bitte vorsichtig mit der Elon-Musk-Maske. Als Originalrequisit dieses riesigen Coups könnte die in Kürze bei Sammlern bestimmter Kriminalitätsantiquitäten ein kleines Vermögen wert sein.»

«Da vorne rechts und zwanzig Meter später links. Dann müssten wir ohne weitere Kontrollen rauskommen.»

«Weiß ich doch. Hast du vergessen, dass der Plan von mir ist?»

«Nicht ganz.»

«Wie, nicht ganz?»

«Nicht ganz der ganze Plan ist von dir.»

«Was soll das denn jetzt heißen?»

«Ich durfte dir bislang nichts darüber verraten, aber da du es ja in wenigen Minuten sowieso erfährst, ist es jetzt wohl egal. Deine ursprüngliche Idee mit dem großen Kunstraub wurde noch ein wenig erweitert.»

Obwohl die Fröhlichkeit wie eingefroren in Pauls Gesicht zurückblieb, begann nun langsam eine gewisse Irritation seine Mimik zu dominieren.

«Was gibt es denn da zu erweitern?»

Mascha, die sich vorsichtshalber zwischen Rückbank und Vordersitzen unter einer Decke versteckt hatte, bedauerte bereits, etwas gesagt zu haben, aber nun gab es kein Zurück mehr. Zumal Paul ohnehin alles erfahren würde, wenn er das Radio anmachte.

«Deine Informationen und der Basisplan waren sehr wertvoll. Doch als unsere Spezialisten alles geprüft haben, sind sie auf eine noch sehr viel größere Gelegenheit gestoßen und haben daraufhin einen wirklich unglaublichen Plan entwickelt.»

«Einen unglaublicheren Plan als meinen maximal unglaublichen Plan?»

«Kann man so sagen.»

«Einen noch größeren Raub?»

«Quatsch. Zumindest nicht nur. Der Telegraph ist keine Bande von Dieben. Die Organisation steht für Taten, die einen Unterschied machen. Es geht um Umverteilung. Also im Idealfall nimmt der Telegraph einigen wenigen etwas weg, um dafür sehr vielen neue Hoffnung zu geben.»

«Ist das aus einem Robin-Hood-Musical?»

«Nein, von Graciano Rocchigiani.»

«Dem Boxer?»

«Ja, der hat so etwas Ähnliches vor einem seiner WM-Kämpfe gesagt.»

«Im Ernst?»

«Na ja, in seinen Worten natürlich: ‹Wenn ich dem seinen Titel abnehme, freuen sich hier viele und sagen, geht also doch was›, hat er gesagt.»

«War der auch Stammgast in der Treulosen Tomate?»

«Darf ich nicht sagen. Fahr mal Richtung Teltow aus der Stadt raus.»

«Wieso?»

«Du musst untertauchen. Ziemlich lange sogar. In Berlin bricht gleich die Hölle los.»

«Was wird denn passieren?»

«Kannst du alles in Kürze über die Medien verfolgen. Der nächste Teil der Aktion läuft komplett öffentlich ab. Aber keine Angst, du kommst in ein Versteck mit sehr gutem WLAN.»

«Ich kann jetzt nicht untertauchen. Ich habe Pläne.»

«Die musst du vertagen. Das gesamte Umfeld von Helmfried zu Dolmen wird in den nächsten Stunden gründlich durchleuchtet werden. Die Gefahr, dass die auf dich stoßen und dich in ein strenges Verhör nehmen, ist viel zu groß.»

«Ich bin darauf vorbereitet. Ich werde nichts verraten. Niemals. Das verspreche ich.»

«Selbstverständlich. Das glaube ich dir natürlich. Aber um es dir leichter zu machen, dein Versprechen zu halten, sorgen wir dafür, dass dich erst gar keiner fragt.»

«Ich kann nicht untertauchen, ich habe Termine. Menschen, die sich auf mich verlassen. Für die ich das Ganze überhaupt erst gemacht habe.»

«Du willst diesen Raub ernsthaft zum Wohle anderer geplant haben? Das glaubst du doch selber nicht.»

«Na ja, ich finanziere ein Wissenschaftsprojekt. Hast du dich nie gefragt, wozu ich das ganze Geld brauche?»

«Wozu braucht einer wie du schon Geld? Dir macht es halt Spaß, reich zu sein. Und dafür braucht man nun mal Geld.»

Fassungslos vor Enttäuschung bremste Paul scharf ab, fuhr auf der Clayallee rechts ran, stellte den Motor ab und drehte sich nach hinten. «Was redest du denn da? Hast du mal meine Wohnung gesehen? Oder das Haus? Die Nachbarschaft? Auf meinem Stock wohnt ein erfolgloser Schriftsteller, der mir ab und zu Aushilfsjobs bei seiner Cateringfirma organisiert. Dem ich zur Inspiration für seine Romane fast alle Geschichten meiner Großmutter über Ururgroßvater Rüdiger erzählt habe. Gegen Erfolgsbeteiligung wohlgemerkt. Erfolgsbeteiligung an seinen Romanen, die kein Mensch liest. So in etwa sehen meine wichtigsten Einnahmequellen aus.»

Mascha begann sich unwohl zu fühlen. «Würdest du bitte weiterfahren?»

«Erst wenn du dich entschuldigt hast.»

«Wofür denn?»

«Dafür, dass du gedacht hast, ich wäre reich.»

«Für so was muss man sich doch nicht entschuldigen.»

«Bei mir schon.»

«Was ist denn mit deinem Erbe?»

«Das ist so dolle nicht und steckt außerdem in diesem Forschungsprojekt.»

«Was für ein verdammtes Forschungsprojekt denn?»

«Das geht dich zwar nichts an, aber es ist der Hammer. Es geht um ein Virtual Reality Game, das man sich über einen Chip direkt in die Amygdala implantieren lässt und durch das man innerhalb eines Tages ein komplettes Menschenleben durchlaufen kann. Und das Beste: Man erinnert sich hinterher an alles.»

«Das klingt jetzt wirklich noch kränker als alles, was du sonst so redest.»

Mit beiden Händen schlug Paul auf das Lenkrad. «Ja, meine Güte, ich habe das jetzt hier in der Aufregung vielleicht nicht so supergut erklärt. Aber die Sache ist echt. Ich finanziere ohne Scheiß zwei junge Mega-Bio-Tech-Genies, die an was ganz Großem dran sind. Anfangs war es vielleicht nur, weil ich in Ludmilla verknallt war. Aber mittlerweile glaube ich echt dran.»

Mascha stöhnte auf.

«Okay, meinetwegen. Kannst du jetzt bitte trotzdem weiterfahren?»

«Du weißt, was dafür nötig ist.»

«Ich entschuldige mich erst, wenn du wieder losgefahren bist.»

«Und ich fahre erst wieder los, wenn du dich entschuldigt hast.»

«So kommen wir nicht voran.»

«Eben.»

«Also gut, ich entschuldige mich.»

«Wofür?»

«Das weiß ich doch nicht.»

«Dann denk noch mal nach.»

«Gut. Ich entschuldige mich für alles, womit ich dich je verletzt haben könnte. Nimm es als große Blankoentschuldigung für all meine Verfehlungen. Du kannst selbst eintragen, wofür genau.»

«Das sagst du doch nur, damit ich weiterfahre.»

«Sag bloß!»

«Du redest mit mir, als wäre ich ein Idiot.»

«Ich will ja schließlich, dass du mich verstehst.»

«So. Jetzt reicht es endgültig!» Wutentbrannt zog Paul den Schlüssel aus dem Zündschloss, ruckelte gefühlt ewig an seinem Sicherheitsgurt, bis der ihn endlich freigab, um dann die Fahrertür aufzureißen und voller Zorn aus dem Auto zu stürmen.

Mascha schloss fassungslos die Augen, dachte gelähmt vor Entsetzen, dass das alles nicht wahr sein konnte, und begann, um sich wieder zu beruhigen, langsam von sechzig runterzuzählen. Sie war gerade mal bei neunundfünfzig, als sie auch schon durch quietschende Bremsen, wildes Hupen und einen dumpfen Aufprall direkt neben der Fahrertür unterbrochen wurde.

3

Dr. Manfred Strehlau hasste den Weg zur Arbeit. Ungefähr fünfzig Minuten brauchte er vom Grunewald bis Erkner. Jeden Tag dieselbe Blechlawine. Ein einziges Stehen und Anfahren. Bei zweihundertzwanzig Arbeitstagen im Jahr, hin und zurück, verbrachte er somit über dreihundertsechzig Stunden im Auto. Auf vierzig Jahre gerechnet, waren das mehr als sechshundert volle Tage. Wenn man pro Tag vierundzwanzig Stunden veranschlagte. Zog man pro Tag noch acht Stunden Schlaf ab, hieß das, dass er beinahe drei Jahre seiner gesamten wachen Lebenszeit auf diesen Drecksstraßen rumstand. Drei Jahre, die er genauso gut auch am Strand verleben könnte. Wenn er zum Beispiel Surflehrer auf Hawaii wäre. Wobei ihn Surfen noch nie gereizt hatte. Warum machen Menschen so was? Nicht, dass er es mal ausprobiert hätte. Das musste er nicht. Dass Surfen nichts für ihn war, konnte er sich auch so ausrechnen. So was musste man nicht ausprobieren, um es abzulehnen. Dafür verfügte er schließlich über die Fähigkeit des Abstrahierens. Damit er Dinge nicht erst machen musste, um sie doof zu finden. Sondern Sachen allein durchs Darüber-Nachdenken verabscheuen konnte. Meist sogar durch ein sehr kurzes Nachdenken. So gut war er im Abstrahieren! Was ihm das schon Lebenszeit gespart hatte. Zeit, die er nicht etwa mit Ulrike und den Kindern verbrachte, sondern damit, im Stau zu stehen. Strehlau lachte bitter. Er mochte es, wenn er sich selbst argumentativ hieb- und stichfest belegen konnte, dass er ein Idiot war. Zumindest dafür waren diese täglichen Fahrten gut. Wenigstens war sein Auto schön. E-Antrieb zwar, ging ja nicht mehr anders. Aber durch die neueste Software und Innenausstattung fühlte es sich immer noch so an, als würde er einen richtigen Diesel fahren. Toll, was da technisch mittlerweile möglich war.

An der Ampel vor der Auffahrt zum Stadtring trat eine alte Frau mit Fensterputzequipment vor seine Windschutzscheibe. Ein kurzer Blickkontakt. Strehlau schüttelte heftig den Kopf. Die Frau begann, die Fenster zu putzen. Strehlau verstärkte seine Anstrengungen, Desinteresse zu signalisieren. Schüttelte den Kopf, fuchtelte abwehrend mit den Händen, rief: «Nein, nein.» Die Frau nickte müde und putzte beflissentlich weiter. Strehlau ließ das Fenster der Fahrertür runter. «Ich habe von Anfang an ‹Nein› gesagt ... Ich wollte nicht ...»

Die Putzerin hielt ihm die offene Hand hin. Murmelte: «Bitte.»

Einen längeren Moment lang schauten die beiden sich in die Augen. Strehlau gab auf, nestelte einen Fünf-Euro-Schein aus seiner Hosentasche, überreichte ihn ihr mit den Worten: «Sie haben recht. Sie wollen das hier ja auch nicht. Keiner von uns will das, was wir hier tun, und trotzdem ...»

Er hätte gerne noch weitergeredet. Doch die Frau war schon längst wieder weggegangen. Normalerweise hätte ihn das nicht am Weiterreden gehindert, aber hinter ihm begann es zu hupen, also fuhr er die Scheibe hoch und wieder los.

«Das war jetzt aber sehr anständig von Ihnen.»

Ruckartig drehte sich Strehlau herum. Auf seiner Rückbank lümmelte sich plötzlich eine junge, rothaarige Frau. Im Gegensatz zu ihm wirkte sie sehr entspannt.

«Was zur Hölle?»

«Bitte, passen Sie auf und schauen Sie nach vorne. Wir wollen doch beide nicht, dass etwas passiert.»

«Wie kommen Sie in meinen Wagen?»

«Die Tür war offen. Also zumindest, wenn man Zugriff auf die Software der Türöffnung hat.»

«Warum haben Sie die?»

«Na, damit ich an dieser Auffahrt bei Ihnen zusteigen kann.» Die junge Frau nahm sich eine der Wasserflaschen aus dem Halter hinter dem Fahrersitz. «Darf ich?» Ehe Strehlau antworten konnte, hatte sie auch schon einen großen Schluck genommen. «Es ist in unser beider Interesse, dass wir uns un-

terhalten. Und da ich weiß, dass Sie ein äußerst viel beschäftigter Familienvater sind, dachte ich, es passt am besten auf
dem Weg zu Ihrer Arbeit.»

Die Gelassenheit der jungen Dame brachte Strehlau vollkommen aus dem Gleichgewicht. Er unternahm einen hilf-
losen Versuch, ihre Gelassenheit mit noch größerer Gelassenheit zu übertrumpfen. «Ich glaube, es wäre mir trotzdem
lieber gewesen, wenn Sie sich einfach bei meinem Assistenten
einen Termin hätten geben lassen.»

«Oh, ich fürchte, ein offizieller Termin wäre nicht so pas-
send gewesen.»

«Aha, das klingt ja schon mal interessant.» Er beobachtete
die Frau mit den vielen Sommersprossen im Rückspiegel. Be-
drohlich wirkte sie nun wirklich nicht. Allerdings musste das
nichts heißen. Das wusste er nach zwanzig Jahren Berufser-
fahrung natürlich.

«Na gut, verraten Sie mir denn vielleicht trotzdem Ihren
Namen?»

«Selbstverständlich. Ich bin Mascha Grollow und vertrete
hier die Organisation des Telegraphen.»

Vor Schreck hätte Strehlau fast eine Vollbremsung gemacht.
«Bitte was?»

«Ich bin Mascha ...»

«Ich habe Sie schon verstanden. Ich kann nur nicht glauben, dass Sie mir das einfach so rotzfrech ins Gesicht sagen.
Der Telegraph?!»

«Glauben Sie mir nicht?»

«Mein Glaube ist meine Privatsache. Aber seit der Wahn-
sinnsaktion mit dieser Monsterdemonstration vor sechs oder
sieben Jahren sind die Mitglieder des Telegraphen die meist-
gesuchten Verbrecher unserer Stadt. Und nun steigt eine junge Dame, die sich als Mitglied des Telegraphen ausgibt, mal

eben in den Wagen eines ranghohen Beamten im Justizvollzug? Was ist das bitte für eine Aktion?»

«Wenn ich richtig informiert bin, und ich bin ehrlich gesagt immer sehr gut informiert, haben Sie seit Kurzem Sebastian Starck in Ihrem Gefängnis.»

Strehlau nickte. «Das ist kein Geheimnis. Ein äußerst prominenter Neuzugang. Sitzt bei uns jetzt im Hochsicherheitstrakt ein. Da wird der so schnell nicht wieder rauskommen.»

Mascha lächelte. «Schön, dass Sie das direkt ansprechen. Ich möchte mit Ihnen über seine Freilassung verhandeln.»

Schon wieder verriss Strehlau kurz das Steuer.

«Bitte? Sagen Sie mal, spinnen Sie?»

«Keinesfalls. Ich denke, Sie sind der Einzige, der die Möglichkeiten und auch die Intelligenz besitzt, dies in die Wege zu leiten. Wenn es gelingt, Sie ausreichend zu motivieren. Deshalb bin ich hier.»

Mit einer fließenden Bewegung holte Mascha mehrere Klarsichtfolien mit Fotos und Kopien aus ihrer Tasche und legte sie auf den Beifahrersitz. Schweigend sah Strehlau zu den Folien hinüber. Dann nahm er eines der Fotos und hob es auf Augenhöhe. Legte es wieder ab, nahm sich stattdessen eines der Dokumente und betrachtete es genauer, ließ es wieder sinken, griff mit beiden Händen das Lenkrad. Mindestens eine Minute lang starrte er stur auf die Straße, erst dann fand er seine Stimme wieder. «Wo haben Sie das her?»

Mascha lehnte sich tief in den Sitz und nahm noch einen Schluck aus der Wasserflasche.

«Die Großdemonstration vor sieben Jahren. Wie Sie sicher wissen, haben wir sie auch für einen der größten Bankraube der deutschen Kriminalgeschichte genutzt. Und in den Schließfächern der Banken haben wir viel Interessantes gefunden, auch an Informationen.»

«Das soll in einem der ausgeräumten Schließfächer gelegen haben?»

«Vielleicht. Vielleicht kommt es auch woandersher. Das darf ich Ihnen nicht verraten.»

«Das wird nicht reichen.»

«Was?»

«Diese Informationen werden nicht reichen, um mich zu erpressen. Etwas so Absurdes, wie einem Häftling zur Flucht zu verhelfen, würde ich niemals tun. Ich habe der Gesellschaft ein Versprechen gegeben. Auch Ihnen. Da trete ich lieber zurück. Selbst den guten Namen meiner Familie würde ich eher durch den Schmutz ziehen lassen.»

«Finde ich gut.» Mascha klang aufrichtig zufrieden.

«Deshalb will ich Sie auch zu nichts zwingen, sondern Sie überzeugen.»

Strehlau schnaubte. «Wie schön! Da bin ich aber dankbar. Sind Sie eigentlich verkabelt?»

Ein explosives Lachen rollte nun von der Rückbank nach vorne. «Wie kommen Sie denn auf so was?»

Der Direktor der nigelnagelneuen Hochsicherheitshybridvollzugsanstalt Erkner fühlte sich aufgrund der Nachfrage ein wenig indigniert.

«Als ob das jetzt so abwegig wäre.»

«Nein, ich bin natürlich nicht verkabelt. Das hier ist nur ein informelles Kennenlerngespräch. Allein zu dem Zweck der Vertrauensbildung.»

Strehlau schüttelte den Kopf. «Wenn das Ihr Ziel ist, läuft es bislang nicht sehr gut. Außerdem ist diese Antwort alles andere als ein überzeugender Beweis, dass Sie nicht verkabelt sind.»

«Na dann.» Gänzlich ungerührt, fast gelangweilt, begann Mascha sich auszuziehen. Es dauerte einen kurzen Moment, bis Strehlau, der sie im Rückspiegel beobachtete, begriff, was sie da tat.

«Was zur Hölle machen Sie denn jetzt?»

«Was schon? Ich liefere Ihnen einen handfesten Beweis, dass ich nicht verkabelt bin.»

«Hören Sie gefälligst sofort auf damit!»

«Das ist schon in Ordnung. Es muss Ihnen nicht unangenehm sein.»

«Es ist mir aber unangenehm!», brüllte Strehlau, während sich Mascha den Hoodie auszog. «Unterlassen Sie sofort das Ablegen weiterer Kleidungsstücke, und ziehen Sie die, die Sie schon ausgezogen haben, wieder an.»

Mascha fuhr ungerührt fort, sich die Hose aufzuknöpfen. «Die heutigen Mikrofone sind wirklich extrem klein. Erst wenn ich gänzlich nackt bin, können Sie wirklich sicher sein …»

«Schluss jetzt!» So laut hatte Strehlau seine eigene Stimme schon seit Monaten nicht mehr gehört. Darüber war er auch selbst ein wenig erschrocken. «Lassen Sie das, und ziehen Sie sich bitte wieder an. Pronto! Ich glaube Ihnen, dass Sie nicht verkabelt sind!»

«Sind Sie sicher?»

«Nein! Aber ich glaube Ihnen trotzdem.»

«Dann fürchten Sie sich weniger davor, erpresst zu werden, als mich nackt zu sehen?»

«So ist das doch nicht gemeint.»

«Wie denn dann?»

«Verdammt noch mal. Was ist denn das für ein unsinniges Gespräch geworden?»

Mascha zuckte die Schultern. «Wenn ich verspreche, mich wieder komplett anzuziehen, werden Sie mir dann unvoreingenommen zuhören?»

Ein wildes Schnauben entfuhr dem Gefängnisdirektor.

«Also ich fürchte, die Unvoreingenommenheit haben Sie bei mir schon mal verspielt. Aber ich gebe zu, mein Interesse haben Sie geweckt.»

«Alles, was ich von Ihnen möchte, ist ein offenes Ohr. Wir glauben nämlich, dass Sie einer von den Guten sind.»

«Wir?»

«Der Telegraph.»

«Meiner Meinung nach ist der Telegraph aber keiner von den Guten, doch egal, fahren Sie fort.»

«Ich möchte Ihnen erklären, warum Sebastian Starck unschuldig ist.»

«Er hat mittlerweile gestanden.»

«Das ist mir bewusst. Und dennoch ist er vollkommen unschuldig. Das kann ich Ihnen versichern.»

Strehlau zog die Stirn kraus. «Wenn Sie sich da so sicher sind, warum spielen Sie Ihr Wissen dann nicht der Justiz zu?»

«So einfach geht das nicht. Zunächst einmal muss ich Ihnen die ganze Geschichte erzählen, um Sie von Sebastians Unschuld zu überzeugen. Ich denke, wenn ein anständiger und gerechter Gefängnisdirektor fest von der Unschuld eines seiner Häftlinge überzeugt ist, kann sich das für diesen Häftling als vorteilhaft erweisen.»

Strehlau versuchte der ungewöhnlichen Frau in seinem Fond über den Spiegel in die Augen zu schauen.

«Das ist alles? Es geht Ihnen nur darum, möglichst erträgliche Haftbedingungen für Herrn Starck auszuhandeln?»

Mascha lächelte. «Ja und nein.»

«Aaaahhh, guck mal an.» Strehlau grinste. «Es gibt also doch einen Plan hinter dem Plan. Laut dem ich dann wahrscheinlich Beweismittel fälschen, Gefälligkeitsaussagen machen oder gar bei einem spektakulären Ausbruch helfen soll.»

Mascha schüttelte heftig den Kopf. «Keinesfalls. Vor allem kein Ausbruch. Das wäre viel zu riskant. Und äußerst unelegant.»

«Aha. Was Sie nicht sagen. Und was wäre aus Ihrer Sicht elegant?»

«Zum Beispiel eine leere Zelle zu bewachen. In Ihrer hochmodernen Vollzugsanstalt müsste man dafür vermutlich nur zwei oder drei Personen einweihen. Sie bereits eingeschlossen. Alles bleibt so, wie es geurteilt und entschieden ist. Nur Sebastian Starcks Zelle ist eben die meiste Zeit des Jahres leer. Was jedoch niemand ahnt.»

Strehlau lachte. «Ich kann Ihnen schon verraten, das wird ganz sicher nicht passieren.»

«Nun warten Sie es mal ab. Sie sind doch auch ein Visionär und Träumer.»

Ein Prusten rüttelte durch den Körper des Staatsbeamten. «Wer sagt denn so was?»

«Mich hat es auch überrascht. Aber in Ihrer Akte steht, dass Sie Ihr Bewusstsein, also quasi Ihre Seele, nach Ihrem Tod der Wissenschaft zur Verfügung gestellt haben.»

Strehlau wimmelte ab. «So kann man das nicht sagen. Es geht da nur darum, eine staatlich eingesetzte künstliche Intelligenz mit meiner Bewusstseinsgrundstruktur zu versehen. Zum Beispiel einen Cyborg-Polizisten.»

«Diese KI könnte dann Ihre Seele haben.»

«Ein RoboCop der Zukunft mit meiner Persönlichkeit, das wäre doch was! Aber dass meine Seele so weiterleben kann, ist nun wirklich Quatsch. Zumal das alles wahrscheinlich sowieso nie passieren wird.»

Mascha nickte. «Wahrscheinlich. Aber jetzt müssen wir loslegen, wenn wir die Geschichte noch bis Erkner schaffen wollen.»

Der Gefängnisdirektor auf dem Fahrersitz stellte seine Rückenlehne ein Stück weiter nach hinten. «Dann ist es also eine lange Geschichte?»

«Eigentlich sind es sogar mehrere Geschichten. Wie immer im Leben.»

«Für mich kein Problem. Ich kann heute einen Umweg fahren. Fangen Sie ruhig ganz am Anfang an.»

Die junge Frau hinter ihm zog nun ihre Schuhe aus. Während sie sich in einer bequemen halb liegenden Position einrichtete, seufzte sie: «Da geht es schon los. Was ist der Anfang? Was ist das Ende, was der Mittelteil? Gibt es so etwas im richtigen Leben überhaupt?»

Strehlau stöhnte. «Oh, jetzt werden Sie aber mal nicht wehleidig. Etwas wird zu einer Geschichte, indem wir ihm einen Anfang und ein Ende geben. Damit heben wir es aus dem allgemeinen Rauschen. Also bitte!»

Aus dem Augenwinkel sah er, dass seine blinde Passagierin nun die Augen geschlossen hatte. «Dösen Sie mir hier jetzt etwa weg?»

«Nein, keine Sorge … Nur wenn ich die Augen schließe, kann ich alles sehen, was vor sich geht.»

Inhalt

Der Preis

9

Die Erfindung der Boulevardpresse –
Ernst Gennats erster Fall

59

Bumm!

113

Der Hauptmann
von Tangermünde

167

Wer ewig lebt,
wird nie unsterblich

203

Jedes Ende beginnt mit
einem Anfang

257